古典文獻研究輯刊

三 編

潘美月・杜潔祥 主編

第 26 冊

慧皎《高僧傳》及其分科之研究

徐 燕 玲 著

國家圖書館出版品預行編目資料

慧皎《高僧傳》及其分科之研究／徐燕玲著 — 初版 — 台北縣
永和市：花木蘭文化出版社，2006〔民95〕

目 2+282 面：19×26 公分（古典文獻研究輯刊 三編：第 26 冊）

ISBN：978-986-7128-56-0（精裝）
ISBN：986-7128-56-7（精裝）
1. 高僧傳 – 研究與考訂 2. 僧伽 – 中國 – 傳記
229.3   95015559

ISBN 986712856-7

古典文獻研究輯刊   ISBN：978-986-7128-56-0
三 編 第二六冊   ISBN：986-7128-56-7

慧皎《高僧傳》及其分科之研究

作　　者　徐燕玲
主　　編　潘美月　杜潔祥
企劃出版　北京大學文化資源研究中心
出　　版　花木蘭文化出版社
發 行 所　花木蘭文化出版社
發 行 人　高小娟
聯絡地址　台北縣永和市中正路五九五號七樓之三
　　　　　電話：02-2923-1455／傳眞：02-2923-1452
電子信箱　sut81518@ms59.hinet.net
初　　版　2006 年 9 月
定　　價　三編 30 冊（精裝）新台幣 46,500 元

慧皎《高僧傳》及其分科之研究

徐燕玲　著

作者簡介

徐燕玲，台灣省台中市人。一九六七年生。台灣大學中國文學系、華梵大學東方人文思想研究所畢。投身中等教育工作多年，現任國立台灣戲曲專科學校專任國文教師。
著有《慧皎高僧傳及其分科之研究》
〈原始佛教業論的教育意義〉（《香港佛教》2001 年七月）
〈北涼至五代敦煌莫高窟供養人及其服飾試析〉（《中國文化月刊》253 期）
〈冥祥記及其僧人形象〉（《中國文化月刊》277 期）

提　　要

　　本文對於《高僧傳》的研究，乃以十科僧人形象為主軸，分從歷史脈絡與文學表現進行觀察，以期釐清慧皎所呈現的高僧形貌及運用的文學手法。首先，透過時代背景與作者生平經歷的了解，可以掌握《高僧傳》內容偏向的梗概；再者，利用文學比較的方式，以魏晉南北朝志人志怪小說、《出三藏記集》僧傳部分、《神仙傳》為對照，即能彰顯《高僧傳》的文學筆法與十科分類的特色。

　　慧皎將高僧分為十科的作法，抹煞了部分僧人多重成就貢獻，並忽略了普遍性存在的事項，呈現出僧團精質化的假象。本文研究得知：此書有為敘述之便而省改歷史發展順序之處，亦有因史料不足而添加個人想像、誇飾與推論，另外因個人情志而強調或迴避的歷史情節也屢屢可見。

　　就《高僧傳》全書編排而言，採集傳方式、依僧人成就高低排科、利用互見法、傳文項目安排仿同傳統史傳、統一於科後設論贊、擴增附傳容量等。就內容取材方面，採用志怪小說、運用時人品評、營造僧人高逸風采、忽視傳主心理變化與環境影響、割捨能展現性格的日常言行。另方面也因其注重學術研究而大量編撰義解與譯經科僧人的傳記、對於冥界的興趣不高而少見精采逼真的描述、因重視而使教化與遵行戒律成為貫串全書的主題。

　　就藝術形象方面，慧皎利用加強描寫某些行為與稟賦形貌來呈現出十種僧人不同之樣貌，對於有損高僧形象的行為則多所迴護。書中僧人展現出獨特的品質：刻苦修行、多與權貴交、成佛過程艱難、聰穎秀逸、精通外學、重學術研究、神通變化較少、形貌威儀端正、不注重肉體與現世等，皆與《神仙傳》有所差異。另對不知來歷之異僧形象的塑造，也表現出時人心中對僧人的需求。而旁及君王或居士者，都較志怪小說來得嚴謹肅穆。至於一般平民的粗鄙與平庸，則較少涉及。就文字技巧方面，慧皎博採眾典，較之《祐錄》，其文辭簡潔幹練、精確傳神、理路清晰有序、文意明白等，顯現其寫作功力。此書能廣受青睞，確有其可觀之處。

目

錄

凡 例

一、慧皎《高僧傳》，又名《梁高僧傳》，本論文統一稱為《高僧傳》。所運用的材料以北京中華書局，湯用彤、湯一玄父子所校勘整理之版本為主。該版本以《大正藏》為底本，並大量參考《磧砂藏》、《金藏》、《祐錄》、《名僧傳抄》等書（詳見該書說明），堪稱詳富。

二、《高僧傳》一書分僧人為十科，各科再依時代先後排列，本論文將其加以編號以利論述。科別以一、二、三……十來標明，如：一為譯經科、二為義解科……，以此類推；而各科僧人則以 1、2、3……來排序，如：一 1 為譯經科攝摩騰、二 1 為義解科朱士行……，以此類推。附傳則跟隨正傳，不另加編號，以免冗贅。詳細表列見「附錄二」。

三、本論文所引用之專著、學位論文與期刊，以《 》表示；而單篇論文則以〈 〉表示。若需進一步說明，則於頁尾加注論述，並視情況注明參考之頁數。另為節省篇幅，出版機關與日期則於「參考文獻」中再統一說明。

四、本論文末「參考文獻」，分為「古籍」、「佛教典籍」、「專著」、「論文」四部份。「古籍」或「佛教典籍」指原書成於清朝之前（包含清朝），即使經後人注疏，仍列為「古籍」或「佛教典籍」類；「專著」則是民國以來所作或編撰之論著，若原本為學位論文，但本文所參考是後來出版成書者，一概列為「專著」類；「論文」則包括學位論文與期刊論文。「古籍」依經、史、子、集先後排列，「專著」與「論文」則依作者姓名筆劃排列，以利查索。

五、本論文末附有三附錄：「附錄一」為本書所參考的志人志怪小說編號表。「附錄二」為《高僧傳》僧人編號表。「附錄三」為晉葛洪《神仙傳》中所載之神仙編號表。論文中只要論及相關的人物或書名則加附編號，有時為了統計方便，則逕以編號出之，不再標出人物或書名。

六、本論文在引用前輩學者之論著時，為求體例一致，行文簡潔，無論年紀、地位，概直標其姓名，未備之處，敬請海涵。

第一章　前　言

第一節　研究動機與目的

　　近代關於《高僧傳》的研究與利用，爲數甚夥：有對於全書體製作綜合介紹者，如：鄭郁卿《高僧傳研究》、湯用彤《漢魏兩晉南北朝佛教史》、陳士強《佛典精解》、林傳芳《中國佛教史籍要說》、蔡惠明〈四朝高僧傳〉、果燈法師《唐道宣續高僧傳批判思想初探》等；有對於傳文中的佛教歷史加以考察者，如：明復〈梁高僧傳所載竺曇摩羅事蹟之研究〉、王曉毅〈支道林生平事蹟考〉、黃夏年〈四朝高僧傳與法門寺〉、方廣錩〈道安避難行狀考〉、釋道昱〈經導對中國佛教禮懺的影響－以梁《高僧傳》爲中心的探討〉等；亦有利用《高僧傳》探究佛學思想者，如：冉雲華〈中國早期禪法的流傳和特點〉、曹仕邦〈僧祇律在華的譯出、弘揚與潛在影響〉及〈于法開救治難產孕婦所牽涉的佛家戒律問題〉、釋大睿〈中國佛教早期懺罪思想之形成〉、李豐楙〈高僧傳神異性格的分析〉等。其他如涉及文體溯源者——陳洪〈文心雕龍對高僧傳之影響臆探〉、涉及翻譯理論者——梅迺文〈竺法護的翻譯初探〉及王文顏《佛典漢譯之研究》、涉及宗教心態者——蒲慕州〈神仙與高僧－魏晉南北朝宗教心態試探〉、涉及傳記文學者——李祥年《漢魏六朝傳記文學史稿》等不一而足，《高僧傳》一書極富史料價值與文學內涵可見一斑。而眾多的研究中以涉及佛教史與佛學思想者最多，從文學、藝術的角度來探討者較爲少見，是一個頗值得關注的方向。

　　學者在指摘《高僧傳》中記載僧人生平歷史或所反映的社會現象發生謬誤時，極少深入探討慧皎何以會犯如此的錯誤。如果我們追本溯源地剖析其撰書的動機與目的，即會恍然大悟——其有意無意中所犯的錯誤多是爲了營造高僧崇高的典範——

《高僧傳》一書原是爲讚許高僧之品德與教化之功而存在，希望藉此宣揚佛教、振興教團。從這個角度觀察，我們發現兩個現象：一爲慧皎並非全然以嚴謹卓實的歷史家自居，而是以塑造高僧形象爲第一要務。其念茲在茲的希望教團改革，並一手創立十科來代表心目中理想僧人的典範，故與此「塑造工程」無關之歷史敘述則退居次要的地位，甚至漠視不書了。二爲慧皎既以文字爲工具，想記載高僧之風範，以激起世人崇敬嚮往之心，則《高僧傳》是文學作品則不容置疑。既是文學作品，就有虛構之處——不論是「自覺性的虛構」，抑或「不自覺性的虛構」〔註1〕。文字的本身本就無法全然等於眞實之人生，而透過文字可美化或強化某些現象或情感，以傳達作者意欲展現的藝術形象，這是文學難以等同歷史眞相的原因。當然，慧皎並不是創作小說，其以歷史人物爲材料，必不能跳脫歷史發展的框架，這其中的拿捏，或許即是傳記與文學融合的難處。再者，即使是歷史創作，史料缺乏所造成的歷史空白，與前人有意無意的揀選、保存某方面的史料，也使史料無法同於眞實的歷史〔註2〕。

本文有鑑於此，決定從慧皎所欲創立的高僧形象爲主軸，一方面釐清其所創立的十種形象，眞實樣貌爲何；另方面就此反推其心中眞實的想法及所欲傳達之意念。如此，不但可探究慧皎與當時人們心靈的需求與對佛教的希冀，也將作者苦心孤詣所建立的心靈堡壘揭櫫於世，拋磚引玉，並希望後賢繼續研究。

第二節　研究方法

本論文研究的方法依各章節子題需要之不同而有所更易。首先，第二章主要探討作者之生平，故先從大環境的歷史著手，以觀察法來掌握當時社會狀況與時代特色，以便對作者生平有正確的認識。第三章說明《高僧傳》成書的過程，亦是以雜傳發展的歷史爲切入點，從文體發展的角度，來了解《高僧傳》的繼承與開創，並詳述其所繼承的文獻之運用與所開創的體例概況。第四章則進入主題，研究慧皎分科的實際情況。採用歸納法，糾集出各科僧人最常出現的行爲模式，以及慧皎對每一科僧人之稟賦、形貌、神通、感應所作的不同描寫。再經由統計，來判讀各科因材料運用的偏向所造成的不同風範，以了解慧皎對塑造形象的用意與苦心。

〔註1〕「自覺性的虛構」如：爲行文上的方便而作更動、爲加強張力或醞釀氣氛而作更動、爲使首尾完足作更動等；「不自覺性的虛構」如：記憶的揀選、對過去的重新解釋等。另「眞實的材料不一定就值得入文，而有些虛構的題材，因爲表達者的情感眞實無僞或所欲彰顯的哲理貼近讀者得生命經驗，而深深打動人心。」詳見廖玉蕙〈虛構與眞實——談散文創作與閱讀的弔詭〉。

〔註2〕詳見孫毓棠〈歷史與文學〉、〈傳記的眞實性與方法〉《傳記與文學》。

　　第五章則是爲了突顯第四章所分析的各科特色，採用比較法，運用志人志怪小說、《出三藏記集》、《神仙傳》，從同質性的僧人傳記與異質性的神仙傳記來作比較，以便更加彰顯《高僧傳》所塑造的僧人形象。其中採用志人志怪小說來加以比較，主要著眼於志人志怪小說在文人不經意之隨手記載中，較能展現民間信仰與傳說的真實面貌，如此所呈現出的僧人面貌，與由一知識份子之出家眾刻意經營的高僧形象頗有差異，恰能照顯出慧皎的用心之處。另《出三藏記集》僧傳部分是慧皎大量採納引用之處，有些篇章甚至全篇錄用，改易不大。慧皎與僧祐同爲有學養之僧人，其學術薰陶與生活背景相近，然在兩書傳文的比較之下，仍可發現因用字遣辭的差異而造成僧人風範的不同樣貌。最後，與《神仙傳》中神仙風采的比較，可經由兩個不同信仰的宗教團體對成道者之企望，反映出中國人民對生活的渴求與希冀，也體現了外來的佛教文化在中土紮根時的堅持與妥協，造就了中國僧人不同於天竺的形象，此或是慧皎日用而不甚自知之處，然卻是中土高僧風範定型的重要關鍵。

第二章　作者之生平

第一節　時代背景

　　任何作品與作者都不能自外於時代之外，故對於慧皎的撰寫《高僧傳》，除了慧皎個人的巧思、理想外，時代的感發與影響必定相當深刻。本節希望從魏晉南北朝的政治、思想、環境、自覺等四大特色，探討此動盪的局勢如何引發了《高僧傳》的產生，盼能對此書在歷史上的地位有進一步的認識。

一、政治環境的艱險

　　魏晉六朝政治環境的不穩定性，從其國祚之長短，可見一二：

朝　代	魏	蜀	吳	西晉	東晉	宋	齊	梁	陳
國祚（年）	46	43	59	52	103	59	24	55	32

　　除了東晉尚達百年外，餘則數十年即亡。每當易代之際，常有大批舊統治階層的皇親士族慘遭滅殺〔註1〕。自曹氏、司馬氏爭權始，曹氏屬於寒門，司馬氏則為豪門士族〔註2〕，各有不同的擁護集團〔註3〕。曹操滅豪族袁紹（200 A. D.），採法家思想、唯才是用、抑制儒門士族；司馬氏則誅曹黨三族、斬嵇康、逼阮籍，篡位

〔註 1〕即使未易代，也常因利益衝突而見殺於同宗。見清趙翼〈宋子孫屠戮之慘〉、〈齊明帝殺高武子孫〉《二十二史箚記》，頁150、154。

〔註 2〕對於累世官宦家族的稱呼，毛漢光先生曾列舉27個不同的稱呼，最後以士族為代表，原因見毛漢光《兩晉南北朝士族政治之研究》，頁1～～3。

〔註 3〕見陳寅恪〈魏晉統治者的社會階級、附論吳蜀〉《魏晉南北朝史講演錄》，頁1～24。

成功。然而，在西晉大一統的表象下，天災、人禍、夷狄之亂不斷，如：賈后亂政（291 A. D.）、荊州水災流民十萬（298 A. D.）、八王之亂（300 A. D.）、五胡亂華（304 A. D.），直至永嘉之亂（311 A. D.）而西晉亡，可說是多災多難。到了東晉，政治環境仍舊窘迫。南遷的世家大族、孫吳舊地之士族與當地武力豪族的利益紛爭不斷，又加上王敦造反（. 322 A. D.）、淝水之戰（383 A. D.）、天師道孫恩造反（399 A. D.）、桓玄造反（403 A. D.）；東晉在國內政治資源無法擺平，北方又有威脅之下而苟延殘喘，終被劉裕所滅。南朝更是數十年即宗室易主，原本掌握大權的世家大族，也因奢侈羸弱，無法應付政局而漸被淘汰，於侯景之亂時，幾至滅亡，數十年的繁華毀於一旦〔註4〕。

這不斷加諸而來的災難，使得他們不得不反思，逼迫他們在「生年不滿百，常懷千歲憂」〈古詩十九首〉的愁悶中尋求出路，故而清談、吃藥、信佛依道，投入文學音樂等藝術創作以求安身立命。也促使有別於儒生風範的談玄名士、隱逸高人〔註5〕蜂擁而出，人人嚮往安全、灑脫自由的生活境界，而各類名士傳、高隱傳〔註6〕、高僧傳也就應運而生了。但相反地，也有一部分人開始追懷起儒家典範的孝子、忠臣、良吏、列女之高貴節操，企盼能再現儒家和平有序的倫常，故而諸種傳記大行，與名士、高隱、高僧傳形成儒、道、佛相競的局面，也展現了此時儒家思想箝制力轉衰，道佛兩家趁機興起的概況。

二、佛道的盛行

面對魏晉六朝的空前亂局，漢朝儒學的煩瑣解經、謹守家法，與陰陽災異的讖緯之說，已無法平撫生命無常的深沉哀歌。生死大事與他世界和神鬼的存在受到了人們的重視。而道教的煉丹以求長生，吸引了不少士人的目光。神仙的清虛飄渺、永恆存在，成了企求的標的。且「從東晉以來，道教的整頓自然都是按照當時門閥世族的要求進行的……道教的長生不死，閒散放蕩，游於名山大川，採藥石煉金丹，

〔註4〕「梁世士大夫，皆尚褒衣博帶，大冠高履，出則車輿，入則扶侍……及侯景之亂，膚脆骨柔，不堪行步，體羸氣弱，不耐寒暑，坐死倉猝者，往往而然。」見顏之推《顏氏家訓・涉務第十一》，頁228。

〔註5〕最初隱逸之風盛起是因東漢末年以來，政治環境險惡，為求全身保命所致，但仍有用世之心。後玄學興起，嚮往自然逍遙、為隱逸而隱逸的思想於是產生。然而真正的隱士生活是辛苦的，故士大夫又發展出「朝隱」的理論，但求心靈自由得意，不一定要真正隱於林野中。見王瑤〈論希企隱逸之風〉《中古文學史論》，頁77～109。

〔註6〕如：晉《正始名士傳》、晉《竹林七賢論》、晉《文士傳》、宋《江左名士傳》、晉《逸士傳》、晉《逸民傳》、晉《高士傳》、齊《高隱傳》、梁《續高士傳》等。見《隋書・經籍志・史部》雜傳類。

海闊天空地幻想虛幻的神仙世界，這種生活自然很投合門閥世族的口味」〔註7〕。於是，不但士人趨之若鶩，連皇室也極力拉攏〔註8〕，許多神仙傳也就紛紛出籠了。

　　然而，煉丹服食並不舒服，長生駐世又未見成功者〔註9〕，在理論與現實皆面臨困難的情況下，佛教挾著業報輪迴的迷人理論，使人耳目一新，贏得許多人的青睞。士人也由早期的焦慮煉丹、求長生，轉而為作福報、安生死，現實的殘酷因寄望來生而使心靈的安慰獲得極大的進展。許多宣傳果報輪迴或鬼神實有的志怪之書因而大行。如：《冥祥記》、《宣驗記》、《感應記》、《搜神記》等。

　　佛教的傳播當然得歸功於千里跋涉而來的西域、天竺高僧，他們帶來了佛教的訊息，培養了中國優秀的僧侶人才，翻譯事業如火如荼的展開〔註10〕。他們不慕富貴、棄欲超然的態度，與當時的老莊思想、隱逸之風恰有相合之處，故上層士人樂與交往，於政治〔註11〕、思想、文學等方面都有相當的影響與貢獻，也與士族、皇室鼎立而為三大勢力之一。因而僧尼的傳記亦廣為流傳，如：《佛圖澄別傳》、《名僧傳》、《高僧傳》、《比丘尼傳》、《道人善道開傳》等。而這些僧傳的撰述也因時代的潮流與眾人的企望，使志怪的內容、神仙的風采與高僧的生平風範產生了部分融合的現象。

三、地域的遷徙

　　魏晉六朝人民的遷徙，可謂相當頻繁。尤其是大難發生時，常數以萬計舉家逃

〔註7〕有鑒於漢末黃巾作亂，故曹魏與西晉皆對道教採取嚴格控制，道教勢力因而大減，至晉武帝後，才逐漸抬頭。東晉時則迅速發展為一完備的宗教團體。見湯一介〈三國西晉時期對道教的限制〉、〈道教在南北朝的發展〉《魏晉南北朝時期的道教》，頁133～167。

〔註8〕西晉八王之亂中心人物趙王司馬倫即天師道人，另東晉孫泰行五斗米道，盡得下層吳人、孝武帝與司馬道子父子的信仰，而司馬道子即因五斗米道有服食之術，得之可以長生而優禮之。見陳寅恪〈西晉末年的天師道活動〉〈孫恩、盧循之亂〉《魏晉南北朝史講演錄》，頁73、181。

〔註9〕其實東漢末年即有這樣的疑慮，如：「服食求神仙，多為藥所誤」〈古詩十九首〉，且因服藥暴斃者，代有其人，然信奉者仍前仆後繼，故《隋書經籍志》云：「金丹玉液，長生之事，歷代糜費，不可勝紀，竟無效焉。」

〔註10〕據王文顏先生的統計，隋前譯經超過三百卷的朝代有：

朝　　代	東漢	孫吳	西晉	東晉	姚秦	北涼	劉宋
卷　　數	395	417	590	468	624	311	717

見王文顏《佛典漢譯之研究》，頁113～114。

〔註11〕僧尼出入宮闈，十分頻繁，甚至影響政治運作，如：妙音尼左右東晉孝武帝用人。可參見寶唱《比丘尼傳》，頁88。慧皎《高僧傳》與各朝史書，亦頗多案例。

亡。遷徙的顛沛，造成難免的死傷，然大量人口的移入，也必然為當地帶來新的生機。陳寅恪曾論及當時北方人民流徙的方向有三：東北、西北、南方。「流向東北的一支，托庇於鮮卑慕容政權下。流向西北的一支，歸依於涼州張軌的領域。流向南方的一支，僑寄於孫吳的故壤」〔註12〕。這些流民對於當地的政治、文化，都有相當的貢獻。據陳氏分析，晉的皇室及洛陽的公卿士大夫多遷徙至南方。南北地理、自然環境迥異，對新地域氣候的適應、風俗的吸納，必衝擊著當時的士人〔註13〕。南方氣候氤氳，自古即有許多神話傳說，巫覡之術盛行，這無疑加速了魏晉六朝志怪的發展。加以佛教盛行，天竺、西域僧人來華甚眾；經典的不完備，也促使許多人矢志往西取經。這中西的交通，促使西域、天竺的消息與文化傳入中國。印度文學素以想像富贍見長〔註14〕，其精采多變的神話故事與異國的風情也深深地影響當時志怪、僧傳的內容。如：《異苑》、《幽冥錄》中鸚鵡救火的故事，即改自《大智度論》、《大寶積經》〔註15〕；而慧皎《高僧傳》則不能免俗地採用了《冥祥記》等書的志怪內容〔註16〕，因而造成《高僧傳》神異的色彩。

地域的遷徙，也使南北皆發生了民族融合的問題，彼此勢力的消長牽動了政權的替嬗，融合與否也成了國家盛衰的關鍵。但由東漢漸次興起的世家大族，即使寄身南方，為保有原先在政治、經濟等方面的優勢，仍紛與在地的中層及下層階級劃清界線，互不通婚，自成一封閉的高貴系統〔註17〕。又加以九品中正用人制度的不當運使〔註18〕，遂使家族門第成為當時為官的重要依據，也因而顯要門第的家傳盛

〔註12〕見陳寅恪〈晉代人口的流動及其影響、附塢〉《魏晉南北朝史講演錄》，頁131～134。

〔註13〕「由於地方之風土氣候及生活狀況不同，影響作家之氣質與個性，因而作品風貌亦隨之而異。大抵北方之地，土厚水深，其人多尚實際；南方之地，山水蜿蜒，其人多尚虛無。」見葉慶炳《中國文學史》上冊，頁30。

〔註14〕印度文化以宗教為中心，且以神話代替歷史。文學善譬喻、富幻想、採寓言、多敘事詩且充滿仁愛犧牲的精神，對中國文學的體製、內容與音韻皆有極大的影響。詳見糜文開〈印度文化的要領及其對我國的影響〉、〈印度文學概論〉《印度文化十八篇》，頁1、68。

〔註15〕見王國良《魏晉南北朝志怪小說研究》，頁57～63。

〔註16〕如：《高僧傳·晉常山竺佛調》與《冥祥記·晉沙門佛調》文辭幾乎全同，只是數字改動，但《高僧傳》多了最後一段考證。而晉沙門者域一文，兩書內容大致相同，文辭繁簡互見，次序有些不同。《高僧傳序》中亦提及《冥祥記》一書，另有《搜神錄》、《宣驗記》、《幽明錄》等志怪之書，皆慧皎所親見。

〔註17〕大族的興起原因有三：憑藉政治勢力、憑藉術業世傳、憑藉經濟力量。其起源於西漢時少，東漢最多。見毛漢光〈兩晉南北朝士族之由來〉《兩晉南北朝士族政治之研究》，頁62～63。

〔註18〕九品中正制本為改進漢末察舉的弊病、統一漢末清議與適應時代變遷之需要而來，然在舉人者與用人者皆為大族的情況下，造成「上品無寒門，下品無世族」的景象。

極一時，如：《裴氏家傳》、《明氏世錄》、《陸史》等。再者，基於對當地的認同，或官吏爲安撫教化當地的人民，紛紛撰寫當地先賢傳，範圍及於江南各地，如：「《交州人物志》作者士燮曾任交州太守，《廣州先賢志》作者陸胤曾爲交州刺史等等。」〔註19〕此類家傳與當地先賢傳的風起雲湧，代表了家族、地域的自我肯定與認同，也刺激了各地僧傳的創作，如：《東山僧傳》、《江東名德傳》、《廬山僧傳》等，而這些都成爲後來《高僧傳》創作參考的借鏡之一。

四、自我的覺醒與欣賞

　　魏晉六朝可說是文學與思想大放異彩的時代。文學方面，如：魏晉時期的曹氏父子、建安七子、竹林七賢、太康八詩人、陶淵明等，南朝之劉勰、鍾嶸、謝靈運、蕭氏父子、徐陵等，在作品或理論都有特殊的貢獻。尤其是提高文學的地位，使其脫離儒家經學之附庸，更顯可貴。如曹丕《典論・論文》：「蓋文章經國之大業，不朽之盛事。年壽有時而盡，榮樂止乎其身，二者必至之常期，未若文章之無窮……不假良史之辭，不託飛馳之勢，而聲名自傳於後。」頗有宣誓文學獨立的意味。又如嵇康〈聲無哀樂論〉云：「夫哀心藏於內，遇和聲而後發；和聲無象，而哀心有主。夫以有主之哀心，因乎無象之和聲，其所覺悟，唯哀而已。」〔註20〕對藝術創作者的主體心理，更有深刻的自覺。而思想方面，如：才性異同之爭、自然名教對抗、向郭支道林注莊逍遙之義、神滅不滅之論與一闡提有無佛性之說等，也在在顯現出六朝人急於去除儒家禮教的緊箍咒，轉而關注自我本身存在的價值。

　　促成此種局面的主因，當然是外在惡劣環境的刺激。自東漢起，士人即發出「不如飲美酒，被服紈與素」、「晝短苦夜長，何不秉燭遊」〈古詩十九首〉等及時行樂的心理。看似消極，卻是強而有力地向短暫、不安生命的挑戰與追求〔註21〕。士人們傅粉、衣飾飄逸〔註22〕，希冀營造出一種脫俗、自得的精神風貌；企圖以內在安適的氣韻來漠視或征服外在環境的壓迫〔註23〕。另一批士人如竹林七賢等，則打破禮

　　　　見毛漢光〈從選舉制度之士族化論士族保持政治地位〉《兩晉南北朝士族政治之研究》，頁67～98。

〔註19〕見李祥年《漢魏六朝傳記文學史稿》，頁161。

〔註20〕見郁沅、張明高編選《魏晉南北朝文論選》，頁86。

〔註21〕「如何有意義地、自覺地充分把握住這短促而多苦難的人生，使之更爲豐富滿足……它實質上標誌著一種人的覺醒。」見李澤厚〈魏晉風度〉《美的歷程》，頁101。

〔註22〕自漢末起，貴族的服飾即出現寬衣博帶之現象，實與當時談玄、崇尚老莊、仙道之風尚有關。可參考東晉顧愷之〈女史箴圖〉、〈洛神賦圖〉等人物衣飾。見蔣勳《中國美術史》，頁44～53。

〔註23〕《世說新語・雅量第六》28：「謝太傅盤桓東山時，與孫興公諸人泛海戲。風起浪湧，

法，嗜酒、衣冠不整，以剛強、活潑潑的不羈瀟灑，來展現出與外在環境抗爭的積極精神〔註24〕。這種從以群體爲主的儒家出走，轉向重個體、自由逍遙的道家之時代風氣下，個人的個性、才情越發顯現出獨立性，故許多的別傳大量產生，從名士、名醫，到政治人物、文人等，皆出現了專傳〔註25〕，足見社會思想的多元。而急於竄起的僧人此一階級，當然不會自排於潮流之外，故大量僧傳應運而生。

除了以上政治、思想、環境與自覺的因素外，清談活動的推波助瀾，亦是一重要的關鍵。雖然，清談在當時只不過是士人的休閒活動〔註26〕，然從其討論爭辯當時流行的話題〔註27〕中，亦不難看出彼此心靈交流、將哲理更往上推升的效果，這或許是時人始料未及的。也因爲清談的受時人重視，故記載文人逸士言行的志人小說大行，而《高僧傳》義解篇內容亦受其影響，多有反映。再者，經學的衰微，使士人藉史部創作以寄志抒情〔註28〕，亦是原因之一。而當寫史不再限於國家大事時，其內容、撰法必將大異於正史，也無怪乎雜傳（《高僧傳》即被《隋書經籍志》列爲史部雜傳類，詳見第三章第一節）之盛於魏晉六朝矣！

第二節　作者生平

慧皎生平正史無傳，僅見於《續高僧傳》義解篇與《高僧傳》僧果後記，然所載不多，大略知其爲會稽上虞人，居會稽嘉祥寺，善講經律，著有《涅槃義疏》、《梵

孫王諸人色並遽，便唱使還。太傅神情方王，吟嘯不言。舟人以公貌閒意說，猶去不止。既風轉急，浪猛，諸人皆諠動不坐。公徐云：『如此，將無歸！』眾人即承響而回。於是審其量，足以鎮安朝野。」可見穩定安徐的風貌頗受時人讚賞。

〔註24〕江蘇省南京市西善橋東晉墓出土的〈竹林七賢、榮啓期〉磚畫，他們袒胸露臂，或長嘯、或喝酒、或彈琴，展現出在林下逍遙自得之貌。見蔣勳《中國美術史》，頁40～43。

〔註25〕章氏共輯有184家別傳名，如：嵇康、華佗、石勒、支遁、張華、陸機等。見章宗源〈隋書經籍志考證〉《二十五史補編》第四冊，頁87～88。

〔註26〕「各標風致，互騁才鋒，實非思想上研覈眞理探索精微之態度，而僅爲日常人生中之一種遊戲而已……以談爲戲，成爲社交場合之一種消遣與娛樂。」見錢穆〈略論魏晉南北朝學術文化與當時門第之關係〉《中國學術思想史論叢》三。但清談也非漫無目的的閒聊，是具有攻難論辯的性質，通常有一個主題，然後再互相攻難往返。詳見林麗眞《魏晉清談主題之研究》。

〔註27〕清談的內容，舉凡經學、史學、哲學、文學、宗教、政治、天文等皆有，而最受矚目的主題有易、老、莊、佛、人物才性。見林麗眞《魏晉清談主題之研究》。

〔註28〕私家作史繁榮之因有四：1. 經學衰微、2. 君臣崇尚、3. 學者修墜、4. 諸國相競。詳見金敏黻《中國史學史》，頁73。

網經疏》，並曾於《高僧傳》完成後付與王曼穎〔註29〕審閱，後於梁承聖二年（553 A.D.）避侯景難至湓城，隔年二月捨化，年五十八，葬在廬山禪閣寺。此外，關於其本家姓氏、出家修學過程、交遊情況皆付之闕如，既無名貴往來迎送，亦無參予皇家講論理經之跡，其非當代爭相交接之名僧可想而知〔註30〕，若非《高僧傳》流傳後世，其人事蹟恐已湮沒不聞矣。以下就慧皎生平配合歷史與佛教重要事件綜合觀察〔註31〕，或許能有更深的認識。

一、年　表

時代（西元）	歷史事件	佛教事件	作者生平（歲數）
齊明帝建武三年（496）			出生
梁武帝天監元年（502）	蕭衍滅齊。 置集雅館以招遠學。		（6）
梁武帝天監二年（503）	詔求通儒治禮者。		（7）
梁武帝天監三年（504）	從任昉〈策秀才文〉中，得知當時經術廢弛，武帝頗思良策以對。	武帝棄道皈佛，作願文、講經。	（8）
梁武帝天監四年（505）	武帝開五館、立郡學、孔子廟。	寶唱任新安寺住持。	（9）
梁武帝天監六年（507）		范縝著〈神滅論〉引發論戰。	（11）
梁武帝天監七年（508）	立國子監，詔令皇太子、宗室、王侯就學。		（12）

〔註29〕《梁書·列傳第十六南平王偉》傳中有提及「太原王曼穎卒，家貧無以殯斂，友人江革往哭之……偉使至，給其喪事，得周濟焉。」又《隋書經籍志·史部雜傳類》有王曼穎所撰《補續冥祥記》。曹道衡認爲其可能是《冥祥記》作者王琰之子，待考。見曹道衡〈論王琰和他的冥祥記〉《中古文學史論文集續編》，頁262～263。
〔註30〕但亦非全不見知於當代，其藏書之富在當時頗爲有名，由此亦可見其學識之豐，見《金樓子·聚書篇》。
〔註31〕本年表事件以南朝爲主，參考慈怡法師主編《佛教史年表》、楊碧川與石文傑合編《活用歷史手冊》、《梁書》。

梁武帝天監八年（509）		僧旻等撰《眾經要抄》。	（13）
梁武帝天監九年（510）	幸國子學，親臨講肆。		（14）
梁武帝天監十年（511）		武帝發表〈斷酒肉文〉。	（15）
梁武帝天監十五年（516）		寶唱等撰《經律異相》、《眾經飯供聖僧法》等。	（20）
梁武帝天監十六年（517）	廢全國道觀、道士。	去宗廟薦脩，始用蔬果。	（21）
梁武帝天監十七年（518）		僧祐寂。	（22）
梁武帝天監十八年（519）		武帝受菩薩戒。	（23）
梁武帝大通元年（527）		武帝捨身同泰寺一。	（31）
梁武帝中大通元年（529）	沙門僧強叛亂。	武帝捨身同泰寺二。	（33）
梁武帝中大通三年（531）	昭明太子死。	為四部眾說《大般若涅槃》與《摩訶般若波羅密》經義。	（35）
梁武帝大同七年（541）	於宮城西立士林館，招來學者，並親講《孝經》。		（45）
梁武帝中大同元年（546）		武帝捨身同泰寺三。	（50）
梁武帝太清元年（547）		武帝捨身同泰寺四。	（51）
梁武帝太清二年（548）	侯景反。		（52）
梁武帝太清三年（549）	武帝崩。		（53）
梁豫章王天正元年（551）	侯景殺簡文帝。		（55）
梁元帝承聖元年（552）	侯景敗死。		（56）
梁元帝承聖二年（553）			避侯景難達至溢城講說。（57）
梁元帝承聖三年（554）			卒。（58）

二、特色概述

首先，慧皎為會稽上虞人，並住會稽嘉祥寺，而會稽附近山水優美，自古即為僧人徜徉之處，《高僧傳》中亦大量記載往來其間之高僧事蹟。以下將《高僧傳》所載，曾遊於上虞、剡縣附近等僧人列表如下：

編　號	朝　代	僧　名	事　　蹟
一 3	漢	安　清	在會稽市被誤殺。
二 7	晉	竺法潛	隱跡剡山（浙江嵊縣），追蹤問道者，結旅山門。
二 8	晉	支　遁	於會稽郡會王羲之；投跡剡山，立寺行道，僧眾百餘。
二 9	晉	于法蘭	居剡。
二 10	晉	于法開	於剡石城，續修元華寺。
二 12	晉	竺法崇	還剡葛峴山，東甌學者，競往湊焉。
二 61	宋	釋慧靜	遷居剡之法華台。
二 68	宋	釋僧鏡	東適上虞徐山，學徒隨往百餘人。
二 71	宋	釋超進	時孟顗守在會稽，遣使迎接，於是停止浙東，講論相續。邑野僧尼，清信男女，伏膺戒範。
二 86	齊	釋僧柔	入剡白山靈鷲寺，敷經遵學，有士如林。
二 87	齊	釋慧基	適會稽……於會稽龜山立寶林精舍……周顒、張融等訪覈。
二 100	梁	釋慧集	於會稽樂林山出家。
二 101	梁	釋曇斐	會稽剡人，於鄉邑法華台寺講說相仍，學徒成列。何胤、張融、周顒等結知音之狎。
三 12	宋	杯度	經涉會稽、剡縣。
四 2	晉	帛僧光	投剡之石城山，樂禪來學者，漸成寺舍。
四 6	晉	支曇蘭	遊剡。
五 8	宋	釋道營	蔡興宗邀往上虞。
五 13	齊	釋僧祐	經始剡縣石佛。
七 5	宋	釋法宗	建剡之法華台。
八 1	晉	竺慧達	適會稽，禮拜鄮塔。
八 13	梁	釋僧護	治剡縣石佛。

由此可知，歷朝皆有高僧雲遊其間，而高僧的隱居也吸引了許多士人與信徒的依附，各種寺廟、精舍、佛像、佛塔亦陸續興建，慧皎俯仰其間，必能聽聞許多高僧的餘風遺思，這對於《高僧傳》的寫作必定助益不少。

再者，由以上年表可知，慧皎一生精華時期皆在梁武帝統治之下，故武帝的施政及對佛教的態度，應對慧皎造成重大的影響。根據顏尚文《梁武帝》一書之研究，梁武帝有鑒於貴族、沙門與帝王同為當時的三大勢力，又士族糜爛、僧團蕪亂，亟思改善之道。於是乃修行禮樂、改革吏治，還皈依佛教，大規模整理佛典、禁食酒肉，盼能在政教合一下，重整士族，改革僧團〔註32〕（從以上的年表可看出梁武帝的努力）。此種積極的作為，即使有沙門違戒、甚至作亂，都不能動搖當時身為沙門的慧皎此股改革教團的向上力量。加以武帝大量的整理佛典，當代名僧寶唱的《名僧傳》、僧祐的《出三藏記集》等，也給了慧皎寫作的靈感與借鏡。

第三，慧皎本身對尼眾的態度並不友善，除了《高僧傳》甚少提及僧人與女眾、尼眾的交往外（詳見第二章第三節），其在譯經序中言：「夫女人理教難愜意，事跡易翻，聞因果則悠然愿背，見變術則奔波傾飲，隨墮之義即斯謂也。」而此種態度是否與其精熟律學〔註33〕有關，則有待考察。如：《四分律·卷四十八》記載女性出家，正法將減少五百年；而佛陀姨母要出家，釋迦定八敬法要其遵守，才准予出家，而八敬法則是規定比丘尼須服從比丘；又《五分律·卷二十九》記載女人有五礙、不能即身成佛等說法。這些或許是佛陀基於當時印度男尊女卑的社會條件下所訂立和合教團的方法〔註34〕。另方面當時中國社會，女性受教育的機會遠不如男性，在政治、學術、家庭地位方面顯居劣勢，亦是不爭的事實，故慧皎對女眾的偏見，恐亦有時代背景的影響。其未能深究印度文化與中國傳統的缺失，故無法給女眾一合理的地位。

最後，慧皎對寶唱的評價亦不高，其雖未明白批評，但從《高僧傳》中慧皎對當代其他名僧的記載，如：釋僧旻（《高僧傳》頁 326、341）、釋法雲（《高僧傳》頁 326、338、341、396）、釋智藏（《高僧傳》頁 326、440、489）等，稱其「幼年俊發、慧悟天發」、「名高一代」；而對於大力幫梁武帝整理經典，又著有《名僧傳》、

〔註32〕方立天將梁武帝提倡佛教的重要事蹟，歸納為七方面：「1. 捨道歸佛，把佛教幾乎抬高到國教的地位。2. 創建佛寺、塑造佛像和舉辦齋會。3. 多次捨身為寺奴。4. 嚴格戒律、制斷酒肉。5. 親自講經說法，圍剿神滅論。6. 重視譯經。7. 撰寫佛教著述。」詳見〈梁武帝蕭衍與佛教〉《魏晉南北朝佛教論叢》，頁 191～194。

〔註33〕慧皎對律學的研究應相當深入，除了《高僧傳》中詳細描述律的流傳及專闢律師傳之外，其本身亦有《梵網經疏》的論著，而《梵網經》則是重要的大乘戒律。

〔註34〕以上所舉例詳見王翠貞《佛教的女性觀》。

《比丘尼傳》的寶唱卻只在求那毗地傳中出現，且只言其爲僧伽婆羅之筆受而已。另在《高僧傳·序》中提及多家參考資料，連《名僧傳》都慘遭遺漏，並批評：「自前代所撰，多曰名僧。然名者，本實之賓也。若實行潛光，則高而不名；寡德適時，則名而不高。」此或有表達自己沉潛林中，未受禮遇之際遇〔註35〕，而批評寶唱名德不符，亦是隱約可見。

〔註35〕慧皎所著《涅槃義疏》是武帝時大力提倡的經典，曾敕寶唱、法朗、寶亮等編輯義疏；而慧皎所注《梵網經》，亦是武帝想成爲「皇帝菩薩」而受菩薩戒，並撰寫《在家出家受菩薩戒法》一書所參考的經典之一，慧皎想用世之心昭然若揭。

第三章 《高僧傳》之成書

第一節 雜傳之發展

佛教自漢魏傳入中國後，歷經數變：先依藉方士道術、再攀附名士玄談，後才漸漸走出自己的路。而在漢魏南北朝的政治、思想急遽變化與社會需要下，僧尼的風貌亦隨之起舞，有以義理名家者、有以唱導誘眾者，甚或遺身興福、神異接引者，不一而足。《高僧傳·序》云：「凡十科所敘，皆散在眾記。今止刪聚一處，故述而無作。俾夫披覽於一本之內，可兼諸要。」故知，慧皎之前，為因應此一潮流，僧傳的撰述早已蓬勃發展。

僧傳之發達與六朝史學著作的大量出現，有密切的關係。當時，各地的高士列女、名臣孝子無不有傳，各氏家傳、郡國先賢傳亦如雨後春筍般崛起。整個時代潮流，已由僵直的漢儒讖緯思想，轉而為欣賞人物精神風度的自我覺醒，快速發展的僧尼階級，亦不能自免於外。故而僧人之生平梗概、求法遊記、靈異志怪等，皆成為時人樂談與著作的材料。因此由僅述一僧的「單傳」出現，發展至某一類型的「類傳」與綜理各類型於一書的「集傳」，乃大行於世。以下先就魏晉南北朝時雜傳的發展作一論述，再探究雜傳中僧傳的概況，最後審視《高僧傳》的承繼與開拓。

一、魏晉南北朝雜傳的發展

史類創作的繁榮，是魏晉六朝一個顯著的現象，今觀《隋書·經籍志》（以下簡稱《隋志》）史部可知：

1. 魏晉六朝史類的著作大量的增加，且獨立為一類。
2. 史書的內容包羅萬象，呈現出多方追尋、思考的空間。

3. 史部中以雜傳類數量居首，存佚總部數占史部的四分之一強。

　　首先，史類著作在班固《漢書·藝文志》中並未獨立為一類，而是附屬在〈六藝略·春秋類〉〔註1〕中。其數量為二十三家，九百四十八篇；與《隋志·史部》的八百一十七部，一萬三千兩百六十四卷相差甚遠。且《隋志·史部》的數量已足與經部六百二十七部、子部八百五十三部、集部五百五十四部分庭抗禮，故能獨立一類。另探究其寫成時代，則多屬魏晉六朝時人所著。當時士人們對史類著作的興趣高漲，的確是一個令人矚目的現象。

　　再者，《隋志·史部》共分為十三類，如：正史、古史、雜史、霸史、起居注、舊事類、職官類、儀注類、刑法類、雜傳類、地理記、譜系類、簿錄類，內容之豐富實非《漢書·藝文志》所能望其項背。其中，尤以雜傳類共兩百一十七部〔註2〕，占史部存書八百一十七部的四分之一以上，最蔚為壯觀。實際上，當時的雜傳數量還不僅於此，後人多有輯佚者，如：章宗源即從《三國志注》、《世說新語注》、《藝文類聚》、《北堂書鈔》及《初學記》等書輯出百餘部別傳〔註3〕。雜傳之所以如此蓬勃發展，主要是因魏晉以來政治的長期顛簸，逼迫士人反省並拋棄漢以來固守的僵硬之儒家思想，使道家、道教、佛教趁勢而起，拓展了新思維的廣度與深度，促使新價值觀的建立；再者，戰爭造成人民大規模的遷徙，新的環境帶來不同的視野與生活方式，也激發了人們探索新時空的好奇心。加以正史撰作受當局嚴格的控制，動輒惹來殺身之禍，士人不得不轉以新的載體來記錄新的時代，抒發個人不同以往的情志，故雜傳乃應運而起了（詳見第二章第一節）。

　　「雜傳」一辭，最早見於王儉《七志》，此時史部尚未獨立，仍歸屬於〈經典志〉中。至梁阮孝緒《七略》方才經史分途；其史部專立〈記傳錄〉，雜傳類即在其中〔註4〕。後之《隋志·史部》則將〈記傳錄〉中雜傳與鬼神兩類合而為一，統稱「雜傳」

〔註1〕尚有一小部分雜入〈子部·儒家類〉中。傳統認為史部未獨立是因當時史類著作尚少，不用獨立。但逯耀東先生認為此非主要原因，而是因東漢以前「史」字的意義偏在文書工作方面，當時未有後世「歷史」的觀念，直到東漢末才漸漸清晰。見逯耀東〈《隋書·經籍志·史部》及其〈雜傳類〉的分析〉《魏晉史學的思想與社會基礎》，頁32。

〔註2〕經筆者檢索，只有兩百零七部，而清姚振宗〈隋書經籍志考證〉亦言僅兩百零七部。見《二十五史補編》第四冊，頁347。

〔註3〕見章宗源〈隋書經籍志考證〉《二十五史補編》第四冊，頁87～88。

〔註4〕雜傳之名雖最早見於王儉《七志》，但雜傳之實早已有之，朱東潤在先秦典籍中找到諸如：《穆天子傳》、《世本》傳文與子產、晏子的家傳等。見劉苑如〈雜傳體文類生成初探〉。

〔註 5〕。今考《隋志》所錄雜傳之內容，依所傳的對象大略可分爲：地方先賢、高逸隱士、忠臣良吏、孝子、名士、家族、童子、列女、僧尼、神仙、鬼怪等，幾乎網羅了當時各樣的人、神、鬼，顯現出對人物、異物欣賞的多樣趣味。而依寫作的方式，可分爲單寫一人的單傳、聚某一類型於一書的類傳與綜理各類型於一書的集傳三種。就中國傳記的流變而言，不論在內容或形式方面，雜傳都有所繼承與開拓，今整理如下：

項目	雜傳前的史書傳統	雜傳的承繼與開拓
撰寫目的	《左傳》、《國語》等先秦史書對人物的描寫投注了相當的精力，在寫作技巧方面取得了一定的成就，但中國傳記眞正的成立應屬司馬遷《史記》。然而從先秦史書到《史記》，其主要的目的都是以人傳事、以傳解經，人物本身並非傳述的主角，後之《漢書》、《後漢書》、《三國志》等正史亦多仿效。至此，中國人對勸善罰惡、倫理規範的重視強過了對人自身的興趣，故而歷史創作中少見對人內心世界的刻劃與性格改變的描繪，成爲時代與民族共同的侷限。	雜傳已脫離以人傳事、以傳解經的窠臼，眞正以人爲敘述的對象。但仍未完全以傳主爲唯一觀察對象來獨立敘述，而是轉以表達個人情志爲目的。其未呈現傳主原原本本之樣貌，也未經傳主來自己說話，人物依舊成爲一種表達作者意念的手段，而非終極目標。
篇幅	自古以來，正史既以記載歷史事件、發明歷史規律爲主，人物的主體非描寫之主事，故一本正史需描寫眾多人物，既無專寫一人之必要，則每個人的篇幅自然不會太長。	雜傳受此影響，篇幅亦多不長。
內容結構	正史因被宣揚經學理念所束縛，以致發展不出新的傳述項目，一般爲姓名、祖籍、經歷、官位、諡號、後代、史家評論等，格式或增或減，大致雷同。	雜傳大致相同，但在運用上較爲隨興，有時僅錄神異傳說、言語趣談而爲一傳，毋庸受到正史寫作模式的拘束。正史中的史家評論、贊語，亦可視情況靈活運用。 再者，志怪神異的情節，雜傳明顯偏多，此應爲儒家思想衰微下擴展出的項目。

〔註 5〕見逯耀東〈《隋書・經籍志・史部》及其〈雜傳類〉的分析〉《魏晉史學的思想與社會基礎》，頁 71～100。另逯耀東認爲古代史巫關係密切，史兼理了巫的專業，加上知識份子肯定怪力亂神是對儒家價值外非儒家新價值觀念的肯定，故而合志怪與史不分。見〈魏晉志異小說與史學的關係〉。

撰寫對象	正史多以政治為主要描繪對象，另有高逸隱士、文學孝義等傳〔註6〕。	除了承繼正史外，連正史忽略之列女、僧尼、神仙、鬼怪，或難入正史的地方先賢都能列傳單行，這種現象反映出，傳記不再只是為經義而服務，新價值的追尋大大開拓了歷史記載的時空。
互見法	《史記》中的列傳，不論單傳、合傳或類傳，皆屬整部書的一部分，為補充紀而存在，並未獨立，此為第一種互見法。第二種互見法則是為維護傳主的統一形象，而將某些可能破壞此傳形象的表現置於他傳之中。如此則易造成傳主之形象無法完整呈現的窘境。	雜傳雖亦有單傳、類傳或集傳，但因其為獨立傳記，故互見法雖有，但比例較少。尤其是單傳一本，則根本無互見可用，較能完整展現傳主鮮明的樣貌。
寫作態度	正史的寫作，一般較為謹慎、周密，亦多在統治階層的控制下成書。	多率爾而作，故在內容與文辭方面，不若正史嚴謹。
當時發展	魏晉南北朝連年戰爭，資料散佚，又加以正史淪為統治當局的政治手段，其文學與史學的價值則日見萎靡了。	因其體制短小簡約，不但可藉此參與歷史的撰述，不若正史般受到箝制，又易於宣揚門閥家族或個人的情志，故至魏晉南北朝時大盛，幾乎與正史並駕齊驅了。

〔註6〕下列各書類傳表依《二十五史述要》改以時代先後重排，清楚可知從宋范曄《後漢書》始，類傳開始出現隱逸、孝義、文學、列女等與漢時書大不相同之社會階層。而除了正史之外，此類雜傳的數量更大大增加，並多了正史所無之僧傳。

	刺客	循吏	儒林	酷吏	游俠	佞幸	滑稽	日者龜策	貨殖					
史記	刺客	循吏	儒林	酷吏	游俠	佞幸	滑稽	日者龜策	貨殖					
漢書		循吏	儒林	酷吏	游俠	佞幸			貨殖	外戚				
三國志							方技		后妃					
後漢書		循吏	儒林	酷吏			方術	黨錮	宦者	文苑	獨行	逸民	列女	
宋書		良吏				恩幸			后妃			隱逸	孝義	
齊書		良政				倖臣			皇后	文學		高逸	孝義	止足

二、魏晉南北朝僧傳的發展

　　《隋志・史部》雜傳類著錄僧人傳記只有十二部，實不足以反映當時僧傳發展之盛況及趨勢，今據湯用彤《漢魏兩晉南北朝佛教史》之輯錄各書成果，並檢索《名僧傳抄》、《比丘尼傳》、《梁高僧傳》、《出三藏記集》（簡稱《祐錄》）與《世說新語注》等書，將魏晉六朝時僧尼（包括當時外來之僧人）傳記重新分類，列表如下：

1. 單　傳

編　號	書　名／卷　數	朝代／作者	出　　　　處
1	安法師傳（道安）		世說文學篇 54 條注
2	安和上傳（道安）〔註7〕		世說雅量篇 32 條注
3	澄別傳（佛圖澄）		世說言語篇 45 條注
4	支法師傳		世說文學篇 36 條注
5	支遁別傳		世說賞譽篇 88、98 條注
6	支遁傳		世說品藻篇 67 條注、傷逝篇 11、13 條注、仇隙篇 24 條注
7	高坐傳		世說賞譽篇 48 條注、簡傲篇 7 條注
8	高坐別傳		世說言語篇 39 條注
9	道人善道開傳／1	東晉／康泓	王曼穎書、高僧傳、隋志
10	竺法曠傳	東晉／顧愷之	高僧傳
11	竺道生傳	宋／王微	高僧傳
12	法盛尼傳	宋／張辯	比丘尼傳
13	僧瑜傳贊	宋／張辯	高僧傳、王曼穎書
14	曇鑒傳贊	宋／張辯	高僧傳
15	竺法乘傳	季顯	高僧傳
16	安世高別傳		高僧傳
17	杯度傳	宋／齊諧	高僧傳
18	曇遇別傳		名僧傳抄

〔註 7〕兩書皆記道安事，疑為同書異名者。以下同傳主之書，或許皆類此，待考。

19	梁故草堂法師傳／1	梁／陶宏景	隋志、新舊唐志
20	僧崖菩薩傳		房錄
21	韶法師傳		房錄
22	草堂法師傳／1	蕭回理	新唐志、舊唐志（作者題蕭理） （22以下無法確定是否為六朝時人撰）
23	稠禪師傳／1		新舊唐志
24	慧達別傳		續高僧傳
25	眞諦傳	曹毗	續高僧傳

2. 集 傳

編 號	書 名／卷 數	朝代／作者	出　　　處
1	高逸沙門傳／1	東晉／竺法濟	高僧傳、世說言語、文學、方正、雅量、賞譽、排調篇注
2	東山僧傳	東晉／郗超	高僧傳序、王曼穎書
3	江東名德傳／3	宋／法進	高僧傳序、隋志
4	僧史／10	齊／王巾	高僧傳序、王曼穎書、隋志（稱法師傳）
5	志節傳／5	齊／釋法安	高僧傳、王曼穎書
6	遊方沙門傳	釋僧寶	高僧傳序、王曼穎書
7	廬山僧傳	梁／張孝秀	高僧傳序、王曼穎書
8	沙門傳／30	梁／陸杲	高僧傳序、梁書、南史
9	沙婆多部相承傳／5	梁／釋僧祐	祐錄卷十二、隋志、新舊唐志
10	比丘尼傳／4	梁／釋寶唱	隋志（稱皎法師撰）
11	名僧傳／31	梁／釋寶唱	今存節鈔一
12	高僧傳／16	梁／釋慧皎	隋志（稱僧祐撰）
13	眾僧傳／20	梁／裴子野	隋志、梁書卷三十、新舊唐志
14	高僧傳／6	梁／虞孝敬	隋志
15	續名僧傳記	北齊／明克讓	北史

除以上專書外，尚有附見於其他書中的僧傳，如：《魏書‧釋老志》、《宋書‧夷蠻傳》〔註8〕、《祐錄》卷十三至十五譯經僧列傳、齊竟陵文宣王《三寶記傳》僧錄部分（已佚、見《高僧傳‧序》）、《法集雜記銘‧鍾山定林上寺絕跡京邑五僧傳》（已佚、見《祐錄‧卷十二》）等。再者，提及僧人生平的單篇文章，如：誄、行狀、碑銘、贊、論等，在當時亦頗為盛行〔註9〕，雖然其以讚頌為主，但也往往成為後來作傳者的參考資料。最後，僧人遊旅他方的遊記，在至西方取經、參拜風氣的影響下，也頗為盛行，如：惠生、道普、法顯、曇無竭、釋寶雲、釋智猛等皆有遊歷傳記（見《高僧傳》）。

以上所述的僧傳，亡佚者多、留存者少（僅存《比丘尼傳》、《名僧傳鈔》、《高僧傳》、法顯之遊記、〈北魏僧惠生使西域記〉、《祐錄》僧傳及一些單篇的碑銘等），難以據此評其全貌，然約略可看出魏晉六朝僧傳發展的軌跡。早期多單傳，後來單採某一類型僧人為傳，或不同類型並集一書的集傳大盛於梁。究其原因，不外乎下列三點：

1. 當優秀僧人累積至一定程度時，即以集傳為集大成者，因可收包羅萬象、鉅細靡遺之效，在古代書籍保存流通不易之際，有使讀者由一本而知數本之功。

2. 自《史記》創立紀傳體以來，後之為史者多以列傳的形式來記載人物，形成一種傳統，除正史之外，如：劉向《列女傳》等雜傳亦復如是，而當時僧人多有研治史學〔註10〕，故深受影響。

3. 佛教發展至梁朝，因梁武帝的大力提倡而至巔峰，其不但親身躬行，還詔敕大批僧人、學者編纂大量與佛教有關的類書〔註11〕，這種集大成的現象也間接影響僧傳體製的走向，如：武帝御用僧人寶唱即撰有《比丘尼傳》、《名僧傳》。

三、《高僧傳》的傳承與開拓

慧皎《高僧傳》成於南朝梁，《隋志‧史部》歸屬於雜傳類，由此可知在體制、

〔註8〕沈約將佛教人物列入夷蠻傳，頗有鄙視之意。觀其內容，少見稱頌佛教人物者，對宋太祖見賞的慧琳錄其長篇累論，而實際上對佛教思想貢獻大的道生，卻潦草帶過。

〔註9〕慧皎《高僧傳》、寶唱《比丘尼傳》中頗多記載；另《祐錄‧卷十二法集雜記銘目錄序》中載有沈約〈獻統上碑銘〉、劉勰〈僧柔法師碑銘〉；《廣弘明集‧僧行篇》錄有十一篇僧人行狀或誄。

〔註10〕見曹仕邦《中國沙門外學的研究——漢末至五代》，頁151。

〔註11〕梁武帝天監年間，陸續敕編佛教經典的各種類書，如：《眾經要鈔》、《眾經懺悔滅罪方法》、《義林》、《法集》、《佛記》、《經律異相》、《在家出家受菩薩戒法》等。見顏尚文《梁武帝》，頁131～151。

筆法與寫作目標方面，上承正史傳統，旁通當時雜傳類史書，有時代的侷限，如：承繼類敘法，導致眾多僧人個別性喪失；亦有作者精心的開拓，如：十科的提出、論贊的編排方式使全書簡練分明；酌採互見法不妨礙僧人形象的呈現，卻能節省篇幅。以下依序論之。

1. 類敘法的缺失

慧皎將僧人分為十科，每科皆匯集了一些僧人的生平傳記，然而除了少數重量級的明星人物，如：康僧會、鳩摩羅什、道安、道生、慧遠、佛圖澄、支遁等數十篇著墨較多，僧人形象較具特色外，其餘多只是平板的描述，造成譯經科的僧人多是努力譯經，義解科僧人即精通佛理，神異科則變幻莫測，習禪者禪定有功，明律科對宣揚戒律不遺餘力，亡身者犧牲赴死毫無懼色，誦經、興福、經師、唱導更是各習本業，接誘民眾，正傳兩百五十七人，僅以十類即可劃分，每個人僅僅只是其類的代表符號而已，有些傳記甚至僧人名稱對調，形象亦無多大差別。此與其忽略傳主內心世界的起伏、家世背景的深入剖析、教育環境的積極啓發與遭遇挫折時的性格轉變有莫大關係；《高僧傳》雖建立了一些高僧典範，卻也使眾多僧人的一生呈現蒼白的窘境，其受正史類傳影響，非特為傳人而撰、為藝術而藝術，明顯可知。

慧皎會採類敘法，除了受正史傳統極大影響外，當然與其撰寫《高僧傳》的目的有關。《高僧傳·序》云：「凡此八科，並以軌跡不同，化洽殊異。而皆德效四依，功在三業……其轉讀宣唱，雖源出非遠，然而應機悟俗，實有偏功。」可見其撰《高僧傳》是為了闡述僧人發揚佛教的功德，身為律師的他，寄望藉此能蕩清不肖僧人破壞佛教，可說是用心良苦。然而也因此在檢選材料時，刻意忽略傳主的缺點，違反事實地營造傳主完美的高僧形象，造成傳主不合乎人性與社會實況的超人表現。他沒有讓人物的一生來說話，來見證佛法。當然也就看不到會選擇出家者，其性格是否有相當的同質性；無法深刻見識到透過佛教是否對偏差的性格有所救贖，更遑論讓讀者從每位僧人生平中去反思佛法對此社會造成的利弊得失了。在當時，民智未開，或能藉此手法傳播佛教，但對其書的永恆價值則稍有減損，此亦是不爭的事實。

2. 編排法的簡練

《高僧傳》全書的編排法，有繼承前史傳的傳統，亦有改革創新的部分，以下揀選一些在慧皎之前，較具代表性的史傳〔註12〕，列其編排與評論法，以反觀慧皎

〔註 12〕除了史傳的啓發與影響外，陳洪認為《高僧傳》的文體及論贊的內容與結構受《文

之巧思：

書　名	朝　代	論的形式與位置	贊的形式與位置	編排方式
左　傳	先秦	在傳文中夾雜「君子曰」來評論	無	編年體
史　記	西漢	在傳文末以「太史公曰」來論述，亦有在傳前者，或前後皆具。類傳前或有簡述、評論，但未以「太史公曰」引導。	無	有單傳、合傳、類傳。類傳有十，記載各種不同類型之人物，有優有劣。
列女傳	西漢末	每傳皆引《詩》，明顯的有釋經痕跡。傳文末或文中以「君子曰」來評論，有時不只一次，有時省略。	四言八句，在每傳末。	有單傳、合傳。以德性分七類，前優後劣。各類依時代排列。
列仙傳	東漢以前	無	四言八句，在每傳末。另全書末有一贊，為全書總評。	分上下卷。上卷多依時代排，下卷無時代。只有一篇合傳，餘為單傳。
漢　書	東漢	在傳文末以「贊曰」來論述。類傳前或有簡述、評論，但未以「贊曰」引導，文末有時省「贊曰」。	無	有單傳、合傳、類傳。
高士傳	晉	無	四言八句，在每傳末。	有單傳、合傳。分上中下卷。按時代排。
三國志	晉	在傳文末以「評曰」來論述。類傳前或有簡述、評論，但未以「評曰」引導。	無	有單傳、合傳、類傳。
後漢書	宋	在傳文末以「論曰」來論述，有時亦省。類傳前或有簡述、評論，但未以「論曰」引導。	四言贊語，在每傳末。	有單傳、合傳、類傳。

心雕龍》影響大，值得再深入探討。見陳洪〈文心雕龍對高僧傳之影響〉。

世說新語	宋	無	無	分三卷，似乎有三品的涵義。以品德或才能分三十六類，前優後劣。
宋　書	齊	每傳末以「史臣曰」來評論。另類傳前尚加一段闡述，說明設此類傳之原因。	無	有單傳、合傳、類傳。
南齊書	梁	同上。	「史臣曰」後有四言贊語，長短不一。	有單傳、合傳、類傳。
比丘尼傳	梁	無	無	按時代排列，多單傳。
名僧傳	梁	有「論曰」，但散佚，不知詳情。		以成就分七科。

　　史記首開類傳之法，將不同類型人物列傳撰述，後《列女傳》承正史列傳之筆法而將一類人物獨立成書，為後來的雜傳發展開啟新頁，其後的僧人傳記多仿效之〔註13〕。首先，《高僧傳》將僧人以成就分十類，依重要程度排列，與《列女傳》、《世說新語》的前優後劣頗為類似。但後兩書有惡例的撰寫，而《高僧傳》則只是把他認為較不重要的僧人排列在後幾類，並無惡僧之意。而其所分的類別，顯然受稍前《名僧傳》所啟發。比較如下：

《名僧傳》類名（人數）〔註14〕	分類（每類總人數）	《高僧傳》的分類／科別編號（兩書僧人歸類多所不同，以下就多數而言）
外國法師（17）	法師	「譯經科」／一
神通弘教外國法師（1）	法師	只有佛圖澄一人，被分屬「神異科」／三
高行中國法師（24）	法師	「義解科」／二
隱遁中國法師（33）	法師	「義解科」／二
中國法師（106）	法師	「義解科」／二
	（181）	

〔註13〕曹仕邦認為慧皎十科源出自史記之類傳，見〈中國佛教史籍與目錄源出律學沙門之探討〉上。然除此之外，劉向獨立一類人物於一書，並以德性分類；再加以魏晉六朝各類人物傳記的興盛與前代僧傳亦有分類者，才使《高僧傳》得以成型，故影響《高僧傳》分科應非僅是《史記》一書而已。

〔註14〕人數是依據林傳芳的統計，詳見《中國佛教史籍要說》上卷，頁51。

律師（20）	律師	「明律科」／五
	（20）	
外國禪師（10）	禪師	「譯經科」／一
中國禪師（30）	禪師	「習禪科」／四
	（40）	
神力（15）	神力	「神異科」／三
	（15）	
兼學苦節（21）	苦節	「義解科」／二、「誦經科」／七
感通苦節（20）	苦節	「義解科」／二、「誦經科」／七
遺身苦節（19）	苦節	「亡身科」／六
守素苦節（36）	苦節	「誦經科」／七
尋法出經苦節（11）	苦節	「譯經科」／一
造經像苦節（11）	苦節	「興福科」／八
造塔寺苦節（22）	苦節	「興福科」／八
	（140）	
導師（13）	導師	「唱導科」／十
	（13）	
經師（17）	經師	「經師科」／九
	（17）	

　　從此比較表可知，《名僧傳》歸於律師、神力、遺身苦節、導師、經師、造經像苦節與造塔寺苦節者，慧皎亦多列於明律、神異、亡身、唱導、經師、興福科，明顯可見其承襲之跡。然《名僧傳》分類蕪雜，細分有十八類；若以成就分，則可歸為七類。七類中，法師、禪師各分中外；法師又依其行為分為五（外國二、中國三）；苦節又據其勤苦之方式不同分為七。不但名稱頗為凌亂，連分類標準也不一致。《高僧傳》則加以改革，不再以國別來分，一律以其成就來分，統一為十類。外國來中土傳法授經者、中土至外國求法尋經者，皆歸為「譯經科」，表彰其傳佛經來中土的貢獻。對佛學義理研究有得者，則列入「義解科」，即使苦學而致亦然，不再另出「苦節科」以列（況且苦節和有成就與否無必然關係）。造經像與造塔寺性質類似，故統一為「興福科」。由此觀之，《高僧傳》的十類一目了然，嚴整有序，難怪成為後來僧傳競相仿效的對象。

再者，關於史家的議論多以「君子曰」、「太史公曰」、「贊曰」、「評曰」、「論曰」等來發揮，但有的雜在傳文中，有的列於傳末或傳前，甚至前後皆具；類傳則多於傳前直接評論並簡述此類人物歷史，整體看來，傳文與簡述歷史、評論頗爲雜沓。雜傳體《列女傳》的評論亦復如是，以「君子曰」雜列於傳文中或文末，且每傳皆有。《高僧傳》則改爲於每科末以「論曰」引領，其《序》云：「論所著辭，微異恆體，始標大意，猶類前序。末辯時人，事同後議。若間施前後，如謂煩雜。故總布一科之末，通稱爲論。」其併前序（簡述歷史）、後議（評論）爲一，統列於科末，不但總結此科各傳主的成就，給予歷史上的定位；也改善了傳文與史家評論交雜之亂，可說是提高了傳記的藝術性與全書的結構性。

最後，贊語的運用，雜傳體的《列女傳》、《列仙傳》、《高士傳》在每傳末皆運用四言八句作結；正史至《後漢書》才使用。《高僧傳》亦有使用，然並非每傳末都用，只於前八科末以「贊曰」頌揚其德。而僅列八科，實乃因其「德效四依，功在三業；故爲群經之所稱美，眾聖之所褒述」《高僧傳‧序》，故特以贊頌之。而後兩科只是在接引世俗，有其偏功，才揀選優秀者入傳，故無贊頌之必要，免得冗贅。由此可知，此十科地位並不同等，慧皎則利用編排順序與是否有贊以明別之。

另正史在傳末有時會順帶介紹傳主的子孫或親屬。而《名僧傳》、《祐錄》僧傳亦皆設有附傳，在傳文末繫以弟子或並駕齊驅、成就相類者，《高僧傳》則加以採納並發揚光大（統一正附傳標準、附傳人數達至兩百七十七人），不但擴大僧傳的歷史容量，也達到以簡馭繁的效果。

3. 互見法的善用

《高僧傳》明言採互見法之處有下列四篇，主要是爲節省篇幅而請讀者參閱他傳：

編號、傳主名	原　　　文	運用情況	功　效
一16 鳩摩羅什	「（慧遠）疑義莫決，乃封以諮什，語見遠傳」	慧遠傳中果然有錄其與鳩摩羅什往返之書信	節省篇幅
一21 佛馱跋陀羅	「（法顯）得僧祇律梵本，復請賢譯爲晉文，語在顯傳」	法顯傳中果詳載此事	節省篇幅
三3 竺佛調	「（釋道安經錄云）語在譯經傳」	支樓迦讖附傳有嚴佛調，引用了釋道安的評論	節省篇幅
八9 釋法意	「（杯度要其立寺）語在度傳」	杯度傳中記載要其立寺之話語	節省篇幅

此外，其他未明言互見者，亦能適當選錄材料，表現傳主形象，使文章簡練、不冗贅。如：慧遠幫助佛馱跋陀羅解除被擯事，對佛馱跋陀羅之形象而言，至爲重要，而對慧遠的成就則無多大的助益，故此事慧遠傳中未提，而於佛馱跋陀羅傳詳論之。而支遁向法潛買山幽棲，法潛回曰：「欲來輒給，豈聞巢由買山而隱。」此事支遁傳中無，而是載於法潛傳中。主要是此事能點出法潛廣闊的胸襟，對支遁的形象卻無加分的效果，故作如此之剪裁。另竺法乘（法護弟子）傳中記載竺法護「資財殷富」，有長安甲族，欲奉大法，向護借錢，試其道德，結果竺法乘聰睿應付，一百多人因而歸附。此事展現出法乘的機智，故置於其傳，頗爲得宜。然法護傳卻連其殷富一事，也難看出，全傳只呈現出法護風塵僕僕，辛苦譯經之狀，其資產如何而來，又如何有效處理，則並無交代。此或與高僧形象無大干涉，然對當時佛教經濟、社會民情的反映，至爲重要（或許亦能提供僧人如何有效管理資產），可惜無隻字片語留下了。

另如道安、慧遠、鳩摩羅什等較長篇的傳記，一生牽涉到許多僧人，但多僅記載較能突顯其成就或志向者，與他僧來往的細節則散見於他僧的傳記中。以下以道安爲例，列表敘之。

編號、僧名（關係）	提及與道安來往之情節者	說明（◎指道安傳中無）
二16 法和（同學）	與安公共登山、安公勗勉。與安公詳定新經。	道安傳中有與法和詳定新經事，且較詳。登山事則無。
二18 法汰（同學）	才辯不逮，但姿貌過安。與安公分別時情況。	◎
二19 僧光（朋友）	與安公共隱飛龍山，切磋經義。	道安傳中較簡略。
二20 僧輔（朋友）	與安公共隱濩澤，切磋經義。	◎
二22 曇翼（弟子）	安遣其至江陵爲長沙寺綱領。	◎
二23 法遇（弟子）	安公寄一荊子，要其嚴格訓領僧眾。	◎
二24 曇徽（弟子）	隨安在襄陽。	◎
二25 道立（弟子）	隨安入關。	◎
二30 慧遠（弟子）	安公與遠分別時，兩人的對話。	◎
六4 僧富（弟子）	聽安公講經。	◎

　　法和與安公共登山、安公勗勉一事，可見道安心性穩定，不爲環境蒙蔽慧心；安公寄一荊子給法遇，要其嚴格訓領僧眾，亦可感受到道安領導眾僧的苦心。然此兩事恐怕對法和、法遇意義更重大，安公傳中可有可無，故編入兩人傳中。其餘事件亦多爲其傳傳主生命歷程中重要的事件，對道安形象無多大助益。如道安遣曇翼至江陵爲長沙寺綱領，其神奇的一生由此展開；法汰亦是與安公分別後，精采的一生才開始。曇徽隨安在襄陽，分別後至荊州，念念不忘師德，使江陵士女皆崇敬其師。另道安與慧遠分別時，道安無須多費唇舌交代的景況，顯現出慧遠的傑出，故置於慧遠傳中的確合適。由此可知，《高僧傳》互見法並未濫用，大多數的篇章甚至未採此法，主要是因其以人物敘述爲主，雖未做到全以人物生平爲敘述目標，但與正史相較，則顯然是以人爲對象，非藉人探究歷史事件的規律，故內容較單純專一，也就較少用互見法致使人物形象不完整。

第二節　《高僧傳》所據之文獻

　　慧皎《高僧傳·序》既稱己是「刪聚一處」、「述而無作」，可見其曾參考大量文獻，以成此傳；而所參考之文獻性質與特色，不但反映了當代的思潮，亦對僧傳的特色有莫大之影響。此中雖經慧皎主觀之取捨，仍難免於時代潮流之外，故有探討之必要。今據《高僧傳》，將所參考之書列表如下（以僧傳、論贊、志異等種類依次排列），然其書大半散佚，亦有未留下蛛絲馬跡者，敬希後之仁人君子補充之。

一、所據文獻總表

編號	朝代	作者	書名或篇名	見於引用		只提書名，無法確定引用之參考文獻	見於引用，無法確定是否參考之文獻
				提及出處	未提及出處		
1	晉	竺法濟	高逸沙門傳			◎	
2	齊	釋法安	志節傳			◎	
3	※	釋僧寶	※遊方沙門傳			◎	
4	※	釋法進	※江東名德傳			◎	
5	齊	蕭子良	三寶記傳			◎	
6	齊	王巾	僧史			◎	
7	梁	僧祐	出三藏記集	◎			
8	晉	郗超	東山僧傳			◎	
9	梁	張孝秀	廬山僧傳			◎	

				見於引用－提及出處	見於引用－未提及出處	只提書名，無法確定引用之參考文獻	見於引用，無法確定是否參考之文獻
10	梁	陸杲	沙門傳			◎	
11	梁	寶唱	名僧傳		◎		
12	晉	康泓	道人善道開傳			◎	
13	※	※	※安世高別傳	◎			
14	宋	齊諧	※杯度傳	◎			
15	※	※	※別傳	◎			
16	晉	孫綽	道賢論				◎
17	晉	孫綽	正像論	◎			
18	晉	孫綽	喻道論				◎
19	晉	孫綽	名德沙門論目				◎
20	晉	孫綽	※贊	◎			
21	宋	張辯	※僧瑜傳贊	◎			
22	宋	張辯	※曇鑒傳贊	◎			
23	宋	劉義慶	宣驗記	◎			
24	宋	劉義慶	幽明錄		◎		
25	齊	王琰	冥祥記		◎		
26	宋	王延秀	感應傳			◎	
27	※	朱君台	徵應傳			◎	
28	晉	※陶潛	搜神錄			◎	
29	齊	※劉悛	益部寺記			◎	
30	宋	曇宗	京師塔寺記	◎			
31	晉	釋道安	經錄	◎			
32	※	庾仲雍	荊州記	◎			
33	魏	康僧會	注安般守意經序	◎			
34	燕	田融	※趙記	◎			
35	※	※	※宋史	◎			
36	※	※	※吳志	◎			

說明：

「見於引用－提及出處」指《高僧傳》引用其內容，並曾至少一次明言出處者。

「見於引用－未提及出處」指《高僧傳》引用其內容，卻未明言出處者。

「只提書名，無法確定引用之參考文獻」指《高僧傳》提及此書，但無法確定實際引用之情況。

「見於引用，無法確定是否參考之文獻」指《高僧傳》引用此文獻，但無法確定是否爲襲用它書而來。

「※」指朝代或作者或書名不確定者。

二、表格說明

　　以下就上表所列，依編號爲序，說明其出處、作者生平、書籍特色及引用概況：

1. 晉－竺法濟－《高逸沙門傳》

	原文或內容摘要（所引《高僧傳》傳文以編號爲主，下列表格皆同）	說　　明
出處	《高僧傳·序》：「沙門法濟，偏敘高逸一跡。」 《高僧傳·王曼穎書》：「法濟唯張高逸之例。」 二 7 竺法潛附傳：「竺法濟幼有才藻，作高逸沙門傳。」	慧皎於《高僧傳·序》中總論眾僧傳之得失，故其應見過所提法濟之《高逸沙門傳》。
作者生平	二 7 竺法潛附傳：「……竺法濟幼有才藻……凡此諸人，皆潛之神足，孫綽並爲之贊，不復具抄。」 二 15 釋道安：「（道安）後避難潛于濩澤。太陽竺法濟、并州支曇講陰持入經，安後從之受業。」 《祐錄·卷六·陰持入經序》：「潛遯晉山……窺覽篇目……滯而不達……會太陽比丘竺法濟、并州道人支曇講，陟阻冒寇，重爾遠集……遂與析榯暢礙，造茲註解。」 《祐錄·卷十·道地經序》：「避難濩澤，師殞友折，周爰諮謀，顧靡所詢。時鴈門沙門支曇講、郯都沙門竺僧輔，此二仁者，聰明有融，信而好古，冒嶮遠至，得與酬酢。尋章察句，造此訓傳。」	1. 由此可知，竺法濟亦屬高僧，孫綽曾贊之，湯用彤以爲此法濟高足之竺法濟，或許是「道安友人之大陽竺法濟」，而「太陽」爲「大陽」之誤。 2. 從《祐錄》可知「支曇講」爲僧名，然《高僧傳》道安傳中似當成動詞，而成「講陰持入經，安後從之受業」。 3. 從《祐錄》所錄道安的經序中看來道安與竺法濟、支曇講「析榯暢礙」後，才注《陰持入經》，與支曇講、竺僧輔「酬酢」後，才訓傳《道地經》，實看不出竺法濟、支曇講爲道安之師，不知《高僧傳》何據。
書籍特色	《世說新語》言語篇第 48、63 條，文學篇第 40、42、43、45 條，方正篇第 45 條，雅量篇第 31 條，賞譽篇第 110 條，排調篇第 28 條，皆注引《高逸沙門傳》。內容包括： 1. 竺法潛（字法深）應命出會稽，並與會稽王遊，然雖朱門不異蓬戶。晉元帝、晉明帝、王公、庾公俱與法深遊。	1. 書已佚。 2. 由《世說》注引《高逸沙門傳》可知，此書內容起碼有竺法深、支遁、法開等人，此三者皆以剡爲根據地。 3. 道安卒于西元 385 年，享年七十二歲。法濟應是在道安中年，與其共居濩澤〔註15〕，此時離東晉滅亡尚有五

〔註15〕道安避難濩澤事，《僧傳》是放在道安以佛圖澄爲師後，及四十五歲前敘述，但現代學者多有爭議。方廣錩先生經詳細考證，認爲應在道安四十九歲時。詳見〈道安避難行狀考〉，頁 145～174。

	原文或內容摘要	說　明
書籍特色	2. 支遁向深公買山，聞深公言而慚恧。 3. 支遁簡略之生平敘述、講維摩經、殷浩訪支遁不遇、王濛遇支遁事。 4. 支遁應哀帝命至都，後心懷故山而還。 5. 法開與支遁爭，後隱剡，更學醫。	十多年，故知法濟一生多處東晉。兩晉僧人多具名士風範，故慧皎稱其書「偏敘高逸一跡」，亦屬時代使然。 4. 從《世說》注引《高逸沙門傳》之內容與《高僧傳》比較，其事件《高僧傳》多有，且更詳盡。其中「支道林聞深公言而慚恧」一事，則《高僧傳》無，竺法濟敘此，恐為贊師而為。《高僧傳》敘述買山事後，直接引支道林稱讚深公之〈與高麗道人書〉，且將此事置於竺法深傳中，以顯深公之大度與自得無礙，支遁傳中則省略，以維持本傳傳主之高逸風格。

2. 齊－釋法安－《志節傳》五卷

	原文或內容摘要	說　明
出處	《高僧傳·序》：「沙門法安，但列志節一行。」 《高僧傳·王曼穎書》：「法安止命志節之科。」二91釋法安：「著淨名、十地義疏，並僧傳五卷。」 《祐錄·卷十二·法苑雜緣原始集目錄序》：「法橋比丘現感妙聲記第七出志節傳」	慧皎於《高僧傳·序》中總論眾僧傳之得失，故其應見過所提法安之僧傳，然未言書名為何，湯用彤以為此僧傳五卷即《祐錄》所提之《志節傳》，應是。
作者生平	《高僧傳》釋法安傳有二：〈義解·晉新陽釋法安〉、〈義解·齊京師中寺釋法安〉。	據本傳，作者應是齊京師中寺釋法安，七歲出家、年少即顯名。生於宋、卒於齊永泰元年（498 A. D.），享年四十五歲。
書籍特色	《祐錄·卷十二·法苑雜緣原始集目錄序》：「法橋比丘現感妙聲記第七出志節傳」	1. 書已佚。 2. 《祐錄》並無引文，從此標題看來應是誠篤感應一類；法橋比丘，《高僧傳》無傳，故難以推知其與志節何關。

3. ※－釋僧寶－※遊方沙門傳

	原文或內容摘要	說　　明
出處	《高僧傳·序》:「沙門**僧寶**,止命**遊方**一科。」 《高僧傳·王曼穎書》:「僧寶偏綴遊方之士。」	慧皎於《高僧傳·序》中總論眾僧傳之得失,故其應見過所提僧寶之僧傳,然未言書名為何,湯用彤以為此僧傳應名為《遊方沙門傳》。
作者生平	《高僧傳》釋僧寶傳有三:〈義解·齊晉京師中興寺釋僧鍾〉附傳、〈義解·齊京師謝寺釋慧次〉附傳、〈義解·梁京師靈味寺釋寶亮〉附傳。	三傳皆無著作僧傳之記載,故無法判定作者為誰,亦或皆非。
書籍特色	《高僧傳·序》:「沙門**僧寶**,止命**遊方**一科。」	1. 書已佚。 2. 無引文。從序言中只知是記載遊歷的僧人。

4. ※－釋法進－※江東名德傳

	原文或內容摘要	說　　明
出處	《高僧傳·序》:「沙門**法進**,迺通撰傳論,而辭事闕略。」 《隋志·史部·雜傳類》:「江東名德傳　三　釋法進」 《隋書經籍志考證》:「晉孫綽有名德沙門論〔註16〕、名德沙門贊。嚴氏全晉文編並輯存其文。」	1. 慧皎於《高僧傳·序》中總論眾僧傳之得失,故其應見過所提法進之僧傳,然未言書名為何,湯用彤以為此僧傳即為《隋志》所著錄的《江東名德傳》。 2. 姚振宗《隋書經籍志考證》認為法進所撰應為別書,疑此三卷《江東名德傳》為孫綽書,《隋志》誤錄。
作者生平	《高僧傳》釋法進有三: 〈神異·宋高昌釋法朗〉:「朗師釋法進亦高行沙門。」 〈神異·宋岷山通雲寺邵碩〉:邵碩請道人法進幫其骸著鞋。 〈亡身·宋高昌釋法進〉:法進割肉餵饑民而亡。	三傳皆無著作僧傳之記載,故無法判定作者為誰,亦或皆非。
書籍特色	《高僧傳·序》:「沙門**法進**,迺通撰傳論,而辭事闕略。」 《高僧傳·王曼穎書》:「唯釋法進所造,王巾有著,意存該綜,可擅一家。然進名博而未廣,巾體立而不就。」	1. 書已佚。 2. 無引文。然從慧皎與王曼穎所言中可知,法進此書已脫離著錄某一類僧人之列,而想綜括各類僧人,但意雖佳卻力不逮。

〔註16〕據《祐錄》道安傳,孫綽所著應為〈名德沙門論目〉(《高僧傳》誤「目」為「自」)。

5. 齊－蕭子良－《三寶記傳》

	原文或內容摘要	說　　明
出處	《高僧傳・序》：「齊竟陵文宣王三寶記傳，或稱佛史、或號僧錄。」	慧皎於序中批評《三寶記傳》，可見其撰《高僧傳》曾參考此書。
作者生平	《南齊書・卷四十》、《南史・卷四十四》有傳，與佛教有關之事蹟只有： 1. 永明五年（487 A. D.），移居雞籠山西邸，招名僧、講佛法、造經唄、營齋戒。 2. 與文惠太子同好釋氏，甚相友悌。 3. 武帝好射雉，子良啓諫。 4. 武帝病，子良進沙門誦經，武帝感夢。 《高僧傳》則出現約二十多條。	正史中所載，雖可看出其對佛教之虔誠，然仍甚簡略。而從《高僧傳》中，更可見到具體事蹟如下（詳見各傳）： 1. 師敬或資給請迎者有：僧鍾、僧遠、法通、慧明、法鏡、法度、法紹、保誌、慧祐、阿那摩低、僧柔、慧次、僧審、玄暢、慧基、法安。 2. 為料理後事者：僧遠、法匱。 3. 請興講席者：曇纖、曇遷、僧表、僧最、敏達、僧寶、寶亮、僧祐、智稱、僧印。 4. 為修寺者：智順。 5. 共造新聲者：智普、道興、慧忍、超辯、僧辯。 所交往之僧人幾乎遍及各科，其中以義解科佔大宗，從其「執卷承旨」、「訪以法華宗旨」可知，非一般修福迷信之徒。 另《祐錄》亦記載其所抄經三十六部、受菩薩戒、施藥、造鐵磬、施食供養、製唱薩願讚等，可謂虔誠至矣，難怪會撰《三寶記傳》。
書籍特色	《高僧傳・序》：「齊竟陵文宣王三寶記傳，或稱佛史、或號僧錄。既三寶共敘，辭旨相關，混濫難求，更為蕪昧。」 唐釋法琳《破邪論》：「齊竟陵文宣王造三寶記傳一部。」 《南齊書・卷四十》：「所著內外文筆數十卷，雖無文采，多是勸戒。」	1. 書已佚。 2. 無引文。「三寶」蓋指佛、法、僧。此書或與僧祐《祐錄・法苑雜緣原始集目錄序》中所列目錄前五卷分為佛寶集、法寶集、僧寶集類似。 3. 此書既是記載或收錄與三寶相關的記、傳，又加以《南齊書・卷四十》稱其無文采，難怪慧皎評其「三寶共敘」、「混濫難求，更為蕪昧」。

6. 齊－王巾－《僧史》

	原文或內容摘要	說　明
出處	《高僧傳·序》：「瑯琊王巾所撰僧史，意似該綜，而文體未足。」 《歷代三寶記·卷十一》：「齊僧史十卷，司徒竟陵文宣王府記室王巾撰。」 《隋志》：「**法師傳 十 王巾**」 唐釋法琳《破邪論》：「瑯琊王巾撰僧史。」	慧皎於序中批評《僧史》，可見其撰《高僧傳》曾參考此書。《隋志》雖名為《法師傳》，然他書皆名為《僧史》，應是。
作者生平	《歷代三寶記·卷十一》：「齊僧史十卷，司徒竟陵文宣王府記室王巾撰。」 《文選·頭陁寺碑文》「王簡棲」下注云：「《姓氏英賢錄》曰：『王巾，字簡棲，瑯邪臨沂人。有學問，爲頭陁寺碑，文詞巧麗，爲世所重。起家郢州從事，征南記室。天監四年卒。碑在鄂州，題云：齊國錄事參軍瑯邪王巾製。』」	從《文選·頭陁寺碑文》可知，王巾對佛學頗有涉獵，與僧人亦有所交往。文中提及僧人有釋慧宗、僧勤、釋曇珍，《高僧傳》均無傳，無法得知其生平。
書籍特色	《高僧傳·序》：「瑯琊王巾所撰僧史，意似該綜，而文體未足。」 《高僧傳·王曼穎書》：「唯釋法進所造，王巾有著，意存該綜，可擅一家。然進名博而未廣，巾體立而不就。」 姚振宗《隋志考證》：「案慧皎序所言，則其書亦名僧史，以竟陵王子良三寶記爲藍本。」	1. 書已佚。 2. 無引文。從慧皎與王曼穎的批評可知，其書名雖爲「僧史」，然內容恐不相稱，體例無法符合史的要求。 3. 再者，王巾雖爲竟陵文宣王府記室，然從慧皎序中，實看不出其有以《三寶記傳》爲藍本，不知姚振宗所據爲何。

7. 梁－僧祐－《出三藏記集》

	原文或內容摘要	說　明
出處	《高僧傳·序》：「沙門僧祐撰三藏記，止有三十餘僧，所無甚眾。」	慧皎於序中批評《祐錄》，且對《祐錄》之列傳多所承襲，可見其撰《高僧傳》曾引用此書。
作者生平	五 13 有傳。	據《高僧傳》可知其卒於梁天監十七年，享年七十四。
書籍特色	《高僧傳·王曼穎書》：「僧祐成蘭，既同法濟之責。」 《高僧傳·序》：「沙門僧祐撰三藏記，止有三十餘僧，所無甚眾。」	1. 書存。 2. 從王曼穎與《高僧傳·序》的批評可知，其不滿《祐錄》列傳所載之僧偏于一方，不夠全面。今觀《祐錄》列傳則是偏於記載對譯經有貢獻之人。

8. 東晉－郗超－《東山僧傳》

	原文或內容摘要	說　明
出處	《高僧傳・序》：「中書郎郗景興東山僧傳……各競舉一方，不通今古，務存一善，不及餘行。」	慧皎於序中批評《東山僧傳》，可見其撰《高僧傳》曾參考此書。
作者生平	《晉書・卷六十七》有傳，關於佛教記載： 「愔事天師道，而超奉佛……超性好施……沙門支遁以清談著名于世……而遁常重超，以為一時之俊，甚相知賞。」 《高僧傳》支遁、于法開、于道邃、釋道安、竺法汰、竺法曠、釋慧嚴等傳皆有記載郗超的宗教活動。	從正史與《高僧傳》可知，其不但皈依施米，還與高僧論議佛法、結居塵外，佛學修為深厚，連支遁都倍加讚賞。
書籍特色	《高僧傳・序》：「中書郎郗景興東山僧傳……各競舉一方，不通今古，務存一善，不及餘行。」 《高僧傳・王曼穎書》：「景興偶採居山之人。」	1. 書已佚。 2. 無引文。從慧皎與王曼穎的批評可知，此書只記載東山一帶的僧人，不夠全面。

9. 梁－張孝秀－《廬山僧傳》

	原文或內容摘要	說　明
出處	《高僧傳・序》：「治中張孝秀廬山僧傳……各競舉一方，不通今古，務存一善，不及餘行。」	慧皎於序中批評《廬山僧傳》，可見其撰《高僧傳》曾參考此書。
作者生平	《梁書・卷五十一》、《南史・卷七十六》有傳，與佛教有關之事蹟如下： 1. 居東林寺，有田數十頃，部曲數百人，耕以供山眾。 2. 博涉群書，專精釋典。 3. 僧有虧戒律者，集眾佛前，作羯磨而笞之，多能改過。 4. 普通三年（522 A. D.）卒，室中皆聞非常香，年四十二。 二 99 釋法通：「……潯陽張孝秀，並策步山門，稟其戒法。」	張孝秀為齊梁時人，在廬山過山居的修行生活，故能傳述廬山地區的僧人生平。

書籍 特色	《高僧傳・序》：「治中張孝秀廬山僧傳……各競舉一方，不通今古，務存一善，不及餘行。」 《高僧傳・王曼穎書》：「孝秀染毫，復獲景興之誚。」	1. 書已佚。 2. 無引文。從慧皎與王曼穎的批評可知，此書缺失和郗超的《東山僧傳》一樣，只偏重一隅的僧人，不夠全面。

10. 梁－陸杲－《沙門傳》

	原文或內容摘要	說　　明
出處	《高僧傳・序》：「中書陸明霞沙門傳，各競舉一方，不通今古，務存一善，不及餘行。」	慧皎於序中批評《沙門傳》，可見其撰《高僧傳》曾參考此書。
作者 生平	《梁書・卷二十六》、《南史・卷四十八》有傳，與佛教有關之事蹟只有：「杲素信佛法，持戒甚精，著沙門傳三十卷。」 二 99 釋法通：「吳國陸杲……並策步山門，稟其戒法。」 唐陸廣微《吳地記》：「龍光寺，梁天監二年（503 A. D.），金紫光祿大夫陸杲字明霞，捨宅置，陸柬之書額。」	陸杲卒于中大通四年（532 A. D.），年七十四，故為宋至梁時人，亦是虔誠之佛教徒，曾捨宅為寺。
書籍 特色	《高僧傳・序》：「中書陸明霞沙門傳，各競舉一方，不通今古，務存一善，不及餘行。」	1. 書已佚。 2. 無引文。從書名無法得知此書記載何處的僧人。但觀慧皎批評，應仍是侷限一隅，不夠全面。

11. 梁－寶唱－《名僧傳》

	原文或內容摘要	說　　明
出處	《高僧傳・序》：「自前代所撰，多曰名僧。然名者，本實之賓也。若實行潛光，則高而不名；寡德適時，則名而不高。名而不高，本非所紀；高而不名，則備今錄。故省名音，代以高字。」 《續高僧傳・義解・梁會稽嘉祥寺釋慧皎》：「又以唱公所撰名僧，頗多浮沉，因遂開例成廣，著高僧傳十四卷。」	慧皎於序中雖未明言批評的是寶唱之《名僧傳》，然就《高僧傳》與現存《名僧傳抄》比較，慧皎必有參考此書，甚至襲用。此處批評「名僧」之名，殆指寶唱之作無疑。難怪道宣《續高僧傳》慧皎傳中則直指寶唱了。
作者 生平	《續高僧傳・譯經・梁楊都莊嚴寺金陵沙門釋寶唱》有傳。 《高僧傳》僅一處提及，其為僧伽婆羅翻譯之筆受。	《續高僧傳》言「不測其終」，而《歷代三寶紀》載寶唱所編書年代至天監十七年，可能卒於天監十八年後，故慧皎不列入傳中。但寶唱為梁武帝時極為重要之纂經者，何以慧皎只於一處提及，還只是筆受而已？

	原文或內容摘要	說　　明
書籍特色	從《名僧傳抄》錄《名僧傳》之目錄可知，《名僧傳》共收四百二十五位僧人，其分類法非常瑣碎。 《續高僧傳》稱此書「文勝其質」。陳士強謂此書蒐集宏富，轉引言論與著作較《高僧傳》多〔註17〕。	1. 書已佚。 2. 日本沙門宗性曾借讀東大寺之《名僧傳》，並作摘錄，即今僅存之《名僧傳抄》。 3. 慧皎僅對書名有意見，未針對內容評論。

12. 晉－康泓－《道人善道開傳》

	原文或內容摘要	說　　明
出處	三2單道開：「有康泓者……及後從役南海，親與相見。側席鑽仰稟聞備至，乃爲之傳讚曰：『蕭哉若人……』。」 《高僧傳・王曼穎書》：「康泓專記道開。」 《隋志・史部・雜傳類》：「道人善道開傳　一　康泓」	《高僧傳》敘及康泓作傳的過程，並引其讚，可見慧皎曾參考此傳。
作者生平	三2傳中提及。	從《高僧傳》所引，知其與善道開同時，且曾從役南海，隨侍左右。
書籍特色	《冥祥記》善道開條，即引「別傳云」，內容與《高僧傳》類似而嫌簡略，王國良《冥祥記研究》頁155認爲此「別傳」即是《道人善道開傳》。	1. 書已佚。 2. 此書當然是記載善道開的神異事跡。

13. ※－※－※安世高別傳

	原文或內容摘要	說　　明
出處	一3安清：「又別傳云：『晉太康末，有安侯道人來至桑垣……』。」	《高僧傳》安清傳雖襲用《祐錄》，然此段考證卻爲《祐錄》所無，而慧皎批評此別傳之時間錯誤，應曾參考此書。
書籍特色	《高僧傳》安清傳所引別傳內容大要爲：安世高被所買奴福善刺死，桑垣人出其前所封函，函中示傳其道者陳慧，傳禪經者僧會。	1. 書已佚。 2. 此書當然是記載安清的神異事跡。

〔註17〕見陳士強〈名僧傳抄與高僧傳比觀〉。

14. 宋－齊諧－※杯度傳

	原文或內容摘要	說　明
出處	三 12 杯度：「又有齊諧妻胡母氏病，眾治不瘉，後請僧設齋，齋坐有僧聰道人，勸迎杯度，度既至，一咒病者即愈，齊諧伏事爲師，因爲作傳，記其從來神異，大略與上同也。」	《高僧傳》敘及齊諧敬師作傳的過程，並云其傳內容「大略與上同」，可見慧皎曾參考此傳。
作者生平	三 12 杯度：記載杯度留錢與諧，請爲營齋，後度死諧安葬之（宋元嘉三年， 426 A.D.）。後兩年，度復現身至諧家，要他與法意道人共修故寺。 八 9 釋法意：記載立寺過程。	齊諧正史無傳，然從《高僧傳》記載，其爲虔誠的佛教徒，以杯度爲師，營齋建寺。
書籍特色		1. 書已佚。 2. 此書當然是記載杯度的神異事跡。

15. ※－※－※別傳

	原文或內容摘要	說　明
出處	二 9 于法蘭：「別傳云：『蘭亦感枯泉漱水』事與竺法護同，未詳。」	《高僧傳》引用別傳，並懷疑其說，可見慧皎曾參考此書。
書籍特色	二 9 于法蘭：「別傳云：『蘭亦感枯泉漱水』事與竺法護同，未詳。」	1. 書已佚。 2. 觀其所引，應是記載僧人之傳，但不知是專記于法蘭，或記他僧而述及法蘭者。

16. 晉－孫綽－〈道賢論〉

17. 晉－孫綽－〈正像論〉

18. 晉－孫綽－〈喻道論〉

19. 晉－孫綽－〈名德沙門論目〉

20. 晉－孫綽－※贊

	原文或內容摘要	說　明
出處	〈道賢論〉： 譯經科有竺曇摩羅刹、帛遠。 義解科有竺法乘、竺法潛、支遁、于法蘭、于道邃。 〈正像論〉： 義解科的朱士行、令韶（康法朗弟子）。 〈喻道論〉： 義解科的支遁、于道邃。 〈名德沙門論目〉： 義解科的釋道安、于法開。 贊： 譯經科有康僧會。 義解科有支孝龍、康法朗、竺法潛、于法威、竺法汰、竺道壹、釋道安、劉元眞。	朱士行、康僧會與釋道安，傳文雖襲自《祐錄》，然朱士行傳中引〈正像論〉與康僧會、釋道安傳中的贊，則爲《祐錄》所無，應爲慧皎所補，故慧皎應有參考這些文獻。另竺曇摩羅刹、帛遠傳中引〈道賢論〉，釋道安傳中引〈名德沙門論目〉，皆襲用《祐錄》。其餘是否慧皎參考後所補，或直接襲用其他傳文中而引，則難以分辨。
作者生平	《晉書・卷五十六》有關佛教記載僅有：支遁問綽，綽與許詢之比較。 **《高僧傳》提之佛教活動：** 二 8 支遁：「王洽、劉恢、殷浩、許詢、郗超、孫綽、桓彥表、王敬仁、何次道、王文度、謝長遐、袁彥伯等，並一代名流，皆著塵外之狎。」 二 45 釋慧嚴：「（何）尚之對曰：『……孫綽……並稟志歸依，厝心崇信』。」	孫綽《晉書・卷五十六》有傳，但關於佛教之記載甚少。《高僧傳》亦僅概述其崇信佛教，未見實際作爲。然就其所著，提及多位高僧，並品評之，應對僧人事蹟了解甚深。
書籍特色	〈道賢論〉： 一 8 竺曇摩羅刹：「孫綽製道賢論，以天竺七僧方竹林七賢。」分別是竺法護「匹山巨源」、帛遠「匹嵇康」、竺法乘「比王濬沖」、竺法潛「比劉伯倫」、支遁「方向子期」、于法蘭「比阮嗣宗」、于道邃「比阮咸」。 〈正像論〉： 二 1 朱士行：「故孫綽正像論云：『士行散形於于闐』。」	1. 〈道賢論〉以天竺七僧方竹林七賢，《高僧傳》皆有提及，嚴氏《全晉文》亦有摘錄，然是節選自《高僧傳》，且漏了于道邃，更不用說全文風貌。 2. 〈正像論〉僅存兩句，難窺全貌。 3. 《高僧傳》雖明言引自〈喻道論〉，然於《弘明集・卷三・喻道論》卻無相同文句，不知所據爲何。 4. 《世說新語》第四之 45 條注、第八之 114 條注、第二十七之 11 條注皆引〈名

| 書籍特色 | 二 5 康法朗附傳：「孫綽正像論云：『呂韶凝神於中山』。」

〈喻道論〉：
二 8 支遁、二 11 于道邃：內容爲對支遁、竺法行、于道邃之品評。

〈名德沙門論目〉：
二 15 釋道安：「孫綽爲名德沙門論目，云：『釋道安博物多才，通經名理』。」
二 10 于法開：「孫綽爲之目曰：『才辯縱橫，以數術弘教，其在開公乎。』」

贊：《高僧傳》錄有九人，贊形式爲四言八句。 | 德沙門題目〉，第二之 93 條注引〈沙門題目〉。〈名德沙門題目〉實即〈名德沙門論目〉〔註18〕，爲孫綽所著，品論僧人風範。除第四之 45 條注所引後接《高逸沙門傳》外，餘皆接「孫綽贊曰」。今存所論之僧人有道安、于法開、法汰、支愍度、道壹。
5. 嚴氏《全晉文》亦全錄《高僧傳》，並以《世說新語》第八之 114 條注、第二十七之 11 條注補之，然安以〈名德沙門贊〉之題，《高僧傳》則無此題。 |

21. 宋－張辯－※僧瑜傳贊

22. 宋－張辯－※曇鑒傳贊

	原文或內容摘要	說　　明
出處	僧瑜傳贊： 六 7 釋僧瑜：「吳郡張辯爲平南長史，親睹其事，具爲傳贊。贊曰：……。」 曇鑒傳贊： 二 53 釋曇鑒：「吳郡張辯作傳并贊，贊曰……。」	《高僧傳》釋僧瑜傳與《冥祥記》釋僧瑜條類似，因襲之跡明顯，然《冥祥記》雖云張辯作傳贊，卻未如《高僧傳》引其贊。另釋曇鑒傳，《高僧傳》亦引其贊，故慧皎應有參考此等傳贊。
作者生平	《宋書·卷五十三》有張茂度傳，辯爲其子。正史並無記載張辯的佛教活動。 《比丘尼傳·建福寺法盛尼》：「豫章太守吳郡張辯，素所尊敬，爲之傳述云。」	法盛尼卒于宋元嘉十六年（439 A. D.），釋僧瑜卒于宋孝建二年（455 A. D.），故知辯此時尚在，才能親睹。且對佛教多所虔敬，才會爲多位僧人（不分僧尼）寫傳贊。
書籍特色	其所作傳贊知有：釋僧瑜、釋曇鑒、法盛尼。	1. 書已佚。 2. 因無書名，故無法辨知是集多位僧人傳記與贊於一書，亦或各自成篇。

〔註18〕《世說新語》第四之 45 條注：「名德沙門題目曰：『于法開才辯從橫，以數術弘教』。」《高僧傳·義解·晉剡白山于法開》：「孫綽爲之目曰：『才辯縱橫，以數術弘教，其在開公乎。』」故知〈名德沙門題目〉爲孫綽所著，《高僧傳》稱爲〈名德沙門論目〉。

23. 宋－劉義慶－《宣驗記》

	原文或內容摘要	說　明
出處	《高僧傳・序》：「宋臨川康王義慶宣**驗**記……並旁出諸僧，敘其風素，而皆是附見，亟多疏闕。」 一 3 安清：「宋臨川康王宣**驗**記云：『蟒死於吳末。』。」	慧皎於序中批評《宣驗記》，且於安清傳中明引之，可見其撰《高僧傳》曾參考此書。
作者生平	劉義慶生於東晉安帝元興二年（402 A. D.），卒於宋文帝元嘉二十一年（444 A. D.），年四十二歲。《宋書・卷五十一》、《南史・卷十三》有傳。 一 33 置良耶舍附傳：「（天竺沙門僧伽達多）元嘉十八年夏，受臨川康王請，於廣陵結居。」 二 55 釋曇無成附傳：「時中寺復有曇冏者，與成同學齊名，爲宋臨川康王義慶所重。」 七 6 釋道冏：「宋元嘉二十年，臨川康王義慶攜往廣陵，終於彼矣。」 十 7 釋道儒：「（釋道儒）寓居廣陵。少懷清信，慕樂出家。遇宋臨川王義慶鎮南兗，儒以事聞之。王贊成厥志，爲啓度出家。」	正史傳中關於佛教記載甚少，只有「唯晚節奉沙門頗致費損」數字；而《高僧傳》中所載，一爲元嘉十八年、一爲元嘉二十年，另一爲鎮南兗時〔註19〕（元嘉十七年爲南兗州刺史），確爲晚年時事。另從《高僧傳》中得知，其所交往的僧人有擅於禪學、義解、誦經或唱導者，可謂涵蓋甚廣。而且不但供養高僧，還助人爲僧，可謂虔誠。
書籍特色	《高僧傳・序》：「宋臨川康王義慶宣**驗**記……並旁出諸僧，敘其風素，而皆是附見，亟多疏闕。」	1. 書已佚，但《古小說鉤沉》輯遺文三十五則〔註20〕。 2. 觀《宣驗記》之名及三十五則遺文，其書應以宣揚佛教靈驗爲主，內容有信觀音得救、因果輪迴不爽、誣佛搶寺受報、火不燒經堂等，而其中夾雜著僧人出現，應屬必然。 3. 此書既以宣揚佛教靈驗爲主，當然不用對僧人生平多所著墨，難怪乎慧皎稱其「附見」、「疏闕」，實非此書之罪也。

〔註19〕鄭郁卿《高僧傳研究》頁 18 認爲，劉義慶鎮南兗、度道儒爲僧，在宋文帝元嘉三十年（A. D. 453 年）。但據《宋書・卷五十一》其於元嘉十七年爲南兗州刺史，並卒於元嘉二十一年（A. D. 444 年）。

〔註20〕鄭郁卿《高僧傳研究》頁 17 誤爲十六條。

24. 宋－劉義慶－《幽明錄》

	原文或內容摘要	說　　明
出處	《高僧傳・序》：「宋臨川康王義慶……幽明錄……並旁出諸僧，敘其風素，而皆是附見，亟多疏闕。」	慧皎於序中批評《幽明錄》，可見其撰《高僧傳》曾參考此書。
作者生平	同《宣驗記》。	同《宣驗記》。
書籍特色	《高僧傳・序》：「宋臨川康王義慶……幽明錄……並旁出諸僧，敘其風素，而皆是附見，亟多疏闕。」	1. 書已佚，但《古小說鉤沉》輯遺文兩百六十五則。 2. 觀《幽明錄》之名及兩百六十五則遺文，其書內容多是鬼魂、妖怪、神佛之事，蓋專記一切詭譎之靈異現象，並非專爲宣揚佛教而作。其中涉及佛教處約有二十一則，占兩百六十五則的 7％，份量不多；而二十一條中只有十三條與僧人有關，此中又只有三條與《高僧傳》相涉，難怪乎慧皎稱其「附見」、「疏闕」。

25. 宋－王琰－《冥祥記》

	原文或內容摘要	說　　明
出處	《高僧傳・序》：「太原王琰冥祥記……並旁出諸僧，敘其風素，而皆是附見，亟多疏闕。」	慧皎於序中批評《冥祥記》，可見其撰《高僧傳》曾參考此書。
作者生平	正史無傳。	據王國良《冥祥記研究》頁 3：「根據《冥祥記》序言……可能出生於宋孝武孝建元年（454 A. D.）……蓋卒於梁武帝天監中。」
書籍特色	《高僧傳・序》：「太原王琰冥祥記……並旁出諸僧，敘其風素，而皆是附見，亟多疏闕。」 王國良《冥祥記研究》頁 5 認爲王琰撰《冥祥記》之因有二：其從小供奉之觀音像，屢有神跡；與范縝辯論，爲證明神不滅而撰。	1. 書已佚，但《古小說鉤沉》輯遺文一百三十一則。 2. 《冥祥記》是以宣揚佛教爲主，內容不外因果報應、神靈不滅、觀音顯靈、沙門神通等。 3. 此書既以宣揚佛教爲主，當然非以僧人生平爲主，故「附見」、「疏闕」難免，實非此書之罪。

26. 宋－王延秀－《感應傳》

	原文或內容摘要	說　　明
出處	《高僧傳·序》：「太原王延秀感應傳……並旁出諸僧，敘其風素，而皆是附見，亟多疏闕。」	慧皎於序中批評《感應傳》，可見其撰《高僧傳》曾參考此書〔註21〕。
作者生平	《宋書·卷六十六·何尚之傳》言元嘉十三年（436 A. D.）何尚之爲丹陽尹，「立宅南郭外，置玄學，聚生徒……王延秀……並慕道來遊」。 《宋書·卷十六·禮志》宋明帝泰始七年（471 A. D.），王延秀正任祠部郎。 《梁書·卷二十六·傳昭傳》言（宋時）王延秀推薦傳昭給丹陽尹袁粲。	1. 湯用彤言其秦始中爲祠部郎，「秦」應爲「泰」之誤。 2. 據正史記載，其爲宋時人，曾任宋祠部郎，生卒年不詳。
書籍特色	《高僧傳·序》：「太原王延秀感應傳……並旁出諸僧，敘其風素，而皆是附見，亟多疏闕。」	1. 書已佚。 2. 《太平廣記》所引兩則，一爲齊建安王夢觀音病癒，一爲張逸禮拜金像得免刑，蓋皆虔信得感應事〔註22〕。

27. ※－朱君台－《徵應傳》

	原文或內容摘要	說　　明
出處	《高僧傳·序》：「朱君台徵應傳……並旁出諸僧，敘其風素，而皆是附見，亟多疏闕。」	慧皎於序中批評《徵應傳》，可見其撰《高僧傳》曾參考此書。
作者生平	唐釋法琳《破邪論》：「吳興朱君台撰徵應傳」。	作者應爲吳興人，餘不詳。
書籍特色		1. 書已佚。 2. 無引文。觀書名應非以記載僧人生平爲主。

〔註21〕鄭郁卿《高僧傳研究》頁 22 認爲《唐志》將此書歸在小説類，故慧皎是否引用成問題。然《隋志》列爲史部雜傳類，與《冥祥記》、《宣驗記》等同屬，時人視同史籍，慧皎於《高僧傳·序》中既一起評論，恐亦一視同仁。

〔註22〕王國良《魏晉南北朝志怪小説研究》認爲《太平廣記》所引爲齊時事，王延秀恐不及見。然西元 436 於何尚之處遊學， 471 年任宋祠部郎，而齊則亡于 502 年，若延秀長壽或可及見。

28. 晉－※陶淵明－《搜神錄》

	原文或內容摘要	說　　明
出處	《高僧傳‧序》：「陶淵明搜神錄並旁出諸僧，敘其風素，而皆是附見，亟多疏闕。」 三 11 史宗：「陶淵明記白土埵遇三異法師，此其一也。」	慧皎於序中批評《搜神錄》，可見其撰《高僧傳》曾參考此書。另於史宗傳中引用陶淵明所記，但未明言出自何書。
作者生平	《晉書‧卷九十四》、《南史‧卷七十五》有傳。	據正史記載，其生於東晉哀帝，卒於宋文帝元嘉四年（427 A. D.），年六十三。
書籍特色	《高僧傳‧序》：「陶淵明搜神錄並旁出諸僧，敘其風素，而皆是附見，亟多疏闕。」 《高僧傳‧王曼穎書》：「（眾僧人事蹟）糅在元亮之說。」 唐釋法琳《破邪論》：「彭澤令陶元亮撰搜神錄。」 唐道宣《三寶感通錄》：「搜神錄陶元亮。」	1. 王國良《魏晉南北朝志怪小說研究》頁 320 認為陶淵明應有撰志怪書，然今本恐非其原著；另《搜神後記研究》頁 30 則認為《搜神後記》為宋齊時受到儒、釋、道三家影響之文人所著，非專為佛教宣傳者，而今存本已非古本。 2. 姚振宗《隋書經籍志考證》則將《搜神後記》與《搜神錄》視為一書，認為是六朝人假託陶潛所作。 3. 觀今本所傳，故非陶氏書，然慧皎所見究竟真是陶氏遺書，或六朝人轉錄假託，已不可辨。 4. 慧皎所參考之《搜神錄》，見王曼穎之評論，亦是雜出僧人事蹟，非專記其生平者。

29. 齊－劉悛－《益部寺記》

	原文或內容摘要	說　　明
出處	《高僧傳‧序》：「彭城劉俊益部寺記……並旁出諸僧，敘其風素，而皆是附見，亟多疏闕。」	慧皎於序中批評《益部寺記》，可見其撰《高僧傳》曾參考此書。
作者生平	《高僧傳‧序》：「彭城劉俊益部寺記。」 《南齊書‧卷三十七》有劉悛傳，字士操，為彭城上里人，曾監益、寧兩州諸軍事、益州刺史。	湯用彤認為是劉悛，應是。
書籍特色		1. 書已佚。 2. 無引文。觀書名，所述應是以寺為對象，非以僧人生平為主，故言及僧人處應較瑣碎不全。

30. 宋－曇宗－《京師塔寺記》

	原文或內容摘要	說　明
出處	《高僧傳・序》：「沙門曇宗京師寺記……並旁出諸僧，敘其風素，而皆是附見，亟多疏闕。」 十4 釋曇宗：「著京師塔寺記二卷。」 一3 安清：「曇宗塔寺記云……。」	慧皎於序中批評《京師塔寺記》，並於安清傳中引用且評其謬說。
作者生平	十4 有傳。	據《高僧傳》可知其「博通眾典，唱說之功，獨步當世」，生卒年不詳。
書籍特色	一3 安清：「曇宗塔寺記云：『丹陽瓦官寺，晉哀帝時沙門慧力所立。後有沙門安世高，以宮亭廟餘物治之』。」	1. 書已佚。 2. 觀慧皎引用，內容以介紹塔寺為要，間出僧人，非以僧人生平為主，故稱其「附見」、「疏闕」。

31. 晉－釋道安－《經錄》

	原文或內容摘要	說　明
出處	一3 安清：「按釋道安經錄云……。」 一4 支樓迦讖及附傳：「安公校定古今，精尋文體。云……安公云……。」 一8 竺曇摩羅刹：「安公云……。」 〈神異・晉常山竺佛調〉：「案釋道安經錄云……」	《高僧傳》所引，支樓迦讖及附傳是襲自《祐錄》。而安清與竺曇摩羅刹兩篇雖襲取《祐錄》，然此兩段安公之評價皆為《高僧傳》新增，為《祐錄》所無。故知，慧皎除襲用《祐錄》所引外，亦有參用道安《經錄》。
作者生平	二15 有傳	卒于晉太元十年（385 A. D.），年七十二。
書籍特色	二15 釋道安：「自漢魏迄晉，經來稍多，而傳經之人，名字弗說，後人追尋，莫測年代。安乃總集名目，表其時人，詮品新舊，撰為經錄，眾經有據，實由其功。」 一3 安清：「按釋道安經錄云：『安世高以漢桓帝建和二年至靈帝建寧中二十餘年，譯出三十餘部經。』」 一4 支樓迦讖及附傳：「安公校定古今，精尋文體。云：『似讖所出。』……安公云：『孟詳所出，奕奕流便，足騰玄趣也。』」 一8 竺曇摩羅刹：「安公云：『護公所出，	1. 書已佚，但大部分仍保留在《祐錄》中。 2. 《經錄》應是考訂佛經源流之書，《高僧傳》對其倍加推崇，所引皆與譯經概況、經譯的品質有關，故多出現在譯經科。

	原文或內容摘要	說　　明
書籍特色	若審得此公手目，綱領必正，凡所譯經，雖不辯妙婉顯，而宏達欣暢，特善無生，依慧不文，樸則近本。』」三　3 竺佛調：「案釋道安經錄云：『漢靈帝光和中，有沙門嚴佛調共安玄都尉譯出法鏡經及十慧等。』」	

32. ※－庾仲雍－《荊州記》

	原文或內容摘要	說　　明
出處	一 3 安清：「又庾仲雍荊州記云……。」	《高僧傳》安清傳雖襲用《祐錄》，然此段考證引用庾仲雍《荊州記》，並批評其說不妥，則為《祐錄》所無，可見慧皎曾參考此書以補《祐錄》之不足。
作者生平	正史無傳。	不詳。
書籍特色	一 3 安清：「又庾仲雍荊州記云：『晉初有沙門安世高，度宮亭廟神，得財物立白馬寺於荊城東南隅。』」	1. 書已佚。 2. 從書名與《高僧傳》引文，此書應是記載荊州一帶風土民情。

33. 魏－康僧會－《注安般守意經序》

	原文或內容摘要	說　　明
出處	一 3 安清：「案如康僧會注安般守意經序云：『此經世高所出，久之沉翳。會有南陽韓林、潁川文業、會稽陳慧，此三賢者，信道篤密，會共請受，乃陳慧義，余助斟酌』。」	《高僧傳》安清傳雖襲用《祐錄》，然此段考證引用康僧會《注安般守意經序》以佐證，則為《祐錄》所無，可見慧皎曾參考此文以補《祐錄》之不足。
作者生平	一 6 有傳。	以吳赤烏十年（248 A. D.）初達建鄴，晉武太康元年（280 A. D.）卒。
書籍特色	為經序。	《高僧傳》所引，應是內容大意，非原文〔註23〕。

〔註23〕見《佛說大安般守意經·卷上》前有康僧會序：「會見南陽韓林、潁川皮業、會稽陳慧，此三賢者，信道篤密……，余從之請問……，陳慧注義，余助斟酌……。」

34. 燕－田融－※趙記

	原文或內容摘要	說　明
出處	三 1 竺佛圖澄：「田融趙記云……恐融之謬矣。」	《高僧傳》佛圖澄傳引用田融《趙記》，並批評其說不妥，可見慧皎曾參考此書。
作者生平	《隋志・史部・霸史類》：「趙書十卷一曰二石集，記石勒事，僞燕太傅長史田融撰。」	正史無傳，故除了曾爲僞燕太傅長史外，其餘不詳。
書籍特色	《隋志・史部・霸史類》：「趙書十卷一曰二石集，記石勒事。」 三 1 竺佛圖澄：「田融趙記云：『澄未亡數年，自營塚壙。』」 《三十國春秋輯本・趙書》：「佛圖澄亦謂必擒劉曜。前石有佛圖澄，號曰大和尚，常乘板輦於大水上【書鈔百四十】。」 「前石有佛圖澄，號曰大和尚。道法大行，建武末卒，葬於鄴西紫陌先造生墓，已數年矣【書鈔九十二、御覽百九十五】。」	1. 書已佚。 2. 《隋志》云此書或名趙書、或名二石集，專記石勒時事，觀《高僧傳》所記佛圖澄即石勒時僧。而清湯球《三十國春秋輯本》有田融《趙書》之輯本，觀其內容多石勒、石虎時事。其中佛圖澄條有二，果有佛圖澄先造生墓一事。

35. ※－※－※宋史

	原文或內容摘要	說　明
出處	二 47 釋慧義：「此瑞詳之宋史。」	《高僧傳》提及此事宋史亦載，可見慧皎曾參考此書。
書籍特色	據金敏黻《中國史學史》頁 68 考證，至梁時可考的宋史書籍有七，僅沈約《宋書》今存。亡佚者有徐爰、孫嚴、王智深、裴子野、王悛等。	1. 不知慧皎參考哪一本，亦或今不可考之他書。 2. 沈約《宋書・卷二十七》符瑞志亦載此事，然較《僧傳》簡略，似非慧皎所本。

36. ※－※－※吳志

	原文或內容摘要	說　明
出處	一 6 康僧會：「（支謙）但生自外域，故吳志不載。」	《高僧傳》康僧會傳襲用《祐錄》，但此條爲《祐錄》無，應是慧皎的說明語。慧皎既提及「吳志不載」，可見其曾涉獵吳史。
書籍特色	據金敏黻《中國史學史》頁 57 考證，至梁時可考的吳史書籍有三，今皆亡佚。有吳韋昭、晉裴濟、梁張勃等。	1. 書已佚。 2. 不知慧皎參考哪一本，亦或今不可考之他書。

除了上述之外，另僧祐著有《薩婆多部記》五卷，記載十誦律派之沙門。其中卷三所載外來律師與卷四所載中國律師，《高僧傳》亦多設有傳記〔註24〕。慧皎是否引用《薩婆多部記》，因此記已佚，無從考察。但從慧皎大量採納《祐錄》傳文，恐怕參考此記的機率極高。再者，《高僧傳》亦時時提引「有記云」、「有記曰」、「數家傳記咸言」、「有別記云」、「記者云」等，可見其參考資料之豐富，然因其未有明言，則或遺失許多參考文獻，固可推知。

三、文獻內容的特色

《高僧傳》雖是刪聚眾書而成，然慧皎在材料的取捨方面，顯現出其要求活潑生動、與時代脈動相契合的態度。總觀《高僧傳》所採文獻內容之特色，有以下各種：

1. 名稱、習俗的由來

慧皎善用僧人的稱號、別稱，生動地勾勒出各個僧人獨特的形象，或青眼、或闍、或連眉、或印手等，此或與其生平、成就無多大關係，卻使人印象深刻，讀來興味盎然。當然，讚揚僧人者，更是不勝枚舉，如採用敦煌菩薩、大咒師、九州都維那、北山二聖、雙桐沙門等稱號，令人對其成就一目了然。再者，《高僧傳》採納了各地的村名、谷名、寺名與佛教習俗之由來，如：中夏戒律、庸蜀銅鐘的由來；白馬、龍光、崇明等寺之命名與朗公谷、蛇村的來龍去脈。一方面有助於記憶，另方面使讀者能將高僧與現世生活環境聯繫在一起，產生息息相關的親切感，進而引發修行的意念，不至有修行遙不可及的斷層。

編號、僧名	《高僧傳》內容
一 1 攝摩騰	相傳云：白馬繞塔悲鳴，故王不再壞寺，改招提為白馬寺，「故諸寺立名多取則焉」。
一 3 安清	「今潯陽郡蛇村是也」。
一 5 曇柯迦羅	「中夏戒律，始自於此」。
一 8 竺曇摩羅刹	「時人咸謂敦煌菩薩」。
一 10 帛尸梨蜜	「時人呼為高座」、「追旌往事，仍曰高座寺也」。
一 12 曇摩難提	「時人謂闍」。

〔註24〕曹仕邦曾就兩書目錄做過對比，見〈中國佛教史籍與目錄源出律學沙門之探討〉上。

一 19 卑摩羅叉	「時人亦號曰青眼律師」。
一 20 佛陀耶舍	「時人號曰赤髭毗婆沙」。
一 22 曇無讖	「西域號為大咒師」。
一 31 曇摩蜜多	「世號連眉禪師……皆號大禪師」。
一 34 求那跋陀羅	「時人亦號三藏」。
二 15 釋道安	以釋命氏，成為永式。所制僧尼軌範、佛法憲章，「天下寺舍，遂則而從之」。「時人謂之為印手菩薩」。
二 17 竺僧朗	「奉高人至今猶呼金輿谷為朗公谷」。
二 28 竺道壹	「時人號曰九州都維那」。
二 43 竺道生	「（寶林）時人號曰遊玄生」、「其年夏，雷震青園佛殿，龍昇於天，光影西壁，因改寺名號曰龍光」、「時人以同寺相繼，號曰大小二生」。
二 67 釋慧亮	「時人呼靖為大師，亮為小師」。
二 70 釋道猛	「（皇帝下詔）目寺為興皇」。
二 77 釋道慧	「時人號曰白頭達」。
二 85 釋僧慧	「觀者號曰黑衣二傑……時謂禿頭官家」。
二 93 釋法度	「時人號曰北山二聖」。
三 10 釋曇霍	「咸稱曰大師」。
三 11 史宗	「世號麻衣道士」。
三 12 杯度	「不知姓名，常乘木杯度水，因而為目」。
六 7 釋僧瑜	「因號為雙桐沙門」。
六 8 釋慧益	「燒身之處，謂藥王寺，以擬本事也」。
七 5 釋法宗	「因誦為目，號曰法華台也」。
七 21 釋道琳	「富陽人始家家立聖僧坐以飯之」。
八 4 釋慧受	「以受本鄉為名，號曰安樂寺」。
八 5 釋僧慧	「以燈移表瑞，因號崇明寺」。
九 10 釋曇憑	「庸蜀有銅鐘，始於此也」。
十 10 釋法鏡	「今上為長沙宣武王治鏡所住寺，因改曰宣武也」。

2. 諺語、詩歌的納採

諺語歌謠不但反映了當時各地人民對僧人的看法，且因其形式整齊，明白易記，可朗朗上口，故使沉悶的修行描述增添一輕鬆有趣之氣氛，亦使僧人之品行才能生動地呈現，有畫龍點睛之效，如：「卑羅鄙語，慧觀才錄，都人繕寫，紙貴如玉」，此諺語生動地描述了慧觀的譯經才華，能使洛陽紙貴；而「深量、開思、林談、識記」此諺更在僧人的對比中，以扼要的話語呈現出各家的特色，堪稱絕妙。除此之外，《高僧傳》亦利用詩歌、贊、銘等韻文，如：求那跋摩、支遁、竺僧度、孫綽等，來讚揚僧德，使生硬的傳記婉轉不少，文學性較強。而總觀其所引內容，多偏於人物品評與稱頌方面，與《史記》所引偏於諷刺、勸戒類；《漢書》所引多歌頌、郊祀類〔註25〕頗不相同，充分顯現出時代之風氣。

編號、僧名	《高僧傳》內容
一 16 鳩摩羅什	錄有鳩摩羅什贈法和頌。
一 19 卑摩羅叉	「時聞者諺曰：『卑羅鄙語，慧觀才錄，都人繕寫，紙貴如玉』」。
一 29 求那跋摩	錄有求那跋摩遺文偈頌。
二 8 支遁	錄有支遁座右銘。
二 10 于法開	「東山諺云：『深量、開思、林談、識記』」。
二 12 竺法崇	「詠曰：『安知萬里水，初發濫觴時』」。
二 13 竺法義	「元嘉末童謠云：『錢唐出天子』」。
二 14 竺僧度	錄有竺僧度與其未婚妻詩各一首。
二 15 釋道安	「京兆爲之語曰：『學不師安，義不中難』」。
二 30 釋慧遠	「荊楚謠曰：『陶惟劍雄，像以神標，雲翔泥宿，遨何遙遙，可以誠致，難以力招』」。 錄有釋慧遠佛影銘。
二 50 釋慧靜	「時人語曰：『洛下大長耳，東阿黑如墨，有問無不酬，有酬無不塞』」。
二 65 釋道溫	「時人爲之語曰：『地主傾財，溫公率則，上天懷感，神靈降德』」。
八 11 釋法獻	「兩童子攜手來歌云：『薔薇有道德，歡樂方未央』」。

〔註25〕詳見朴宰雨《史記漢書傳記文比較研究》。

3. 各地傳說的運用

　　歷史的材料畢竟有限，加以必須審慎的考證材料之眞實性，方能入史，故在廣度與深度方面都較貧乏，有時難以深刻地呈現出僧人的眞實面貌，文章也易流於枯燥單調。而慧皎則利用了各地的傳說，不但使內容豐富多彩，軼聞得以保存，也間接呈現了當時人的心靈世界，不能不說是另一種眞實的記載。如：白馬寺名之由來，生動描繪出連動物都想護教之情，遑論是人；而法朗死時，兩眉湧泉直上青天，更令人對高僧的修行功力嘆爲觀止；又記載群山爲仙所居之傳聞，清楚地說明當時人對高山險峻的敬畏，也唯有高僧與仙人得居之。另傳聞中有相當多是果位的猜測，當時人要證明本屬困難，更何況是後人爲作傳記者，但若刪去，則修行者一生的心血就難以呈現，故用「時人咸謂」等來傳述。當然其明言「時人咸謂」、「相傳云」、「或云」、「時人謂」、「世云」等，也規避了材料眞實性的證明，而留給讀者以無限的想像與尊崇的空間。

編號、僧名	《高僧傳》內容
一 1 攝摩騰	相傳云：白馬繞塔悲鳴，故王不再壞寺，改招提爲白馬寺。
一 15 曇摩耶舍	「時人咸謂已階聖果」。
一 17 弗若多羅	「時人咸謂已階聖果」。
一 18 曇摩流支	「或云終於涼土，未詳」。
一 23 釋法顯	「（泥洹經遇火不燒）京師共傳，咸嘆神妙」。
一 27 釋智嚴	「嚴弟子智羽、智遠，故從西來，報此徵瑞」。
一 28 釋寶雲	「傳云涼州人」。
二 1 朱士行	「弟子法益親傳此事」。
二 8 支遁	「或云終剡，未詳」。
二 18 竺法汰	「或有言曰：『汰是安公弟子』，非也」。
二 22 釋曇翼	「道俗咸謂翼之通感焉」。
二 25 釋道立	「時人謂知命者矣」。
二 27 竺法曠	「相傳云：伐木遇旱，曠咒令至水」。
二 39 釋曇影	「或云北人，不知何許郡縣」。

二 43 竺道生	「關中眾僧，咸謂神悟」、「時人嘆曰：『龍既已去，生必行矣』」。
二 48 釋道淵	「世云：淵公見麻星者，即其人也」。
二 56 釋僧含	「時人謂之知命」。
三 3 竺佛調	「或云天竺人」。
三 4 耆域	時咸云昔此匠實以作器著瓦下，又云宮成之後，尋被害焉。
三 6 訶羅竭	竺定親見，後至京，傳之道俗。
三 11 史宗	或云有商人海行，於孤洲上見一沙門，求寄書予史宗……。
三 12 杯度	「一說云……」、「傳者云：將僧悟共之南岳不反」、「頃世亦言時有見者，既未的其事，故無可傳也」。
三 13 釋曇始	「足白於面……天下咸稱白足和上」。
三 14 釋法朗	「後西域人來北土，具傳此事（指法朗死時兩眉湧泉直上青天）」。
三 16 釋慧安	「時咸以異焉」、「時人亦疑得聖果也」。
三 18 釋僧慧	「或云永平中卒於江陵」。
三 20 釋保誌	「徐道捷自言是誌外舅弟，小誌四年」。
四 3 竺曇猷	「古老相傳云：上有佳精舍，得道者居之」、「別說云：攘星是帛僧光，未詳」。
四 8 釋玄高	「古老相傳云是群仙所宅」、「咸云是得忍菩薩」。
四 11 釋淨度	「同時眷屬數十人，皆所聞見」。
六 1 釋僧群	「古老相傳云：是群仙所宅」。
七 1 釋曇邃	「於是道俗共傳，咸云神異」。

4. 時人品評的對照

魏晉六朝對人物的品評是時代之風氣，《高僧傳》亦反映出此一特色，而且多集中在義解科僧人。蓋彼等與清談之士較多往來，難免被士人列入討論的對象。這些品評包括外表的形容與才能的品評，外表如眼中黃、形軀細、漆道人、大長耳與黑如墨等，寫來頗為逼真而具特色；而才能如：傳譯號為難繼、八達、通情、精難、量、思、談、記等，清晰展現了僧人獨特之風貌。

編號、僧名	《高僧傳》內容
一4 支樓迦讖	「世稱安侯、都尉、佛調三人，傳譯號為難繼」。
一6 康僧會	「時人為之語曰：『支郎眼中黃，形軀雖細是智囊』」。
一15 曇摩耶舍	「時人方之浮頭婆馱」。
二2 支孝龍	「世人呼為八達」。
二3 康僧淵	「時人以為名答」。
二10 于法開	「東山諺云：『深量、開思、林談、識記』」。
二9 于法蘭	「時人以其風力比庾元規」。
二11 于道邃	「或曰：咸有累騎之譏，邃有清泠之譽，何得為匹」。
二15 釋道安	「時人語曰：漆道人，驚四鄰」。
二28 竺道壹	「時人呼曇壹為大壹，道壹為小壹」。
二43 竺道生	「時人評曰：生叡發天真，嚴觀洼流得，慧義彭亨進，道淵于默塞」。
二46 釋慧觀	「時人稱之曰：通情則生、融上首，精難則觀、肇第一」。
二47 釋慧義	「時人以義方之身子，泰比須達」。
二50 釋慧靜	「時人語曰：『洛下大長耳，東阿黑如墨，有問無不酬，有酬無不塞』」。
三4 耆域	竺法行時人方之樂令。

5. 當代狀況的介紹

舉凡經像所在、佛法現況、遺著介紹、古寺遺址與梵唄之流行，《高僧傳》都加以提示，使讀者明今昔之變，不但可以拉近古事與讀者的距離，引發讀傳之興味，亦提供了一條接近佛法之軌跡。或可藉此參拜古寺如：京師道場寺有華嚴堂、中興禪房有龍飛殿、安樂寺經修飾後更崇麗等；或瞻仰遺像如：上定林寺壁有迦毗羅神王像、剡隱岳山上有帛僧光之圖像、瓦官寺則有戴安道所治像、戴顒所治金像與獅子國玉像等；或尋求遺著、了解佛法，都使《高僧傳》發揮了傳法的功能。

編號、僧名	《高僧傳》內容
一2 竺法蘭	「唯四十二章經今見在」、憒於西域所得釋迦倚像，「舊像今不復存焉」。
一3 安清	「今潯陽郡蛇村是也」。
一6 康僧會	「……（出經及製梵唄）皆行於世」、「又傳泥洹唄聲，清靡哀亮，一代模式」、「……（注經與序）並見於世」、「圖寫厥像，傳之於今」。

一7 維祇難	「（法立出經）多不復存」。
一10 帛尸梨蜜	「高聲梵唄，傳響於今」。
一11 僧伽跋澄	「二經流佈，傳學迄今」。
一13 僧伽提婆	「今之所傳，蓋其文也」。
一15 曇摩耶舍	「今都下宣業、弘光諸尼，習其遺風，東土尼眾，亦時傳其法」。
一16 鳩摩羅什	「盛業久大，于今咸仰」。
一19 卑摩羅叉	「（慧觀所記）今猶行於世，為後生法也」。
一21 佛馱跋陀羅	「故道場寺猶有華嚴堂焉」。
一22 曇無讖	「傳授此法，迄至于今，皆讖之餘則」。
一24 釋曇無竭	「（所譯）今傳于京師」。
一25 佛馱什	「（所抄戒心及羯磨文）並行於世」。
一26 浮陀跋摩	「（所譯毗婆沙）遂失四十卷，今唯有六十」。
一27 釋智嚴	「更起精舍，即枳園寺也」。
一31 曇摩蜜多	圖迦毗羅神王於壁，「迄至於今」。
一33 畺良耶舍	「造立精舍，即宋熙寺是也」。
一34 求那跋陀羅	「今陶後渚白塔寺，即其處也」。
二8 支遁	「（支遁）厥塚存焉」、「（所著）盛行於世」。
二9 于法蘭	「居於石城山足，今之元華寺是也」。
二10 于法開	「廬江何默申明開難，高平郤超宣述林解，並傳於世」。
二13 竺法義	「故中興禪房，猶有龍飛殿焉，今之天安是也」。
二14 竺僧度	「（所著）亦行於世」。
二21 竺僧敷	「（汰與安書）今推尋失其文製，湮沒可悲」。
二24 釋曇徽	「（所著）並行於世」。
二30 釋慧遠	「故十誦一部具足無闕，晉地獲本，相傳至今」。
二36 釋道祖	「道流撰諸經目未就，道祖為成之，今行於世」、「（法業等人）傳業于今」。
二41 釋道恆	恆著釋駁論、百行箴，標著舍利弗毗曇序、弔王喬文，「並行於世」。
二46 釋慧觀	「（所著）皆傳於世」。
二50 釋慧靜	「多流傳北土，不甚過江」。

二 56 釋僧含	「（所著）皆傳於世」。
二 74 釋慧通	「（所著）皆傳於世」。
二 83 釋玄暢	「（華嚴大部）傳講迄今，暢其始也」。
二 87 釋慧基	「（所著）並行於世」。
二 97 釋智順	「（所著）皆行於世」
二 100 釋慧集	「（所著）盛行於世」。
三 8 安慧則	「此經今在京師簡靖寺首尼處」。
三 13 釋曇始	「孫（拓跋）燾，方大弘佛法，盛迄于今」。
四 2 帛僧光	「畫其形象，至今尚存」。
四 3 竺曇猷	「各造方丈禪龕，于今尚在」。
四 18 釋法悟	「今武昌謂其所住，爲頭陀寺焉」。
五 2 釋僧業	「故戒心之與大本，今之傳誦，二本並行」。
五 4 釋僧璩	「（所著）今行於世」。
五 12 釋智稱	「（所著）盛行於世」。
五 13 釋僧祐	「（所著）皆行於世」。
八 3 釋慧力	「（戴安道所治像、戴顒所治金像、獅子國玉像）並皆在焉」。
八 4 釋慧受	「（安樂寺）更加修飾，於今崇麗焉」。
八 8 釋僧亮	「像今猶在焉」。
八 12 釋法獻	「（獻所得佛牙本在上定林寺，後被取走）至今竟不測所在」。
八 13 釋僧護	「（建安王）今之南平王也」。
九 2 支曇籥	「所製六言梵唄，傳響于今」。
九 9 釋僧辯	「辯傳古維摩一契、瑞應七言偈一契，後人時有傳者，但訛漏失其大體」。
九 11 釋慧忍	「瑞應四十二契，傳法于今」。
十 7 釋道儒	「爲儒立寺，今齊福寺是也」。

　　總之，《高僧傳》文體雖有一定的書寫模式，但總體而言，並非生硬冰冷的公式化傳記。由以上五點可知，慧皎在文中灌注了關心現世的熱情，拉近了讀者與傳主的距離，這也是《高僧傳》能流傳後世的原因之一。

第三節　《高僧傳》之體例

　　《高僧傳》一書，正傳有兩百五十七人，附傳爲兩百七十七人，全書共五百三十四人。分爲十科，各科各朝僧人總數不一，反映出各科的興衰情況。由下列圖表可知，漢魏十九人，全是譯經科，顯現出佛教初傳時，仰賴傳譯以解經之情況。而誦經、經師與唱導則屬後起之秀，人數以蕭齊爲最多（《高僧傳》以梁天監十八年爲限，故梁朝僧人總數只有三十人，並未反映出梁朝佛教盛況）。義解科則各朝勢均力敵，表現出佛教傳來後，六朝人不斷研究、積極消化的過程。當然，此與慧皎重視義解科、詳爲蒐集記載，亦有關係。

科　別	正傳人數	附傳人數	正附傳人數	各朝正附傳人數		
				朝　代	正傳人數	附傳人數	總　和
一譯經	35	30	65	漢魏	7	12	19
				晉	15	14	29
				宋	12	3	15
				齊	1	1	2
二義解	101	167	267	晉	42	45	87
				宋	32	46	78
				齊	19	62	81
				梁	8	14	22
三神異	20	12	32	晉	11	3	14
				宋	5	5	10
				齊	3	2	5
				梁	1	2	3
四習禪	21	11	32	晉	7	2	9
				宋	10	4	14
				齊	4	5	9
五明律	13	9	21	宋	8	5	13
				齊	5	4	9
六亡身	11	4	15	晉	1	0	1
				宋	8	3	11
				齊	2	1	3

				晉	4	2	6
七誦經	21	11	32	宋	8	1	9
				齊	7	7	14
				梁	2	1	3
八興福	14	3	17	晉	4	1	5
				宋	5	1	6
				齊	3	1	4
				梁	2	0	2
九經師	11	23	34	晉	3	2	5
				宋	3	5	8
				齊	5	16	21
十唱導	10	7	17	宋	5	2	7
				齊	5	5	10
總　數	257	277	534		257	277	534

朝　　代	正傳人數	附傳人數	總　　數
漢魏	7	12	19
晉	87	69	156
宋	96	75	171
齊	54	104	158
梁	13	17	30

　　《高僧傳》全書規模，大致如上。其雖採自眾典，然不論是標題之訂定、正附傳標準、年限的安排與文章之結構，皆有一定的原則（有少數例外），這使《高僧傳》呈現出統一的敘述格局。今就此四大項，依次序論述之：

一、標題的訂定

　　《大正藏》所收《高僧傳・卷十四》為序與目錄，後並附加與王曼穎往來之書信及僧果的後記。其中目錄分為十科，各科正傳下以小字列出附傳，各版本或多或少有些差異，今以湯用彤校定本為主，加以討論。

　　首先，標題的編排與訂定有相當的原則：

1. 標題順序多為「朝代名──地點名──僧名」。標題全無身分（沙門）標示，唯有神異篇的〈齊京師枳園寺沙彌釋法匱〉有標「沙彌」二字，以與他僧區別。

2. 朝代名：

    a. 正傳人物卒於何朝，即以該朝爲題，但仍有五處例外（見表 3-1）。

    b. 主要以南朝爲主，可見其具南朝爲正朔之思想。

    c. 若人物活躍於北朝，則冠上同時的南朝時代，再加上「僞秦」、「僞魏」等北方國名（見表 3-2）。

3. 地點名：

    a. 《高僧傳》既爲國人而寫，必以國人熟知且能區別僧人身分者爲標題，不論中外僧人全用國內寺名、山名與地名。是以標題中僧人所依之寺、山、遊化城邦皆以當時中國境內爲主，天竺、西域等不記在內。

    b. 標題所用之名，多以該僧人主要貢獻或影響較大之處、爲人所熟知者爲名，故即使明言卒處，或同時有其他依止之寺或山，仍不採用。

    c. 除此之外，標題所用之地名，一般順序分別如下：

      ‧若有明言卒處者，多盡量配合卒處爲標題。

      ‧若無明言卒處，則以所依之名寺爲標題。

      ‧若無明言卒處，又無所依之名寺，則以所依之名山爲標題。

      ‧若無明言卒處，又無所依之名寺、名山，則以所遊化之城州爲標題。

      ‧以上全無者，乃以籍貫爲標題。

4. 標題地點名稱的採用因科別之不同、情況非一，而呈現出不同之樣貌，以下就各科正傳標題分別說明之（見表 3-3）。

5. 附傳只在正傳標題下列名，並無另一標題。

表 3-1：

編號、朝代地點	僧　名	正傳卒年 （阿拉伯數字爲西元年）	說　　明
一 6 魏吳建業建初寺	康僧會	248 至建康，亡於 280（吳亦亡，晉武太康元年）。	265 魏亡（晉武泰始元年），但標題卻用魏，不用晉，應是爲標明其生存與貢獻皆在三國分裂時之吳國，且以魏爲正朔。
一 15 晉江陵辛寺	曇摩耶舍	397-401 至廣州，405-407 至長安，407-414 翻譯。後南遊江陵，424-453 回西域。	眞正的貢獻（譯經）是在東晉，但宋元嘉時仍存（420 宋建國），標題卻用「晉」。

一 21 晉京師道場寺	佛馱跋陀羅	429 卒。	420 宋建國，但標題仍用「晉」。
一 22 晉河西	曇無讖	414-421 在北涼譯經。433 卒。	卒於宋元嘉（424-453）時，但標題仍用「晉」。
九 3 晉京師祇洹寺	釋法平	424-453（元嘉末）卒	元嘉末應爲宋朝，標題卻用「晉」。

表 3-2：

編號、朝代地點	僧名	正傳卒年（阿拉伯數字爲西元年）	說　　明
一 11 晉長安	僧伽跋澄	381（符堅建元十七年）至長安，僞秦建元十九年始譯。	其並未至東晉國土，標題仍用「晉」，傳文提符堅朝爲「僞秦」，明以晉爲正朔。
一 12 晉長安	曇摩難提	365-384（符堅建元中）至長安。	同上。
一 14 晉長安	竺佛念	365-384（符堅建元中）在長安助譯，且卒於長安	同上。
一 16 晉長安	鳩摩羅什	409（秦弘始十一年、東晉義熙五年）卒於長安。	同上。
一 22 晉河西	曇無讖	414-421（東晉安帝至宋武帝）在北涼譯經。433（宋文帝元嘉十年）卒於北涼。	1. 慧皎用「僭據」來指稱河西王沮渠蒙遜佔據涼土。2. 卒於北涼，標題仍用「晉」。
一 26 宋河西	浮陀跋摩	424-437（宋元嘉中）至西涼，437 在涼州譯經。	未至宋國土，卻用「宋」，明顯以宋爲正朔。
二 15 晉長安五級寺	釋道安	生於西晉亡前五年，卒於 385（秦建元二十一年）。	385 爲東晉太元十年，其雖卒於秦長安，但標題仍用「晉」。
二 16 晉蒲坂	釋法和		僞晉王姚緒請其講說，卒於北方，但標題仍用「晉」。
二 17 晉泰山崑崙巖	竺僧朗	351（秦皇始元年）卜居泰山，燕、秦主皆敬重之。	351 爲東晉永和七年，其雖卒於北方，但標題仍用「晉」。

二 25 晉長安覆舟山	釋道立		爲道安弟子，隱長安覆舟山，但標題仍用「晉」。
二 37 晉長安大寺	釋僧䂮	秦弘始之末卒於長安。	在北方標題仍用「晉」。
二 39 晉長安	釋曇影	405-417（東晉義熙中）卒。	同上。
二 40 晉長安	釋僧叡	羅什時人。	同上。
二 41 晉長安	釋道恆	417（東晉義熙十三年）卒。	同上。
二 42 晉長安	釋僧肇	414（東晉義熙十年）卒。	同上。
二 75 齊僞魏濟州	釋僧淵	481（北魏太和五年、齊建元 3 年）卒。	其馳名北魏，標題「僞魏」上標「齊」。
二 76 齊僞魏	釋曇度	489（北魏太和十三年、齊永明七年）卒	從南方至平城，卒於魏國，標題同上。
三 1 晉鄴中	竺佛圖澄	348（東晉永和四年）卒。	310（西晉懷帝永嘉四年）至洛陽，卒於北方，標題仍用「晉」。
三 9 晉長安	涉公	380（符堅建元十六年）卒。	卒於北方，時爲東晉太元五年，標題仍用「晉」。
三 10 晉西平	釋曇霍	407（東晉義熙三年）尚存。	涼土兵亂，不知所之，仍標「晉」。
三 13 宋僞魏長安	釋曇始	446-450（北魏太平眞君之末）尚存	446 爲宋文帝時，其在長安，標題「僞魏」前加「宋」。
四 4 晉長安	釋慧嵬	399（東晉隆安三年）與法顯遊西域。	北魏初，標題仍用「晉」。
四 8 宋僞魏平城	釋玄高	444（北魏太平眞君五年）卒。	444 爲宋元嘉二十一年，標題仍用「宋僞魏」。
四 9 宋長安寒山	釋僧周		北魏太武帝時，標題仍用「宋」。
六 3 宋高昌	釋法進		亡於沮渠氏北涼，標題仍用「宋」。
六 5 宋僞秦蒲坂	釋法羽		亡於僞秦，標題仍用「宋」。文中亦用「僞晉王」。
九 1 晉中山	帛法橋	345-356（東晉永和中）卒於河北。	爲石虎末，標題仍用「晉」。

表 3-3：

說明：

1. 「明卒處」：傳文中是否有明白記載僧人卒處，有則將地點列出；若無記載而可從上下文推知者，則以（ ）來區隔；若標題地點與卒處同者，前加◎表示。
2. 「所依寺」、「所依山」、「遊化城邦」、「籍貫」：標題地點採用者，以◎表示。
3. 「不知所終」、「未言至終」：傳文中若未明卒處，但有以「不知所終」作結者，在此欄中以※表示；若傳文未敘述至傳主卒時，則在「未言至終」欄中，以※表示。
4. ○表示傳文中有提及所依寺，但不用此為標題，僅供參考，不列入統計。
5. 從以上一至三點的統計，可看出標題所展現出的各科僧人特色。

一、譯 經

編號／地點	明卒處	所依寺	所依山	遊化城州	籍 貫	不知所終	未言至終	備 註
1 雒陽白馬寺	◎雒陽	◎			中天竺			
2 雒陽白馬寺	◎雒陽	◎			中天竺			
3 雒陽	會稽			◎	安息			
4 雒陽				◎	月支	※		
5 雒陽				◎	中天竺	※		
6 吳建業建初寺	（◎建初寺）	◎			世居天竺，父移交趾			
7 吳武昌				◎	天竺		※	
8 長安	澠池			◎	月支人，世居敦煌郡			立寺長安青門外，無寺名。 隱深山，無山名。
9 長安	汧縣			◎	河內			長安建精舍，無名。
10 建康建初寺	石子岡	◎			西域			
11 長安				◎	罽賓	※		
12 長安				◎	兜佉勒	※		
13 廬山			◎		罽賓	※		
14 長安	◎長安			◎	涼州			
15 江陵辛寺		◎			罽賓	※		
16 長安				◎	天竺			住西明閣及逍遙園，後更不住僧坊。
17 長安	（◎長安）			◎	罽賓			中寺為譯經處，未見依止。

序號·駐地	寺名					出身地	※		備註
18 長安		○		◎		西域	※		住長安大寺。
19 壽春石磵寺	◎石澗寺	◎				罽賓			
20 長安				◎		罽賓	※		
21 京師道場寺	（◎道場寺）	◎				迦維羅衛			止廬岳一年
22 河西	（◎西行途中被殺）		◎			中天竺			
23 江陵辛寺	◎辛寺	◎				平陽武陽			
24 黃龍						◎幽州黃龍	※		遊歷西方，國內無依止名寺、名山。
25 建康龍光寺		◎				罽賓	※		
26 河西				◎		西域	※		
27 京師枳園寺	罽賓	◎				西涼州			
28 六合山	◎山寺		◎			涼州			
29 京師祇洹寺	◎祇洹寺	◎				罽賓			停虎市山歲許。
30 京師奉誠寺		◎				天竺	※		
31 上定林寺	◎上定林寺	◎				罽賓			
32 京兆	成都					◎雍州京兆新豐			遊歷西方，國內無依止名寺、名山。
33 京師道林寺	江陵	◎				西域			
34 京師中興寺		◎				中天竺			
35 建康正觀寺	◎正觀寺	◎				中天竺			
總　　數	10（14）	16	2	15	2		12	1	
百分比 %	28.6（40）	45.7	5.7	42.9	5.7		34.3	2.9	

1. 譯經篇所敘正傳人物共三十五人，能從事傳播佛經之任務，多與其背景有關。首先，來自天竺、西域等國者，高達二十六人；居於中西交通門戶，如：涼州、敦煌者有四人。不是西域等諸僧至中國遊化，即是國人至西方取經或朝聖，跋涉於中西雙方成為此科之特色。

2. 因其遊化各地，中國可能只是中站，故而不知所終者，高達十二人，為他科所無。故以遊化城州為標題者，高達十五人，另在寺廟翻譯亦為重要據點，故兩者共占88％以上，由標題可充分表現此科之特色。

3. 三十五人中，只有一人之傳記未敘及卒時，其餘三十四篇，就算過程有繁簡之別，但都有交代其結局，如：卒處、卒年或「不知所終」，可說是標準的以人一生為主來敘述，亦由此可見慧皎重視此科人物之心態。

二、義　解

編號／地點	明卒處	所依寺	所依山	遊化城州	籍貫	不知所終	未言至終	備　註
1 洛陽	于闐			◎	穎川			在洛陽講經，後至西方取經。
2 淮陽				◎淮陽		※		
3 豫章山	◎山寺		◎		長安			本西域人，生於長安。山中立寺，無名。
4 高邑				◎	河間		※	於高邑立寺，無寺名。
5 中山				◎	中山	※		遊化處仍是中山（中途曾至西）。
6 敦煌	◎住所			◎				於敦煌立寺，無寺名。
7 剡東仰山	◎山館		◎		琅琊			
8 剡沃洲山		○	◎		陳留			例外：所依、立寺甚多。卒處有爭議。
9 剡山	象林		◎		安陽			
10 剡白山	◎山寺	○	◎					止白山靈鷲寺。
11 敦煌	交趾				◎敦煌			
12 剡葛峴山	◎山中		◎					
13 始寧山	卒於都		◎					
14 東莞					◎東莞	※		
15 長安五級寺	◎五級寺	◎			常山扶柳			
16 蒲坂	（◎蒲坂）			◎	滎陽			曾稍住陽平寺。
17 泰山崑崙巖	◎山中		◎		京兆			山中立精舍，無名。
18 京師瓦官寺	（◎瓦官寺）	◎			東莞			
19 飛龍山	襄陽		◎		冀州			
20 荊州上明	◎葬寺中	○		◎	鄴			憩荊州上明寺，然標題只用地名。
21 京師瓦官寺	◎寺中	◎						

22 荊州長沙寺	（◎長沙寺）	◎			羌		
23 荊州長沙寺	◎江陵	◎					即江陵長沙寺。
24 荊州上明	（◎上明寺）	○		◎	河內		例外：憩荊州上明寺，然標題只用地名。
25 長安覆舟山			◎				卒處不明。
26 長沙寺		◎			南陽		？全文除籍貫外，無寺名、山名、地名。
27 於潛青山		○	◎		下邳		例外：曾止昌原寺救疾，亦應帝命止長干寺。卒處不明。
28 吳虎丘東山寺	◎葬山南	◎			吳		全文無東山寺，止虎丘山。
29 山陰嘉祥寺	◎嘉祥寺	◎			北地		
30 廬山	◎廬山	○	◎		雁門婁煩		廬山東林寺。
31 蜀龍淵寺	◎寺中	◎			雁門婁煩		
32 廬山	◎廬山	○	◎		河內		廬山西林寺。
33 廬山	◎廬山		◎				
34 新陽				◎		※	新陽立寺，寺無名。
35 廬山	荊州竹林寺		◎		關中		雖卒竹林寺，然文中事蹟多與廬山慧遠有關。
36 吳臺寺	（◎吳臺寺）	◎			吳國		
37 長安大寺	◎長安大寺	◎			北地泥陽		
38 彭城郡	◎彭城			◎	汲郡林慮		
39 長安				◎			卒處不詳。
40 長安				◎	魏郡長樂		卒處不詳。
41 長安				◎	藍田		卒處不詳。
42 長安	◎長安			◎	京兆		
43 京師龍光寺	廬山	◎			鉅鹿		

44 京師烏衣寺	（◎烏衣寺）	◎			冀州		
45 京師東安寺	◎東安寺	◎			豫州		
46 京師道場寺	（◎道場寺）	◎			清河		
47 京師祇洹寺	烏衣寺	◎			北地		本主祇洹寺，因寺產之爭，爲避嫌，才移止烏衣寺。
48 京師彭城寺	◎所住	◎					
49 京師彭城寺	（◎彭城寺）	◎			吳		
50 東阿					◎東阿		
51 京師祇洹寺		◎			京兆		卒處不明。
52 餘杭方顯寺	臨安縣董功曹家	◎			遼西海陽		
53 江陵寺	（◎辛寺）	◎			冀州		
54 廬山凌雲寺	◎山寺	◎					
55 淮南中寺	（◎中寺）	◎			扶風		
56 京師靈味寺		◎					後至九江、潯陽，卒處不明。
57 江陵琵琶寺	（◎琵琶寺）	◎			太原晉陽（寓居襄陽）		
58 吳虎丘山	故章崑崙山		◎		康居（漢獻止吳興）		在虎丘山講經多，後至崑崙山，則只是閒居澗飲。
59 壽春石㵎寺	◎石㵎	◎			京兆		
60 蜀武擔寺	◎所住	◎			長樂		
61 山陰天柱山		○	◎		吳興餘杭		棲天柱山寺，後四處遊化。卒處不知。
62 長沙麓山	◎山中		◎		北人		
63 京師北多寶寺		◎					卒處不明。
64 丹陽	◎丹陽			◎	河東		
65 京師中興寺	（◎中興寺）	◎			安定朝那		

66 京師莊嚴寺	◎莊嚴寺	◎			南陽			
67 京師何園寺		◎						卒處不明。
68 下定林寺	（◎定林下寺）	◎			隴西(遷吳)			
69 京師靈根寺		◎			沛國			卒處不明。
70 京師興皇寺	東安寺	◎			西涼州			全篇事蹟重點在興皇寺。
71 山陰靈嘉寺	（◎靈嘉寺）	◎			長安			
72 吳興小山		◎			河東			止小山寺但篇名無寺字。卒處不明。
73 京師新安寺	（◎新安寺）	◎			吳			
74 京師冶城寺	（◎冶城寺）	◎			沛國			
75 偽魏濟州					潁川			全文無濟州名。
76 偽魏	◎魏國			◎	江陵			
77 京師莊嚴寺	（◎京師）葬鍾山	◎			餘姚（寓居建鄴）			卒處不明。
78 京師中興寺	（◎中興寺）	◎			魯郡			
79 京師天保寺	（◎天保寺）	◎			沛國			
80 京師湘宮寺	（◎湘宮寺）	◎			涼州			
81 高昌郡	◎高昌			◎	高昌			是籍貫，亦是遊化區。
82 京師靈根寺	（◎靈根寺）	◎			隴西			
83 蜀齊后山	靈根寺		◎		河西金城			有終焉齊后山之意，後因帝命才帶患至京，不久而卒。
84 上定林寺	◎定林上寺	◎			渤海重合			
85 荊州竹林寺	（◎應卒荊州）	◎			安定朝那			
86 上定林寺	◎葬山南	◎			丹陽			

87 山陰法華山	城傍寺	◯	◎		吳國錢塘			依止多寺，多在浙東。
88 京師謝寺	（◎謝寺）	◎			冀州			
89 京師何園寺		◎			陽平			卒處不明。
90 京師太昌寺	◎所住	◎			雍州馮翊			
91 京師中寺	◎中寺	◎			東平			
92 京師中興寺	（◎中興寺）	◎			壽春			
93 琅琊㟷山	◎山中		◎		黃龍			
94 京師冶城寺	◎冶城寺	◎			京兆			
95 荊州	（◎應卒荊州）			◎	扶風郡			
96 京師靈曜寺	◎靈曜寺	◎			建鄴			
97 山陰雲門寺	◎山寺	◎			琅琊臨沂			
98 京師靈味寺	◎靈味寺	◎			東莞（避地東萊弦縣）			
99 上定林寺	◎定林上寺	◎			河南陽翟			
100 京師招提寺	烏程	◎			吳興於潛			
101 剡法華臺	◎		◎		會稽剡			
總　　數	39（65）	58	21	17	4	4	1	
百分比 ％	39（65）	58	21	17	4	4	1	

1. 義解科以所依寺為標題者仍高達 58％，與譯經科 45.7％ 同為全科之冠。而籍貫為標題者，只佔 4％，與譯經篇 5.7％，同樣敬陪末座。

2. 義解科僧人多依止寺或山（兩者標題共佔 79％），以從事佛經義理的研究與講習，以遊化城州為務者較少（標題只佔 17％），與譯經科遊化城州為標題佔 42.9％，差異甚大。

3. 義解科僧人不知所終者，只有佔 4％，可見其生平顯然較譯經科（不知所終者佔 34.3％）清楚，此與其多依止寺、山，少遊歷至國外而不歸者有極大關係；再者其多中國人，除「不知何人」者外，無從西域、天竺來者（康僧淵雖本西域人，但生於長安；釋曇諦其先康居人，但漢靈帝時移附中國），故其生平較譯經科之僧容易掌握。

4. 義解科僧人「未言至終」的情況只有 1％，可見與譯經科同為慧皎所重視。

三、神　異

編號／地點	明卒處	所依寺	所依山	遊化城州	籍貫	不知所終	未言至終	備　註
1 鄴中	◎鄴宮寺	◎			西域			恐是鄴中寺。
2 羅浮山	◎山舍		◎		敦煌			
3 常山	（◎常山）		◎					活動範圍在此山中,有時獨入山中修行。
4 洛陽				◎	天竺	※		此篇故事多發生在洛陽。
5 洛陽磐鵄山			◎		西域	※		雖有立寺,無寺名。
6 洛陽婁至山	◎石室		◎		樊陽			
7 襄陽	◎襄陽			◎	關中			在襄陽被刑殺。
8 洛陽大市寺		◎					※	
9 長安	（◎長安）			◎	西域			
10 西平				◎		※		
11 上虞龍山			◎			※		憩上虞龍山大寺。
12 京師	◎京師			◎				遊化多處。
13 僞魏長安				◎	關中	※		
14 高昌	龜茲				◎高昌			
15 岷山通雲寺	◎通雲寺	◎			始康			
16 江陵琵琶寺	湘川邊	◎						
17 京師枳園寺	◎枳園寺	◎			吳興於潛			
18 荊州				◎		※		
19 壽春	（◎壽春）			◎				
20 京師	◎京師			◎	金城			
總　　數	8（11）	5	5	9	1	6	1	
百分比 %	40（55）	25	25	45	5	30	5	

1. 神異科有八位不知何處人,可想其神異的背景;而不知所終者亦同譯經科約占三成。

2. 神異科之僧人多居止飄忽,故多以遊化之城州爲標題（佔 45 ％）,爲十科之首,依止山亦比前兩科爲多（25 ％）,而標題以依止寺者反較前兩科大爲減少。

四、習 禪

編號／地點	明卒處	所依寺	所依山	遊化城州	籍貫	不知所終	未言至終	備 註
1 江左				◎	北地			歷遊名山，卒處不詳。
2 剡隱岳山	（◎隱岳山）		◎					
3 始豐赤城山	◎山室		◎		敦煌			
4 長安				◎		※		止長安大寺。
5 廣漢閣興寺	◎閣興寺	◎			涼州			
6 始豐赤城山	◎山		◎		青州			
7 蜀石室山	◎石室		◎		高昌			文中無石室山名。
8 偽魏平城	◎平城			◎	馮翊萬年			被殺於平城之東隅。
9 長安寒山	（◎寒山）		◎					
10 長安太后寺		◎			關中			卒處不詳。
11 餘杭					◎吳興餘杭			卒處不詳。
2 始豐瀑布山	◎山中		◎					
13 廣漢	（◎廣漢）			◎	涼州			
14 京師中興寺	（◎中興寺）	◎			酒泉			
15 荊州長沙寺	◎長沙寺	◎			蜀郡陴人			
16 成都	（◎成都）			◎	敦煌			
17 蜀安樂寺	（◎安樂寺）	◎			蜀郡成都			
18 武昌樊山	◎山中		◎		齊人			
19 京師靈鷲寺		◎			太原祁人			卒處不詳。
20 錢塘靈隱山			◎		清河			卒處不詳。
21 始豐赤城山	◎山中		◎		康居			
總 數	9（15）	6	9	5	1	1	0	
百分比 %	42.9（71.4）	28.6	42.9	23.8	4.8	4.8	0	

1. 習禪科多棲處山谷，或於山中自造石室，故以山爲標題者高達 42.9％，是十科之
   冠，顯現出此科乃離群索居而鍛鍊禪定的生活方式。

五、明　律

編號／地點	明卒處	所依寺	所依山	遊化城州	籍貫	不知所終	未言至終	備　註
1 江陵	◎江陵			◎	江左			
2 吳閑居寺	◎吳中	◎			河內			
3 京師長樂寺	◎所住	◎			趙郡			
4 京師莊嚴寺	◎住所	◎			吳國			
5 彭城郡	◎彭城			◎	雍立小黃			
6 江陵	（◎江陵）	○		◎	秦州隴西			止江陵琵琶寺。
7 廣漢	◎所住	○		◎	廣漢五城			止廣漢長樂寺。其為廣漢人，影響廣漢一帶。
8 京師閑心寺	（◎閑心寺）	◎						
9 鍾山靈曜寺	湘	◎			河內			
10 京師多寶寺		◎			敦煌			卒處不詳。
11 蜀靈建寺	（◎靈建寺）	◎			晉原臨邛			
12 京師安樂寺	（◎安樂寺）	◎			河東聞喜			
13 京師建初寺	◎建初寺	◎			彭城下邳			
總　　數	7（11）	9	0	4		0	0	0
百分比％	53.8（84.6）	69.2	0	30.8		0	0	0

1. 明律科僧人無隱居山林，不與人相接者，故無以依山為標題。其多依止寺中學律，故標題以依止寺高達 69.2％。也因此其生卒亦多為人知，不知所終者無。

六、亡　身

編號／地點	明卒處	所依寺	所依山	遊化城州	籍貫	不知所終	未言至終	備　註
1 霍山	◎霍山		◎					
2 彭城駕山	◎駕山下		◎		河北			在此捨身餵虎。
3 高昌	◎高昌			◎	涼州張掖			在此捨身救飢。
4 魏郡廷尉寺		◎			高陽	※		

編號／地點	明卒處	所依寺	所依山	遊化城州	籍貫	不知所終	未言至終	備　註
5 偽秦蒲坂	（◎蒲坂）			◎	冀州			
6 臨川招提寺	東山	◎						在東山燒身。
7 廬山招隱寺		◎			吳興餘杭			燒身處不詳。
8 京師竹林寺		◎			廣陵			燒身處為後之藥王寺。
9 蜀武擔寺	◎武擔寺西	◎			巴西安漢			
10 隴西	◎隴西記城寺			◎	秦州隴西			於隴西記城寺內燒身。
11 交阯仙山	◎仙山		◎		黃龍			
總　　數	6（7）	5	3	3	0		1	0
百分比％	54.5（63.6）	45.5	27.2	27.2	0		9	0

1. 亡身科僧人卒處多為其犧牲生命處，或燒身、或餧虎、或救人，超過半數不在寺內，故標題以所依山與遊化城邦者達 54.4％。

七、誦　經

編號／地點	明卒處	所依寺	所依山	遊化城州	籍貫	不知所終	未言至終	備　註
1 河陰白馬寺		◎				※		
2 越城寺		◎						卒處不詳。
3 山陰顯義寺		◎				※		
4 蜀三賢寺	（◎三賢寺）	◎			蜀郡郫人			
5 剡法華臺		◎			臨海	※		
6 京師南澗寺	廣陵	◎			扶風			
7 廬山			◎		廣陵			卒處不詳。
8 臨渭				◎	臨淄			無臨渭名。卒處不詳。
9 京師道場寺	◎道場寺	◎			淮南			
10 京師瓦官寺	（◎瓦官寺）	◎			豫州			
11 京師東安寺	江陵安養寺	◎			雍州			
12 京師彭城寺		◎						卒處不詳。
13 京師寺	（◎高座寺）	◎			吳興			
14 永興柏林寺	◎柏林寺	◎			會稽山陰			
15 京師靈根寺	（◎靈根寺）	◎			黃龍			
16 上定林寺	◎山中	◎			高密			
17 上定林寺	◎山寺	◎			敦煌			
18 山陰天柱山	◎山寺		◎					止天柱山寺。

編號／地點	明卒處	所依寺	所依山	遊化城州	籍貫	不知所終	未言至終	備　註
19 京師後岡	◎後岡			◎	西涼州			於後岡立石室。
20 上定林寺	◎山舍	◎			弘農華陰			
21 富陽齊堅寺	（◎齊堅寺）	◎			會稽山陰			
總　數	7（12）	17	2	2	0	3	0	
百分比 %	33.3（57.1）	81	9.5	9.5	0	14.3	0	

1. 誦經科僧人與寺院關係顯然較前數科密切許多，標題以所依寺為名者高達 81％，為十科第三。

八、興　福

編號／地點	明卒處	所依寺	所依山	遊化城州	籍貫	不知所終	未言至終	備　註
1 并州					◎并州西河離右	※		至各處拜塔像，無一定所。
2 武陵平山	（◎平山）		◎		河北			於平山立寺，無寺名。
3 京師瓦官寺		◎					※	
4 京師安樂寺		◎			安樂		※	
5 京師崇明寺		◎					※	
6 山陰法華山	（◎法華山）		◎		吳興餘杭			於山中立精舍。
7 豫州					◎豫州			卒處不詳。
8 京師				◎			※	
9 京師延賢寺		◎			江左	※		
10 南海雲峰寺		◎			南海	．		卒處不詳。
11 南海藏微山			◎		廣州	※		於山中立寺。
12 上定林寺	（◎上定林寺）	◎			西海延水			
13 剡石城山	（◎石城山）		◎		會稽剡			
14 京師正覺寺		◎					※	
總　數	0（4）	7	4	1	2	3	5	
百分比 %	0（28.6）	50	28.6	7.1	14.3	21.4	35.7	

1. 慧皎對興福科僧人之撰寫較不用心，從其全未明寫卒處可知；再者，根本未敘述完一生者高達 35.7％，以不知所終草草帶過者也達 21.4％，兩者合約 57％。

九、經 師

編號／地點	明卒處	所依寺	所依山	遊化城州	籍貫	不知所終	未言至終	備 註
1 中山	河北				◎中山			
2 京師建初寺	◎所住	◎			月支			寓居建業。
3 京師祇洹寺		◎			康居			寓居建業。卒處不詳。
4 京師白馬寺		◎			建康			卒處不詳。
5 安樂寺	（竹林寺）	◎			尋陽柴桑			
6 謝寺		◎			建康			卒處不詳。
7 烏衣寺		◎			月支			寓居建業。卒處不詳。
8 東安寺	吳國	◎			建康			
9 安樂寺		◎			建康			卒處不詳。
10 白馬寺	龍淵寺	◎			犍為南安			
11 北多寶寺		◎			建康			卒處不詳。
總　　數	1	10	0	0	1	0	0	
百分比 %	9.1	90.9	0	0	9.1	0	0	

十、唱 導

編號／地點	明卒處	所依寺	所依山	遊化城州	籍貫	不知所終	未言至終	備 註
1 京師祇洹寺		◎			平西			卒處不詳。
2 長干寺	◎所住	◎			會稽			
3 瓦官寺	◎寺	◎			丹陽			
4 靈味寺	◎所住	◎			秣陵			
5 靈味寺	◎寺	◎			會稽			
6 興福寺	◎興福寺	◎			豫州			
7 齊福寺	（◎齊福寺）	◎			渤海			
8 瓦官寺	（◎瓦官寺）	◎			魯國			
9 正勝寺	（◎正勝寺）	◎			穎川長社			
10 齊隆寺	（◎齊隆寺）	◎			吳興烏程			
總　　數	5（9）	10	0	0	0	0	0	
百分比 %	50（90）	100	0	0	0	0	0	

　　經師與唱導兩科，幾乎全以所依寺為標題，全無所依山與遊化城州者；蓋其與民眾關係密切，故少隱居山林或四處遊化。而如此千篇一律方式，亦可看出慧皎對此兩科定型化撰寫的心態。

十、科總表

科　別	明卒處	所依寺	所依山	遊化城州	籍　貫	不知所終	未言至終
一譯經	28.6（40）	45.7	5.7	42.9	5.7	34.3	2.9
二義解	39（65）	58	21	17	4	4	1
三神異	40（55）	25	25	45	5	30	5
四習禪	42.9（71.4）	28.6	42.9	23.8	4.8	4.8	0
五明律	53.8（84.6）	69.2	0	30.8	0	0	0
六亡身	54.5（63.6）	45.5	27.2	27.2	0	9	0
七誦經	33.3（57.1）	81	9.5	9.5	0	14.3	0
八興福	0（28.6）	50	28.6	7.1	14.3	21.4	35.7
九經師	9.1	90.9	0	0	9.1	0	0
十唱導	50（90）	100	0	0	0	0	0

說明：

　數字的單位爲百分比，括弧中的百分比則是包括了從上下文中可推出卒處者之比例，僅供參考。

二、正附傳的標準

　　《高僧傳》在選正附傳主時，有一大概的趨勢，主要有三：一爲略於尼事；二爲正傳一定是僧人，附傳可例外；三爲文中惡僧出現機率甚少。既名爲《高僧傳》，而非尼傳、居士傳或惡僧傳，正傳傳主不出現這些人，當然無可厚非。但在當時，僧、尼、甚至惡僧活動頻繁，傳主不可能不與這些人交接，但除了居士之外，《高僧傳》卻很少提及尼與惡僧，頗不能反映當時的社會狀況，使整部僧傳呈現莊嚴陽剛之氣，不能不說是慧皎加以揀選而有意營造出之意象。以下就此三點詳述之。

1. 略於尼事

　　根據梁寶唱《比丘尼傳》記載可知，當時僧、尼並非互不往來，相反的，彼此切磋問訊相當密切。或是尼眾諮請高僧授戒、教禪說法，或是尼眾施寺、經辦法會，甚至尼眾也講論經義；而僧人亦有夢尼往生樂土，或親見尼感應事蹟而讚嘆者。然於《高僧傳》中，雖亦偶有提及，總難見有如《比丘尼傳》中如此頻繁之互動關係。今將《高僧傳》記載尼眾事蹟者列表如下，並與《比丘尼傳》涉及《高僧傳》僧人者兩相對照以明之。

《高僧傳》篇名	《高僧傳》所載尼眾事蹟	《比丘尼傳》與《高僧傳》相關者（篇前數字爲《比丘尼傳》篇次）
一 15 曇摩耶舍	「耶舍弟子法度……令諸尼相捉而行，悔罪之日，但伏地相向。唯宋故丹陽尹顏竣女法弘尼、交州刺史張牧女普明尼，初受其法。今都下宣業、弘光諸尼，習其遺風，東土尼眾，亦時傳其法。」	無
一 16 鳩摩羅什	鳩摩羅什母懷胎時，聞雀梨大寺名德多，又有得道之僧，即與王族貴女、德行諸尼，彌日設供，請齋聽法（龜茲）。鳩摩羅什母後亦出家。	無
一 19 卑摩羅叉	慧觀記卑摩羅叉所制內禁輕重，撰爲兩卷，送還京師，僧尼披習。	無
一 22 曇無讖	「後竹園寺慧濬尼，復請（安陽侯）出禪經。」	33〈宋竹園寺慧濬〉有傳，但無《高僧傳》此事。
一 29 求那跋摩	影福寺尼慧果、淨音等，請問跋摩受戒事，想等西域居士帶外國尼來重受戒。	14〈宋景福寺慧果〉：慧果問跋摩受戒之事。 34〈宋普賢寺寶賢〉：景福寺慧果、淨音問跋摩受戒之事。 51〈齊剡齊興寺德樂〉：元嘉七年，跋摩與宋大將軍立王國寺，請樂住焉。 52〈梁禪林寺淨秀〉：元嘉七年，跋摩至都，秀從其受戒。
一 30 僧伽跋摩	1 爲影福寺尼慧果等授戒。 2「僧尼受者數百人。」	14〈宋景福寺慧果〉：元嘉九年，率弟子慧燈等五人，從僧伽跋摩重受戒。 27〈宋廣陵僧果〉：元嘉十年，從僧伽跋摩於南林寺重受戒。 34〈宋普賢寺寶賢〉：慧果等於元嘉十一年，從僧伽跋摩於南林寺重受戒……典制稍虧。 51〈齊剡齊興寺德樂〉：元嘉十一年，樂從僧伽跋摩重受戒。
一 33 畺良耶舍	無	31〈宋景福寺法辯〉：爲景福寺慧果弟子，從畺良耶舍諮稟禪觀。 54〈梁成都長樂寺曇暉〉：元嘉九年，從耶舍諮稟禪法。母使嫁不從，耶舍助其出家。

二29 釋慧虔	「山陰北寺有淨嚴尼，宿德有戒行」，夜夢觀世音來接慧虔。	無
二31 釋慧持	「持有姑爲尼，名道儀，住在江夏，儀聞京師盛於佛法，欲下觀化，持乃送姑至都，止於安東寺。」	13〈晉何后寺道儀〉：慧遠之姑，聞京都經律備，講集多，故於東晉泰元末（376-396 A. D.）至京。
二37 釋僧㲲	1「自童壽入關，遠僧復集，僧尼既多，或有愆漏。」 2 姚興下書曰「僧尼已多，應須綱領，宣授遠規，以濟頹緒。」	無
二60 釋道汪	「鄯州邊荒，僧尼出萬，禪戒所資，一焉是賴。」	無
二66 釋曇斌	無	42〈齊建福寺智勝〉：曇斌弟子僧宗、玄趣慢藏被盜，憂慨輟講，勝宣告四部，旬日備辦。 63〈梁樂安寺慧暉〉：從斌、濟、柔、次四法師，聽成實論及涅槃諸經。
二71 釋超進	「邑野僧尼，及清信男女，並結菩薩因緣，伏膺戒範。」	無
二77 釋道慧	無	42〈齊建福寺智勝〉：曇斌弟子僧宗、玄趣慢藏被盜，憂慨輟講，勝宣告四部，旬日備辦。
二79 釋道盛	「欲沙簡僧尼」	無
二83 釋玄暢	無	48〈齊集善寺慧緒〉：緒就玄暢習禪法，暢每稱其宿習不淺。
二84 釋僧遠	無	42〈齊建福寺智勝〉：從僧遠受菩薩戒，勝捻香，遠告知未取火，然香爐卻有煙流出。
二86 釋僧柔	無	63〈梁樂安寺慧暉〉：從斌、濟、柔、次四法師，聽成實論及涅槃諸經。 65〈梁山陰招明寺法宣〉：從僧柔學佛法。
二87 釋慧基	無	49〈齊錢唐齊明寺超明〉：往塗山聽慧基講經，便究義旨。
二88 釋慧次	無	63〈梁樂安寺慧暉〉：從斌、濟、柔、次四法師，聽成實論及涅槃諸經。

二 90 釋僧宗	無	42〈齊建福寺智勝〉：曇斌弟子僧宗、玄趣慢藏被盜，憂慨輟講，勝宣告四部，旬日備辦。 59〈梁竹園寺淨行〉：齊竟陵文宣王厚加資給，僧宗、寶亮雅相賞異，及請講說，聽眾數百。
二 98 釋寶亮	無	59〈梁竹園寺淨行〉：齊竟陵文宣王厚加資給，僧宗、寶亮雅相賞異，及請講說，聽眾數百。
三 1 竺佛圖澄	無	1〈晉洛陽竹林寺淨檢〉：佛圖澄至，宣說智山德業，才知為高僧。 2〈偽趙建賢寺安令首〉：父徐仲就佛圖澄問女兒不願嫁事，澄勸其讓女出家。
三 8 安慧則	慧則手寫大品經，由汝南周仲智妻胡母氏供養，火燒不損。此經今在京師簡靖寺首尼處。	無
三 13 釋曇始	「統內僧尼，悉令罷道。」	無
三 19 釋慧通	慧通云有姐在江陵作尼，名慧緒，住三層寺，要僧歸幫忙傳話，但慧緒無弟。後慧緒死，慧通來訊問。	48〈齊集善寺慧緒〉有傳，但無《高僧傳》此事。
四 19 釋僧審	無	43〈齊禪基寺僧蓋〉：受業於隱、審二禪師，禪師皆嘆其易悟。 44〈齊東青園寺法全〉：師隱、審，遍遊禪觀。
四 21 釋慧明	無	46〈齊法音寺曇簡〉：慧明法師，深愛寂靜，本住道林寺，太喧鬧，簡以寺施之，因移白山。
五 6 釋僧隱	無	43〈齊禪基寺僧蓋〉：受業於隱、審二禪師，禪師皆嘆其易悟。 44〈齊東青園寺法全〉：師隱、審，遍遊禪觀。
五 10 釋法穎	無	34〈宋普賢寺寶賢〉：西元 474 年法穎於晉興寺開《十誦律》題，有十餘尼欲重受戒而喧擾，寶賢立律禁止。 52〈梁禪林寺淨秀〉：請法穎律師重講《十誦》……並諮律師戒律事。

五11 釋法琳	「益部僧尼，無不宗奉。」	無
七17 超辯	無	31〈宋景福寺法辯〉：超辯夢一莊嚴顯麗宮殿，人告知爲景福寺法辯當來生此，明日應到。
八1 竺慧達	居士吳縣民朱應與東雲寺帛尼及信者數人迎江上石像。	無
八10 釋慧敬	「嶺外僧尼，咸附諸橐。」	無
八14 釋法悅	「州境或應有災祟，及僧尼橫延釁戾，像則流淚。」	無

　　由上表可知，《高僧傳》提及尼處僅有十九篇，其中有九篇只是「僧尼」的統稱，非特指某尼，其他十篇反映出的事件僅是尼向僧請教佛法、請戒、請（居士）出經，尼迎佛像或夢僧往生，或因有親屬關係而往來。與《比丘尼傳》比較起來，實在貧乏許多。若檢視《比丘尼傳》中涉及《高僧傳》中之僧與尼來往者，則多出僧請尼爲寺住持、僧助尼出家、尼幫忙辦法會、僧人讚嘆尼、請尼講說、尼以寺施僧、僧夢尼往生等；若再觀察《比丘尼傳》提及《高僧傳》所無之僧人與尼之來往〔註26〕，則有僧借經予尼、僧幫忙尼請教胡僧、僧勸民皈依而病癒出家爲尼、胡僧贈尼銀罍以裝舍利、尼指點僧等。這些被《高僧傳》忽略的事件，顯然更能反映當時僧尼相互學法、傳法的概況。

　　另《高僧傳》提及女眾之處亦比居士少許多，除去一般泛稱，僅有二十二處，提及之事件依次有：請教佛法、請僧治病、立寺造像、僧母異夢、僧母後出家、僧未婚妻轉信佛教、供養僧人所寫經……等，多屬信仰方面的描述，少有女眾探討佛

〔註26〕《比丘尼傳》提及《高僧傳》所無之僧人表：

篇　　名	僧　　名	篇　　名	僧　　名
1〈晉洛陽竹林寺淨檢〉	法始、智山、釋道場、曇摩羯多、僧建	39〈齊崇聖寺僧敬〉	僧超
15〈宋建福寺法盛〉	偶法師	49〈齊錢塘齊明寺超明〉	曇整法師
19〈宋吳太玄台寺玄藻〉	釋法濟	52〈梁禪林寺淨秀〉	普練、暉法師、惠全法師
20〈宋南安寺慧瓊〉	慧智	53〈梁禪林寺僧念〉	曇斅
22〈宋梁郡築戈村寺慧木〉	慧超	55〈梁高昌都郎中寺馮尼〉	法惠法師
25〈宋廣陵中寺光靜〉	法成	56〈梁閑居寺慧勝〉	惠隱、法穎
36〈宋蜀郡永康寺慧耀〉	胡僧	65〈梁山陰招明寺法宣〉	惠熙

學義理如男眾者，蓋與古代社會環境女眾居於知識劣勢有關。

2. 正傳一定是出家人，附傳可例外

《高僧傳》正傳一定是出家人，無一例外。從《高僧傳》襲取《祐錄》列傳時，將其正傳改列附傳可知。改列附傳有四人，分別爲安玄（一4）、支謙（一6）、竺叔蘭（二1）、安陽侯（一22），皆屬居士身。而附傳多數仍爲僧人，但少部分非出家人，有隱士、尼、退道者等，整理如下：清信士聶承遠、聶道眞父子（一8）、優婆塞衛士度（一9）、趙正（一22，後出家爲道整）、隱士王嘉（二15）、尼淨嚴（二29）、范材（三7，本沙門後退道）、張奴（三12，不知何許人）、道敬（八6，爲供養眾僧而捨具足，專精十戒）、僧恭（九9，後退道）。由此可見，慧皎在正附傳主安排方面，有一定的標準，若非僧人，即使對佛教貢獻頗大，仍不能列入正傳中。

3. 惡僧出現機率甚少

《高僧傳》甚少提及僧人的不良行爲，蓋與此書以讚揚僧德爲目的有關，全書僅有九處敘及（見下表），且內容集中在佛法義理的紛爭方面，如：僞稱得道、乖於佛理、退道。僅有一例提及衣服華美、一例提及權力鬥爭，然正史所載之僧多涉權力鬥爭，而筆記小說則多奢侈糜爛之僧，《高僧傳》不但反映惡僧機率甚少，連惡僧的型態亦有所偏重（詳見第五章），此與慧皎重視佛教義理甚有關係。

編號、僧名	事件
一21 佛馱跋陀羅	其一弟子僞稱得阿那含果。
二48 釋道淵	其弟子慧琳不敬師，且著白黑論乖於佛理。
二65 釋道溫	附傳僧嵩謂佛不應常住，臨終之日，舌本先爛焉。
二90 釋僧宗	其任性放蕩、亙越儀法，守檢專節者非之（然慧皎似乎不以爲非）。
三4 耆域	耆域譏諸眾僧，謂衣服華美，不應素法。
三7 竺法慧	附傳范材後退道染俗，習張陵之教。
四8 釋玄高	河南有二僧，雖形爲沙門，而權侔爲相，恣情乖律，頗忌學僧，構陷玄高，高因而被貶。
五4 釋僧璩	僧定僞稱得不還果。
九9 釋僧辯	附傳僧恭與僧辯齊名，後退道。

三、年限的安排

《高僧傳》各科以時間來排序（參見表3-4），頗能反映歷史發展的脈動。篇章安排主要以正傳爲標準。附傳人物多不言卒於何時，但仍有少數例外，且附傳人物不見得要與正傳人物卒朝相同（見表3-4編號一34、一35、五8）。全書起訖據《高僧傳‧序》云：「始于漢明帝永平十年，終于梁天監十八年（519 A. D.）。」其中永平十年應在〈漢雒陽白馬寺攝摩騰〉中提及的「漢永平中，明皇帝夜夢金人飛空而至」一事；而卒於梁天監十八年者爲誦經科之〈梁富陽齊堅寺釋道琳〉。然而全書是否在天監十八年就此作結呢？恐怕未必。

卒於天監十八年後之僧，與《續高僧傳》作一比較（參見表3-5），可知慧皎仍有記載者分爲兩類：一爲列於附傳，如：譯經科〈齊建康正觀寺求那毗地〉附傳僧伽婆羅（據《續高僧傳》可知卒於普通五年、524 A. D.）、義解科〈齊琅琊㟶山釋法度〉附傳法開（據《續高僧傳》可知卒於普通四年、523 A. D.）、義解科〈京師冶城寺釋智秀〉附傳僧若（據《續高僧傳》可知卒於普通元年、520 A. D.）。另一類則未立傳，但在其他傳中提及，此多爲當朝名僧，如：寶唱、僧旻、法雲、智藏等。另於興福科〈齊上定林寺釋法獻〉則明白記載普通三年（522 A. D.）佛牙失蹤一事，故可知《高僧傳》非眞正止於天監十八年。慧皎卒於西元554年，理應親知上述事件。

表3-4：一、譯 經

編號朝代	僧 名	正傳卒年（以西元記，並附註中國年號）／享年	附傳卒年
6 魏	康僧會	248至建康，亡於280（吳天紀四年）。	
7 魏	維祇難		290-306（晉惠帝之末）尚存
8 晉	竺曇摩羅刹	290-306（晉惠西奔）後才亡／78	
10 晉	帛尸梨蜜	335-342（晉咸康中）／80餘	
11 晉	僧伽跋澄	381（苻堅建元十七年）至長安，僞秦建元十九年始譯。	
12 晉	曇摩難提	365-384（苻堅建元中）至長安。	仕僞秦／60餘
14 晉	竺佛念	365-384（苻堅建元中）在長安助譯，且卒於長安	
15 晉	曇摩耶舍	397-401（東晉）至廣州，405-407至長安，407-414（僞秦弘始九至十六年）翻譯。後南遊江陵，424-453（宋元嘉中）回西域。	424-453（宋元嘉中）仍存

16 晉	鳩摩羅什	409（僞秦弘始十一年）卒於長安。	
17 晉	弗若多羅	404（僞秦弘始六年）譯經，不久卒	
18 晉	曇摩流支	405（僞秦弘始七年）至關中。	
19 晉	卑摩羅叉	406（僞秦弘始七年）至關中，曾至東晉國土／77	
20 晉	佛陀耶舍	410-413（僞秦弘始十二至十五年）譯經，未至東晉國土。	
21 晉	佛馱跋陀羅	429（宋元嘉六年）卒／71。	
22 晉	曇無讖	414-421（東晉安帝至宋武帝）在北涼譯經。433（宋文帝元嘉十年）卒／49	宋文帝元嘉時尚存。
23 宋	釋法顯	399（東晉隆安三年）至西方／86	
24 宋	釋曇無竭	420（宋永初元年）至西方。	
25 宋	佛馱什	423（宋景平元年）至揚州。	
26 宋	浮陀跋摩	424-437（宋元嘉中）至西涼，437 在涼州譯經。	
28 宋	釋寶雲	499（宋元嘉二十六年）	
29 宋	求那跋摩	431	
30 宋	僧伽跋摩	433-442 在中國	
31 宋	曇摩蜜多	442（宋元嘉十九年）卒／87	
32 宋	釋智猛	元嘉末卒於成都	
33 宋	畺良耶舍	／60	元嘉時活躍於宋
34 宋	求那跋陀羅	468（宋泰始四年）卒／75	483-493（齊永明）末卒
35 齊	求那毗地	502（齊中興二年）卒	梁初至京師

二、義　解

編號朝代	僧　名	正傳卒年（以西元記，並附註中國年號）／享年	附傳卒年
1 晉	朱士行	260（魏末）至西域，265 西晉建國／80	
3 晉	康僧淵	326-341（東晉成帝）過江	
7 晉	竺法潛	374（東晉寧康二年）卒／89	
8 晉	支　遁	366（東晉太和元年）卒／53	

10 晉	于法開	361（東晉升平五年）為孝宗看病／60	
13 晉	竺法義	380（東晉太元五年）卒／74	
15 晉	釋道安	385（秦建元二十一年）卒／72	附傳為道教人物（隱士）
17 晉	竺僧朗	351（僞秦皇始元年）卜居泰山，燕秦主皆敬重／85	
18 晉	竺法汰	387（東晉太元十二年）卒／68	
24 晉	釋曇徽	395（東晉太元二十年）卒／73	
27 晉	竺法曠	402（東晉元興元年）卒／76	
28 晉	竺道壹	397-401（東晉隆安中）卒／71	
30 晉	釋慧遠	416（東晉義熙十二年）卒／83	
31 晉	釋慧持	412（東晉義熙八年）卒／76	
32 晉	釋慧永	414（東晉義熙十年）卒／83	
36 晉	釋道祖	419（東晉元熙元年）卒／72	
37 晉	釋僧●	弘始之末／70	
39 晉	釋曇影	405-417（東晉義熙中）卒／70	
40 晉	釋僧叡	羅什時人／67	
41 晉	釋道恆	417（東晉義熙十三年）卒／72	
42 晉	釋僧肇	414（東晉義熙十年）卒／31	
43 宋	竺道生	434（宋元嘉十一年）卒	
44 宋	釋慧叡	424-453（宋元嘉中）卒／85	
45 宋	釋慧嚴	443（宋元嘉二十年）卒／81	
46 宋	釋慧觀	424-453（宋元嘉中）卒／71	
47 宋	釋慧義	444（宋元嘉二十一年）卒／73	
49 宋	釋僧弼	442（宋元嘉十九年）卒／78	
50 宋	釋慧靜	424-453（宋元嘉中）卒／60 餘	
51 宋	釋僧苞	424-453（宋元嘉中）卒	
54 宋	釋慧安	424-453（宋元嘉中）卒	
55 宋	釋曇無成	424-453（宋元嘉中）卒／64	
57 宋	釋僧徹	452（宋元嘉二十九年）卒／70	

58 宋	釋曇諦	424-453（宋元嘉末）卒／60 餘	
60 宋	釋道汪	465（宋泰始元年）卒	
61 宋	釋慧靜	465-471（宋太始中）卒／58	
63 宋	釋道亮	465-471（宋太始中）卒／69	
65 宋	釋道溫	465-471（宋太始初）卒／69	
66 宋	釋曇斌	473-476（宋元徽中）卒／67	
67 宋	釋慧亮	473-476（宋元徽中）卒／63	
68 宋	釋僧鏡	473-476（宋元徽中）卒／67	
69 宋	釋僧瑾	473-476（宋元徽中）卒／79	
70 宋	釋道猛	475（宋元徽三年）卒／65	
71 宋	釋超進	473-476（宋元徽中）卒／79	
72 宋	釋法瑤	473-476（宋元徽中）卒／76	
73 宋	釋道猷	473-476（宋元徽中）卒／71	
74 宋	釋慧通	477-479（宋昇明中）卒／63	
75 齊	釋僧淵	481（僞太和五年）卒／68	
76 齊	釋曇度	489（僞太和十三年／齊永明七年）卒	
77 齊	釋道慧	481（齊建元三年）卒／31	
78 齊	釋僧鍾	489（齊永明七年）卒／60	
79 齊	釋道盛	483-493（齊永明中）卒／60 餘	
80 齊	釋弘充	483-493（齊永明中）卒／72	
81 齊	釋智林	487（齊永明五年）卒／79	
82 齊	釋法瑗	489（齊永明七年）卒／81	
83 齊	釋玄暢	484（齊永明二年）卒／69	
84 齊	釋僧遠	484（齊永明二年）卒／71	
85 齊	釋僧慧	486（齊永明四年）卒／79	
86 齊	釋僧柔	494（齊延興元年）卒／64	
87 齊	釋慧基	496（齊建武三年）卒／85	
88 齊	釋慧次	490（齊永明八年）卒／57	
89 齊	釋慧隆	490（齊永明八年）卒／62	
90 齊	釋僧宗	496（齊建武三年）卒／59	

91齊	釋法安	498（齊永泰元年）卒／45	
92齊	釋僧印	499（齊永元元年）卒／65	
93齊	釋法度	500（齊永元二年）卒／64	
94梁	釋智秀	502-519（梁天監初）卒／63	
95梁	釋慧球	504（梁天監三年）卒／74	
96梁	釋僧盛	502-519（梁天監中）卒／50餘	
97梁	釋智順	507（梁天監六年）卒／61	
98梁	釋寶亮	509（梁天監八年）卒／66	
99梁	釋法通	512（梁天監十一年）卒／70	
100梁	釋慧集	515（梁天監十四年）卒／60	
101梁	釋曇斐	518（梁天監十七年）卒／76	

三、神　異

編號朝代	僧　名	正傳卒年（以西元記，並附註中國年號）／享年	附傳卒年
1晉	竺佛圖澄	348（東晉永和四年）／117	
2晉	單道開	359-363（東晉）	
6晉	訶羅竭	298（西晉元康八年）卒	
7晉	竺法慧	343（東晉建元元年）至襄陽／58	
8晉	安慧則	307-312（西晉懷帝永嘉中）尚存	
9晉	涉　公	380（符堅建元十六年）卒	
10晉	釋曇霍	407（東晉義熙三年）尚存	
12宋	杯　度	426（東晉元嘉三年）卒	
13宋	釋曇始	446-450（僞太平眞君之末）尚存	
15宋	邵　碩	473（宋元徽元年）卒	
17齊	釋法匱	489（齊永明七年）卒	
18齊	釋僧慧	499-501（齊永元中）卒	
19齊	釋慧通	499-501（齊永元中）卒	
20梁	釋保誌	514（梁天監十三年）／97	

四、習 禪

編號朝代	僧 名	正傳卒年（以西元記，並附註中國年號）／享年	附傳卒年
1 晉	竺僧顯	318-321（東晉太興末）尚存	
2 晉	帛僧光	376-396（東晉太元末）卒	
3 晉	竺曇猷	376-396（東晉太元末）卒	
4 晉	釋慧嵬	399（東晉隆安三年）與法顯遊西域	
5 晉	釋賢護	401（東晉隆安五年）卒	
6 晉	支曇蘭	419-420（東晉元熙中）卒／83	
8 宋	釋玄高	444（僞太平眞君五年）／43	與傳主同時被殺
13 宋	釋法成	424-453（宋元嘉中）尚存	
14 宋	釋慧覽	457-464（宋大明中）卒／60餘	
16 宋	釋道法	474（宋元徽二年）卒	
17 宋	釋普恆	479（宋昇明三年）卒／78	
18 齊	釋法悟	489（齊永明七年）卒／79	
19 齊	釋僧審	490（齊永明八年）卒／75	
20 齊	釋曇超	492（齊永明十年）卒／74	
21 齊	釋慧明	494-497（齊建武之末）卒／70	

五、明 律

編號朝代	僧 名	正傳卒年（以西元記，並附註中國年號）／享年	附傳卒年
2 宋	釋僧業	441（宋元嘉十八年）卒／75	
3 宋	釋慧詢	458（宋大明二年）卒／84	
8 宋	釋道儼	478（宋昇明二年）卒／83	齊初仍存
9 齊	釋志道	484（齊永明二年）卒／73	
10 齊	釋法穎	480（齊建元四年）卒／67	
11 齊	釋法琳	495（齊建武二年）卒	
12 齊	釋智稱	500（齊永元二年）卒／72	
13 齊	釋僧祐	518（梁天監十七年）卒／74	

六、亡 身

編號朝代	僧名	正傳卒年（以西元記，並附註中國年號）／享年	附傳卒年
2 宋	釋曇稱	宋初亡	
6 宋	釋慧紹	451（宋元嘉二十八年）卒／28	／160
7 宋	釋僧瑜	455（宋孝建二年）卒／44	
8 宋	釋慧益	463（宋大明七年）卒	
9 宋	釋僧慶	459（宋大明三年）卒／23	
10 齊	釋法光	487（齊永明五年）卒／41	永明末亡

七、誦 經

編號朝代	僧　名	正傳卒年（以西元記，並附註中國年號）／享年	附傳卒年
2 晉	釋法相	402-404（東晉元興末）卒／80	
6 宋	釋道冏	443（宋元嘉二十年）尚存	
7 宋	釋慧慶	424-453（宋元嘉末）卒／62	
8 宋	釋普明	454-456（宋孝建中）卒／85	
9 宋	釋法莊	457-463（宋大明初）卒／76	
10 宋	釋慧果	470（宋太始六年）卒／76	
12 宋	釋僧覆	465-471（宋太始末）卒／66	
13 齊	釋慧進	485（齊永明三年）卒／85	
14 齊	釋弘明	486（齊永明四年）卒／84	
15 齊	釋慧豫	489（齊永明七年）卒／57	
17 齊	超辯	492（齊永明十年）卒／73	
18 齊	釋法慧	495（齊建武二年）卒／85	
19 齊	釋僧侯	484（齊永明二年）卒／89	
20 梁	釋慧彌	518（梁天監十七年）卒／79	
21 梁	釋道琳	519（梁天監十八年）卒／73	

八、興　福

編號朝代	僧　名	正傳卒年（以西元記，並附註中國年號）／享年	附傳卒年
2 晉	釋慧元	389（東晉太元十四年）卒	
6 宋	釋僧翼	450（宋元嘉二十七年）卒／70	
12 齊	釋法獻	494-497（齊建武末年）卒	494-497（齊建武初）卒／75

九、經　師

編號朝代	僧　名	正傳卒年（以西元記，並附註中國年號）／享年	附傳卒年
1 晉	帛法橋	345-356（東晉永和中）卒於河北	
3 晉	釋法平	424-453（元嘉末）卒	424-453（元嘉末）卒
4 宋	釋僧饒	458（宋大明二年）卒／86	
5 宋	釋道慧	458（宋大明二年）卒／51	
6 宋	釋智宗	459（宋大明三年）卒／31	
7 齊	釋曇遷	480（齊建元四年）卒／99	
8 齊	釋曇智	487（齊永明五年）卒／79	
9 齊	釋僧辯	493（齊永明十一年）卒	
11 齊	釋慧忍	494（齊隆昌元年）卒／40餘	

十、唱　導

編號朝代	僧　名	正傳卒年（以西元記，並附註中國年號）／享年	附傳卒年
1 宋	釋道照	453（宋元嘉三十年）卒／66	
3 宋	釋慧璩	457-463（宋大明末）卒／72	
6 齊	釋慧芬	485（齊永明三年）卒／79	
7 齊	釋道儒	490（齊永明八年）卒／81	
8 齊	釋慧重	487（齊永明五年）卒／73	
9 齊	釋法願	500（齊永元二年）卒／87	
10 齊	釋法鏡	500（齊永元二年）卒／64	

說明：

　　以上就文中有出現時間者排列可知，慧皎大略是以時間排序，而附傳多與正傳同時代，但不見得卒時同朝。

表 3-5：

《高僧傳》篇名	《續高僧傳》篇名	比　　較	說明（阿拉伯數字為西元年）
一 35 齊建康正觀寺求那毗地（附傳：僧伽婆羅）	梁楊都正觀寺南國沙門僧伽婆羅傳一（譯經初）	一列附傳、一為正傳（《續傳》多所補充）	《高僧傳》只述翻經一事，此事在天監五年，雖合其序云「終於梁天監十八年」，但僧伽婆羅卒於普通五年（524），故可知附傳人物並非皆卒於天監十八年之前。 慧皎卒於西元 554 年，故對僧伽婆羅一生應知悉。
無傳（見一 35 提及其為僧伽婆羅翻譯之筆受）	梁楊都莊嚴寺金陵沙門釋寶唱傳二（譯經初）	《續傳》載《名僧傳》成於天監十三年，慧皎卻無一言提及此傳得失，令人費解？	《續傳》言「不測其終」，而《歷代三寶紀》載寶唱所編書年代至天監十七年，可能卒於天監十八年後。 寶唱為梁武帝時極為重要之纂經者，何以慧皎只於一處提及，還只是筆受？
無傳（四 8 附傳有曇曜，資料太簡，無法確定是否同一人）	魏北臺石窟寺恆安沙門釋曇曜傳三（譯經初）		其歷北魏太武帝滅佛事件（446），及 452 太武帝死後的復佛運動，並於北魏和平年（460-465）任北臺昭玄統，推論應卒於天監十八年前，然慧皎不詳北方僧事，未能立傳。
無傳	梁楊都安樂寺沙門釋法申傳一（義解初）		其天監二年卒，原為北人，宋太始初（465-）才南來，後途遠難北歸，少友少言，慧皎失之。
二 96 梁京師靈曜寺釋僧盛（附傳：僧韶）	梁楊都建元寺沙門釋僧韶傳二（義解初）	一列附傳、一為正傳（《續傳》多所補充）	天監三年卒。
無傳	梁楊都建元寺沙門釋法護傳三（義解初）		「自天子至於侯伯，不與一人遊狎」天監六年卒，慧皎失之。
無傳（九 8 附傳有智欣善能側調，應非此人。）	梁鍾山宋熙寺沙門釋智欣傳四（義解初）		其不交當世，不與富貴遊往，但講說文義精悉，天監五年卒，慧皎失之。
二 94 梁京師冶城寺釋智秀（附傳：僧若）	梁吳郡虎丘沙門釋僧若傳五（義解初）	一列附傳、一為正傳（《續傳》多所補充）	普通元年卒（520），故可知附傳人物並非皆卒於天監十八年之前。

無傳（見二88、二100提及）	梁楊都莊嚴寺沙門釋僧旻傳八（義解初）		其爲當代名僧，故慧皎論其他人生平時，總有相關事蹟提及。但卒於天監十八年後，故未立傳。
無傳（見二88、二98、二100、三20提及）	梁楊都光宅寺沙門釋法雲傳九（義解初）		其爲當代名僧，故慧皎論其他人生平時，總有相關事蹟提及。但卒於天監十八年後，故未立傳。
二84齊上定林寺釋僧遠（附傳：法令）	梁鍾山上定林寺沙門釋法令傳十一（義解初）	一列附傳、一爲正傳（《續傳》多所補充）	天監五年卒。
無傳（見二88、五13、八12提及）	梁鍾山開善寺沙門釋智藏傳十二（義解初）		其爲當代名僧，故慧皎論其他人生平時，總有相關事蹟提及。但卒於普通三年（522），故未立傳。
無傳	梁蜀郡龍淵寺釋慧韶傳四（義解二）		天監七年（508）卒，但卻言其年少時，開善藏公遷化事（522），恐誤。
二75齊僞魏濟州釋僧淵（附傳：道登）	魏恆州報德寺釋道登傳七（義解二）	一列附傳、一爲正傳（《續傳》多所補充）	名聞北魏，魏景明年（500-503）卒，慧皎未詳之。
無傳	梁楊都莊嚴寺釋僧密傳八（義解二）		其被人讒構，竟陵王擯淮南，天監四年卒於江北，慧皎失之。
二90齊京師太昌寺釋僧宗（附傳：曇准）	梁楊都湘宮寺釋曇准傳九（義解二）	一列附傳、一爲正傳（《續傳》多補充其受擁戴之況）	天監十四年卒。《續傳》並未言及其是因太昌寺釋僧宗特善《涅槃》而南來，來後彼此思想並不相合，而另立講說，成爲當時匠者。
無傳	梁楊都靈基寺釋道超傳十（義解二）		個性稍有偏失，天監初卒，慧皎失之。
無傳	梁楊都龍光寺釋僧喬傳十一（義解二）		天監初卒，慧皎失之。
二93齊琅琊攝山釋法度（附傳：慧開）	梁楊都彭城寺釋慧開傳十二（義解二）	一列附傳、一爲正傳（《續傳》多所補充）	天監六年卒。《續傳》載其性格有些偏失，而慧皎並未提及。
二93齊琅琊攝山釋法度（附傳：法開）	梁餘杭西寺釋法開傳十四（義解二）	一列附傳、一爲正傳（《續傳》多所補充）	普通四年卒（523），故可知附傳人物並非皆卒於天監十八年前者。

二91齊京師中寺釋法安（附傳：道宗）	梁楊都瓦官寺釋道宗傳十五（義解二）	一列附傳、一為正傳（《續傳》多所補充）	《續傳》內容亦不多，且未言卒於何時。
無傳	梁楊都冶城寺釋僧詢傳十八（義解二）		天監十六年卒。《續傳》言其「雖無大才，而彌綸深極」常能覆述所聞經目，而慧皎失之。
四19齊京師靈鷲寺釋僧審（附傳：慧勝）	梁鍾山延賢寺釋慧勝傳二（習禪初）	一列附傳、一為正傳（《續傳》多所補充）	天監年中卒。慧皎書中敘述太簡，無法確定是否為同一人。
八1晉并州竺慧達	魏文成沙門釋慧達傳三（感通上）	兩皆正傳，詳略互見	慧皎重在其遊化南方之事，《續傳》則詳其家世背景及死時景況與預言的成真，略南遊之事。
無傳	梁蜀部沙門釋明達傳一（興福）		天監初，自西戎至益部，行化楚蜀，十五年至荊州，卒於江陵，故未至京城，天監十五年卒，慧皎失之。
無傳	梁楊都建元寺沙門釋僧詔傳二（附傳：法朗、法亮）（義解初）		法朗個性有偏失，皆卒於天監中，慧皎失之。
二43宋京師龍光寺竺道生（附傳：慧生）	梁楊都龍光寺沙門釋僧喬傳十一（文中有慧生生平）（義解二）	一列附傳、一為正傳附提（《續傳》較詳）	天監中卒。

說明：

1. 《續高僧傳》感通篇多無卒年，除少數能判斷為天監十八年後卒者，餘皆無所判斷，故難以比較。另對於同僧名，但無事蹟可相蠡者，則不比較。
2. 慧皎正附傳未提及或不若《續高僧傳》詳盡者，大略有三：北方事、少言少交遊者、個性或才能有偏失者。

四、文章的結構

《高僧傳》分為十科，每科依時間安排列傳，各正傳內容結構大致雷同，約有下列十一點。並非每一正傳皆具備此十一點，而是視文獻的多寡或增或減。

1. 名字說明：多先呼其全名，再記載意譯之名（非中國人）、或簡名、或不同譯名、或字、或俗姓。
2. 祖籍：外國則天竺、安息、月氏、西域、罽賓等；本國則記載地名。

3. 家世：介紹家庭背景、宗教信仰、幼時狀況、或出家前之遭遇。但多簡單略述，有的甚至省略，因此其詳細身分可考者並不多〔註27〕。

4. 外表與內在：外表介紹長相或風度；內在則形容其德性、志向、性格或稟賦。

5. 專長：包括佛學專長與非佛學專長，如：方術、天文、醫學、儒學、道家等。

6. 遊歷：一生行旅所經，如：師事、翻譯、論講、建寺造像等處，或隱居各山、遠訪西域天竺等，佔了全文主要的篇幅。

7. 成就：翻譯的成果、義理的闡述、梵唄的製作、佛教的維護、修行的成果等，應是慧皎主要表達的項目。

8. 逝世：卒時、卒地、享年或去世時的神異感應。

9. 引述文獻：引述當時人之論述，諸如：贊、詩、詔、銘、論文、書信等。

10. 考證：考證時間、或名稱、或西遊路線等。

11. 其他：有時穿插一些感應故事，有時介紹別號，以加強人物的生動。

與正史列傳中的項目比較，大致相同，只是《高僧傳》因傳述的對象為僧人，故少了仕宦、致仕、諡號、後代小傳等項。其中後代小傳改以附傳同類人的方式出現，另傳文中則多了對佛教貢獻的描述及許多修行感應的故事。

附傳出現的方式，以「時有……」、「又有……」、「時（地點或寺名）有……」、「時……復有……」等引領出，置於文末。少部分置於文中，直接敘述，多是正傳主之師，偶爾為其同道、齊名者或生於正傳主前者。附傳敘述簡略，多直接描寫其貢獻、德性，少言經歷、卒時等。另兩百七十七人的附傳中，約有三成之人物與正傳的事蹟或事業有關聯，如：助譯、重譯、共譯、齊名或繼承其業者；另兩成五為正傳之親屬、師、弟子、同學等；餘則或時代相近、或同一空間。而正附傳大多同科相屬（少數例外，如：義解科朱士行附傳為譯經有功的竺叔蘭），無法確定是否同科與不同科者有十四人。

再者，《高僧傳》每篇傳記都有一定的撰寫格式，最後總是記其卒年或外加考證，即使不知卒年，亦會以「不知所終」來交代。然而兩百五十七篇中有八篇是未言至終的（約佔 3％，見表 3-3），亦即傳記寫到中途就岔入其他事物，傳主本身似乎被忽略了。如：竺法雅傳以格義為介紹重點、安慧則傳以其所寫的大品經之神異為介紹重點、釋慧力、釋慧受、釋僧慧、釋僧亮與釋法悅等傳皆以建寺或記佛像由來為其敘述重點。

〔註27〕蒲慕州曾做過統計，《高僧傳》中身分可考，確知來自上層社會者約二十三人，來自平民或貧苦家庭者約十人，餘皆不詳。見〈神仙與高僧——魏晉南北朝宗教心態試探〉，頁163。

　　從《高僧傳》記載的項目在文章中所占的份量，可以看出慧皎意欲表達的重點。其中以第五專長、第六遊歷、第七成就最多，餘則或有或無，《高僧傳》宣揚高僧貢獻由此可知。而關於僧人出家的動機與原因、僧人性格的轉變、心理的變化、日常生活之作息與工作、經營佛寺的方法則不見記載。以現代傳記的眼光看來，慧皎缺乏「動的性格」之描寫，似乎只是繪製出一個已成型的樣板，使人無法經由活潑潑的人性去接近高僧，就如胡適所云：「（東方短傳）大抵靜而不動……但寫其人為誰某，而不寫其人之何以得成誰某是也。」（見《胡適傳記作品全編》第四卷，頁201）再者，人生是由大量平凡的日常生活瑣事所組成，驚天動地的事件只佔生命中一小部份，若傳記只記重大事件，的確可以節省篇幅，但對傳主真實生命的認識是否會造成偏差，恐怕也是值得注意的問題。這些，都是慧皎僧傳不足之處。當然，此亦是受時代所圍〔註28〕，非真慧皎之失也。

〔註28〕歷史本身錯綜複雜，而遺留下來的史料，一來數量有限，二來已經前人主觀取捨，慧皎面對這樣的史料，又加上當時不注重心理分析、性格轉變等傳統，難免跳脫不了時代思想的框架。

第四章 分科之研究（一）——形象之展現

第一節 「分科」之探究

　　任何事物的分類都有利有弊。如慧皎將僧人分為十科，每科蒐集了百位至十數位僧人之生平，且同科僧人間呈現出一定程度的同質性，故十科就塑造了十種不同風範的修行者。而如此的分類使各科僧人的特色顯現，並構成一有秩序的組織，表達出作者對此事物的主觀看法，傳達某種理想，此為分類有利的一面。而弊端則是易於忽略僧團的全貌，突顯了特色，卻漠視了普遍性，減損了歷史的真實。

　　本節將探討其分科所蘊含的作者看法，以比較的方式，從差異中看出慧皎分科所彰顯的涵義與理想，而比較的對象則據稍後唐道宣的《續高僧傳》——其接續慧皎書而作，分科方面有承繼，亦有改革，恰可突顯慧皎分科的用意與時代性。再者，配合對傳文本身的解讀與當時社會狀況的掌握，以探討分科的必要性。最後，論及分科所造成的缺失，冀能對慧皎分科有更深層的了解。

一、與道宣《續高僧傳》分科的比較

　　十科的分類是以「僧人所從事的行為」為第一個標準；而僧人的「行為」，若依慧皎傳文的分析，可有二十多種以上，諸如：譯經、造經、論佛理、研外學、展神通、持戒、教化、論著、素食、誦經、禮懺、苦行、建寺、造像、犧牲、佈施、遊方、持咒、乞食、轉讀、製新聲、唱導、禪坐、自恣〔註1〕、遊山玩水、安居〔註2〕、

〔註1〕自恣指「夏安居最後一天，修行僧各自告白自己所犯的罪，而懺悔，祈求他人的諒解」。見吳汝鈞《佛教思想大辭典》，頁210。
〔註2〕安居指「僧人在一定的期間不外出，在寺院裡修行」。同上，頁241。

隱居山林、設法會、經營寺產……等等。故慧皎的分類標準除了「僧人所從事的行為」外，還包括「對佛教傳揚與佛學修行有貢獻」之行為。一來彰顯僧人經由正道修行所得之成果，二來宣揚僧人對佛教傳揚的貢獻。其他一般僧人採用的日常個人修行，如：素食、禮懺、苦行、持咒、乞食、安居、隱居等則不另立科別，只在傳文中稍加述及，以免造成分類的冗贅。

　　慧皎將僧人分為十類，也因此塑造出十種僧人的形象，後之繼作者，如：道宣作《續高僧傳》、贊寧作《宋高僧傳》等皆仿效之。然而在分科的類別方面，因作者與時代的差異，而有些許之不同。今試就梁慧皎的《高僧傳》與稍後唐道宣的《續高僧傳》，比較其分科的差異，以更深入慧皎列此十科的原因與用意。

《高僧傳》分科 （正傳人數／百分比）	《續高僧傳》之分科 （正傳人數／百分比）	《續高僧傳》補充梁天監 十八年前事者（a／b／c）	差異說明
一譯經（35／13.6）	一譯經（15／3.1）	梁2／0／0 魏1／0／0	
二義解（101／39.2）	二義解（161／33.1）	梁11／10／1 魏1／0／1	
三神異（20／7.7）	六感通（118／24.2）	梁0／0／2 魏1／0／7	神異改為感通，並降為第六
四習禪（21／8.1）	三習禪（98／20.1）	梁1／0／1 魏0／0／1	習禪升為第三
五明律 （13／5）	四明律（27／5.5）	無	明律升為第四
六亡身（11／4.2）	七遺身（12／2.5）	無	亡身改為遺身，降為第七
七誦經（21／8.1）	八讀誦（14／2.9）	魏0／0／2	誦經改為讀誦，降為第八
八興福（14／5.4）	九興福（12／2.5）	梁1／0／0	興福降為第八
九經師（11／4.2） 十唱導（10／3.8）	十雜科聲德（12／2.5）	無	經師、唱導合併為雜科聲德，並列第十
	五護法（18／3.7）	無	增加第五護法
共257人	共487人	梁15／10／4 魏3／0／11	

說明：（a／b／c）
　a：慧皎有提及或列附傳之僧人，因非在天監十八年前卒者而未列正傳，《續高僧傳》加以補充。
　b：在天監十八年前卒而慧皎未提及之僧人，《續高僧傳》增加列傳。
　c：《續高僧傳》中無法確定是否卒於天監十八年前者。

從以上的比較，可看出慧皎分科的特色：

1. 修行仍以戒定慧三學為先，其餘亡身、誦經、興福等列於後

就十科的順序來看，譯經、義解屬於慧學，習禪屬於定學，明律則是戒學，分別列在第一、二、四、五，可見慧皎對於佛教修行的看法仍是著重在三學，後之《續高僧傳》更是直接排在一、二、三、四位，彰顯三學修行的重要。因唯有以戒為基礎，慧中領定、定中生慧，三學互補才是佛教修行的正道。而亡身、誦經、興福則位列六、七、八，是修行的輔助或旁支。最後的經師、唱導則因其誘導有功才最後加入，且無贊辭，可見其地位屬十科之末。

2. 非常重視佛教義理的研究

其以譯經為第一科，實因佛教屬外來宗教，義理的傳達唯靠傳譯；而西來之僧的修行、舉止、學養亦是東土僧人唯一能仰止的對象，故以此科為先。後繼之以義解，是本土僧人接受、消化佛理的前哨站，亦是修行的領導者。兩科皆屬慧學，正傳人數占了全書的百分之五十以上；另從篇幅長短來看，長篇者亦較後幾科多，由此可知，慧皎非常重視佛教義理的研究。倒是道宣《續高僧傳》譯經科篇數只佔全書的百分之三，與慧皎的百分之十三點六，相差甚遠。由此可看出，魏晉南北朝時，譯經是首要之務，慧皎列於第一，是反映了其重要性及當時的盛況。而道宣亦認為譯經很重要，故亦因襲《高僧傳》列為第一，但重要的佛典多已在魏晉南北朝時譯出，故此時從事譯經有成就者較少，而使人數下滑（十五人中梁兩人、魏兩人、陳兩人、隋四人、唐五人）。

3. 強調神異救世的功能

道宣將慧皎的神異改為感通，且地位由第三降為第六，的確差異很大。從此二書傳文看來，慧皎神異科所錄之僧幾乎人人有神通，各各顯本事，或分身、或行速、或變化等，令人目不暇給。而也因此能耐，降服不少頑強的國君與百姓，對當時的佛教造成很大的宣傳效果，故慧皎列為第三，並名為神異科。當然，事實如何已難考查，但從慧皎傳文朝代的分布看來：晉正傳十一人、附傳三人，共十四人；宋正傳五人、附傳五人，共十人；齊正傳三人、附傳兩人，共五人；梁正傳一人、附傳兩人，共三人，呈現逐朝遞減的狀況看來，可見時代越遠，神異傳說越豐富。到了道宣，一方面佛教發展已趨穩定，不須靠神異來降服民心，故地位下降；另一方面，能見到展現神通的僧人亦難，故道宣改為感通，描寫許多高僧獲得感應的事蹟，來提振人們信仰佛教的信心。

慧皎並不將感通列為一科，而是分布在十科僧人之中。在其傳文中，只要修行

有得，便能感應天地萬物，故雖記載感通的事蹟能激發讀者對佛教修行的興趣，但畢竟「感通」是屬於被動的行為，並不合乎「對佛教傳揚與佛學修行有貢獻」的主動行為，故不單獨列為一科，而是散佈在各科僧人傳中，此種分法恐較合乎慧皎的本意。而《續高僧傳》因將感應事件集合在一科，故人數暴增至一百一十八人，占了總正傳人數的百分之二十四；不但內容與《高僧傳》神異科不同，連人數都有明顯差距。

4. 護法的危機意識較道宣弱

從道宣新增的護法科看來，其將許多與道教論法、對抗老子化胡說、為佛教被滅而抗爭的僧人匯聚為一科，特別突顯他們不畏強權、挺身而出的勇敢精神，這在慧皎的分科中是沒有的。然而，不代表慧皎傳文中無此類事件的記載。如：譯經科康僧會面對孫皓想廢佛寺時，極力與朝臣張昱辯論，並折服孫皓一事；譯經科帛遠與作《老子化胡經》之王浮辯論一事；義解科慧遠力爭沙門不敬王者之事；義解科釋道融與師子國一婆羅門辯論，終使佛教不受外教威脅之事；義解科釋道盛因綱領有功，才使素奉黃老的沈文季無法排佛等等，這些人都護法有功，但慧皎並未想要為他們另立一科，主要是因其所處時代及地域，佛教還算興盛，尤其是梁朝，因梁武帝的大力推展佛教，更使其聲勢如日中天。而主要的滅佛活動多發生在北方，一次在慧皎出生前的北魏太武帝〔註3〕，一次則是在慧皎死後的北周武帝，其無緣見及。所以僧人雖有必要去對抗外道邪說，卻沒有立即的滅教危險〔註4〕。故慧皎《高僧傳》中呈現出佛教較繁榮發展、祥和的一面，激烈的抗辯場面可能被忽略而較不多見。到了唐代，有鑒於前幾次滅佛的運動，加上唐朝李氏以與老子同姓而以道為先、佛為後，促使道宣興起了危機意識，故而設護法科，全然因時代背景不同所致。

5. 分科主要以南方僧人為主

道宣《續高僧傳》序中曾批評慧皎《高僧傳》：「而緝裒吳越，敘略魏燕，良以博觀未周，故得隨聞成彩。加以有梁之盛，明德云繁，薄傳三五。」一為略於北方之事，一為略於梁事。觀慧皎書中，的確如此。慧皎既生在南方，見聞頗受南北分治之限制，當時南北雖非全無交流，但總不是暢行無阻，有些作品甚至無緣過江，慧皎要想詳細知道北方僧事，恐怕不易。又加以傳文朝代以梁天監十八年為限，分科自然以此期此地為依歸。

〔註3〕慧皎《高僧傳》中有記載，見神異科釋曇始、習禪科釋玄高、習禪科釋僧周等傳。
〔註4〕慧皎要面對的與其說是「護教」，不如說是「整頓教團」。梁朝僧尼急遽增加，許多違法亂紀之事層出不窮，僧人生活糜爛，如何汰簡沙門、整頓教團是當時南方的時代課題。

然而道宣《續高僧傳》增補的北方僧人數，梁朝在天監十八年前者只有三人，而且在慧皎書中皆有提及，縱使加上另十一篇未言卒年者，總共才十四人。更遑論梁前之北方僧，道宣根本未加立傳（因其傳文是始自「梁之初運」），北方僧因此湮沒不彰，無由知其典範，真令人惋惜！再者，慧皎書序明言「終於梁天監十八年」，故梁代往後盛事自難記載，而此點道宣則多加補述：天監十八年前慧皎有提及但未立正傳，道宣加以補述者，有十五人；而卒於天監十八年前慧皎未提及，道宣加以增補者，有十人；加上天監十八年後及未言卒年者，梁一代總共有三十九人，其中仍以義解科二十七人最多，其餘譯經科二人、習禪科三人、明律科二人、感通科四人、興福科一人，可以想見梁時仍在繼續消化佛理的景況。

二、分科的必要

慧皎《高僧傳》的分科有其必要性，除了可免於蕪雜無序之外，尚有三個原因：首先，佛教的修行當然以戒定慧三學兼備為要，然因個人稟賦、性格不同，所需加強之處亦不同，加以面對不同環境，其應變方式迥異，故造成偏於某一方修行的情況。有人天資聰敏，耽於義學；有人樂善好施、汲於營福；亦有人清謹勤儉、甘於亡身等，因而呈現出多種姿態的修行僧，就連有師生關係、同為義解科的道安與慧遠，都因一個有入世精神選擇彌勒淨土，一個則因性格偏於隱逸而選擇彌陀淨土，而有所差別〔註5〕。

再者，民眾的階層類別亦屬多樣化，故唯有不同類型的僧人才能滿足不同階層的人。如：國君世族需要義解僧在理上說服之；一般民眾易被經師、唱導的音樂唱讚所吸引；頑強的愚民暴君則需神異僧的顯現來震懾；不守戒規的惡僧有賴明律科僧人闡揚釐清戒律的內涵與意義，來加以制裁等等。這些都是佛法落入人間後所需的應俗方便，畢竟如佛般完美的修行者千年難得一見，唯有綜合各僧的長處才能使佛教團體趨於完美。

最後，慧皎的分此十科，除了根據現實僧人狀況來分外，亦顯現了其心中理想僧團的規模。從十科的順序安排可看出排在書前半的科別，是慧皎認為的修行正軌，如：符合戒定慧的譯經科、義解科、明律科、習禪科，而在書後半者則是修行有所偏的亡身科、誦經科、興福科、經師科、唱導科等，常常出現「義學不得全功」或篇幅簡短的撰寫方式。由此亦可看出慧皎的學術傾向，其將著重義理的譯經科與義解科列為全書之首；而較不深入研究佛理者，如：亡身科、誦經科、興福科、經師

〔註5〕見王公偉〈從彌勒信仰到彌陀信仰——道安和慧遠不同淨土信仰原因初探〉。

科、唱導科則敬陪末座。書中每科立傳的人數多寡並不能反映出當時確切的社會實況，主要是因經由慧皎主觀的取捨，而使慧解方面的僧人占了全書的大宗，如：譯經與義解科正傳共一百三十六人，為全書正傳的二分之一強，而與大眾接觸頻繁的經師與唱導科卻只有二十二人，連全書正傳的一成都不到。這種情況並不表示當時社會重視佛教義理，大家多投入佛理探討中，主要是慧皎重視慧學，且既是「高僧傳」，所載當然以上階層或知識份子為主，一般俗僧的傳揚佛教與一般平民的信仰活動則相對的不被記載，傳記忽略了他們，也使整本高僧傳呈現出佛教界精質化的錯覺。當然，這符合作者的要求——希望所有僧人能積極投入佛學的研究，唯有慧學基礎紮實，才能引領僧人走向正確的修行道路——但卻不合歷史的實況，則是顯而易見的事。

三、分科的缺失

　　十科的分立，將數百位僧人統籌於其下，固然一目了然，可收以簡御繁之效；但也易使一些有多方面貢獻的僧人，某些特質易被忽略，如：譯經科安清其一生充滿傳奇，能預知未來、明曉過往；佛陀耶舍能咒水洗足而行百里，放在神異一科亦不遜色；又譯經科曇摩耶舍、佛馱跋陀羅與曇摩密多，或大弘禪法、或坐禪有得，甚至有大禪師的封號，若列入習禪科中，亦屬恰當；另譯經科卑摩羅又開講十誦、大弘律藏；弗若多羅以戒節見稱、專精十誦，繫以明律一科亦不為過；習禪科釋道法脫衣露坐，以飴蚊虻，類同亡身科；習禪科釋法緒誦法華、維摩、金光明，且禪且誦，亦可放入誦經科；明律科釋僧祐修治佛寺、助建佛像，興福之功亦不可沒等等。這些人何以未放入另一科中，據曹仕邦〈中國佛教史傳與目錄源出律學沙門之探討・上〉所論，排在前面的科別是地位較高，較受推崇的科別，故若有多重貢獻的僧人，將他們列在前一科，則是表示推崇他們。故可知安清被安排在第一科譯經中，而非在第三科神異，餘則類推。此法雖立意甚佳，但列於譯經科就需以譯經之貢獻為主，難免掩蓋了其神異的風采，且慧皎在選擇材料時必有所偏，而所呈現出的就非僧的全貌，而只是作者要宣揚的那一面，對後世讀者來說，難免是一種遺憾，而這也是短篇僧傳無法避免的問題。

　　然而，除此之外，何以律行精純、為僧主，且至三吳汰簡二眾的釋法獻與律禁清白，為文惠太子戒師、東行申受戒之法的釋玄暢（見釋法獻附傳）〔註6〕被列在

〔註6〕釋法獻在僧祐的〈薩婆多部師資記目錄序〉中，被列為獻律師傳第十九，可見僧祐的《薩婆多部師資記》，是將其列為律師的，此書今已不傳，僅存序，見《出三藏記集》卷十二。

第八科的興福，而非第五科的明律呢？蓋與法獻的興福之功頗大，不容忽視有關。其修葺寺宇、忘身西行，獲得佛牙一枚，舍利十五身及經像回國，傳中又記文宣感夢才知其有佛牙，後又續記普通三年佛牙失竊一事。若將此事列於明律科中必難以彰顯法獻帶回佛牙一事之功，故以較長篇幅在興福中記敘，並附論其明律之功。故知慧皎不會為了一味地推崇僧人而列於前數科，仍舊依其貢獻的輕重加以評判。當然，這樣的分類也就定了僧人本身的形象。

第二節　各科僧人形象整理表

魏晉南北朝時之僧人，或因中西之交流，或因個人稟賦、機緣之不同，故而造就了許多不同樣貌之僧人，有擅長義理清談者、有貢獻中西交流者、亦有發聲清亮而以唱導、誦經聞名者，甚至行為詭異、不守戒律，也所在多有。加以除了實際存在的各種修行生命型態外，大眾對僧人迥異於俗世生活的神秘體驗，添加了許多想像的空間，有真實、有虛幻；使僧人的面貌更加複雜。今天我們或許能從慧皎的分科中，了解當時部分僧人的行為風采與傳教熱情，也可藉此深入當時人心中所寄望或呈現的僧人形象，其是真實生命的進一步擴展，寄託了人類對自身與社會的不滿與需求，而這或許是宗教、文學等流傳至今的另一個答案〔註7〕。

本節首先從《高僧傳》傳文中分析出一些僧人的基本行為，加以列表整理，以裨下一節的綜合論述。再者將傳中描繪僧人的稟賦形貌、神通與感應一一摘錄列表，有助於釐清《高僧傳》想要表達的僧人形象及其對修行成果的想像空間。最後並綜合各科，列一統計比較表，以便突顯各科的特色。

一、十科僧人行為整理表

以下的「僧人行為整理表」（表 4-1），將依慧皎傳文列出較常見的二十種行為來分類；並將各科出現頻率較高的行為列前，依次排序，以明瞭各科行為的差異。每項行為都以二至四字為標題，其所代表的意義如下：

「譯經造經」：從事佛典的翻譯、助譯或寫經，以促使佛典之流通。

「遊方」：外人東遊、國人西遊或在國內四處遊化，以促使佛教之宣揚者（若是

〔註7〕「高僧傳的資料中都是有本於文獻，也有本於口傳的部分……編者個人的意見固然難免會影響材料的選擇和敘述方式，我們也應該承認其中包含了不少非編者所能左右的事實，足以透露出較廣層面的思想情況。」見蒲慕州〈神仙與高僧──魏晉南北朝宗教心態試探〉，頁155。

一般的遊山玩水則不在此項）。

「教導」：利用言語、行為等來教化民眾向佛。

「佛理」：從事佛學理論的探究。

「誦經」：不斷地諷誦佛典。

「外學」：從事佛學以外世俗學問之研究，如：天文、數術、儒學、玄學、語言、文學等。

「戒律」：持戒或研究戒律有得。

「禪學」：坐禪或研究禪學有得。

「著作」：從事注疏佛經、遊佛國、佛教事務或佛教論文之寫作。

「建寺造像」：建造塔寺、精舍，或造像、畫像（以佛像、神像、師者像等為主）。

「持咒」：誦持咒語。

「苦行」：生活艱苦仍努力修行，或選擇艱苦的生活方式修行。

「乞食」：沿途托缽乞食。

「做齋禮懺」：進行齋會或禮拜佛像以進行懺悔。

「素食」：不食葷辛。

「佈施」：將所得救濟貧苦或餵施鳥獸。

「犧牲」：犧牲肉體來救濟或警醒民眾。

「轉讀梵唄」：以諷詠方式讀誦佛經或偈語。

「製新聲」：創作新的音樂以諷詠佛經或佛法。

「唱導」：以諷詠方式宣揚佛法。

表4-1：（一）譯經科

說明：

各科依編號列舉。（ ）：附傳提到其他僧人的行為；若附傳非僧人，則不列入，表4-2亦同；*表同樣行為出現的次數。其他九科亦據此規則列表。

行　為	1	2	3	4	5
譯經造經	譯經	譯經	譯經	譯經（譯經）*5	譯經（譯經）*3
遊方	遊化、來華	來華	遊化弘化、來華	來華（來華）	貴遊化、來華(來華)*2
教導	講金光明經、遊化為任、勸交戰兩國止戈	天竺學者之師	遊方弘化	志存宣法（志宣佛典）	請梵僧立羯磨法受戒

行　為	1	2	3	4	5
佛理	解大小乘經		博曉經藏、精阿毗曇	（慧學之譽）	
誦經		誦經論數萬章		諷誦群經（博誦群經）	誦大小乘經、諸部毗尼
外學		善漢語	外國典籍、七曜五行、醫方異術、鳥獸之聲皆達、通習華語		善四圍陀論、風雲星宿圖讖運變
戒律			奉戒精峻	稟持法戒	誦諸部毗尼（善律學）
禪學			諷持禪經		
著作				（有著作）	
建寺造像					
持咒					
苦行					出家精苦
轉讀梵唄					

行　為	6	7	8	9	10
譯經造經	譯經	譯經（譯經）	譯經	譯經	譯經
遊方	從交趾來華	遊化諸國、來華	至西域遊歷		來華
教導	為孫皓說法、受五戒	遊化諸國、莫不宗奉	僧徒數千	以講習為業，白黑宗稟	與士人遊、傳梵唄
佛理	明解三藏	學三藏、妙四含	善梵學	研味方等、妙入幽微（深洞佛理）	
誦經			誦經日萬言	誦經日八九千言（誦經）	
外學	博覽六經、善天文圖讖、頗屬文翰		博覽六經、遊心七籍、通外國言	世俗墳索，多所綜貫、通梵漢之語	
戒律					
禪學					
著作	有注經			有注經（有著作、注經）	
建寺造像	營立茅茨、設像		立寺	造築精舍	（起寺）
持咒					善持咒、誦咒數千言
苦行			操行精苦		行頭陀
轉讀梵唄	傳梵唄				傳梵唄

行　為	11	12	13	14	15
譯經造經	譯經（譯經）	譯經（助譯）	譯經、重譯	譯經	譯經（助譯）
遊方	浪志遊方、觀風弘化、來華（久遊中土）	遍歷諸國、來華	來華、歷遊華戎	好遊方，備觀風俗	踰歷名邦，履踐郡國、來華
教導	觀風弘化、關中僧眾、則而象之	遊方宣化（諫謎符堅）	務在誨人，恂恂不倦、講阿毗曇、講經		遊方授道、爲清信女說法、大弘禪法（教授諸尼）
佛理	備習三藏、善數經、闇誦阿毗曇毗婆沙（該覽經典）	遍觀三藏、闇誦增一阿含經（專精經律）	學通三藏、尤善阿毗曇心		該覽經律（專學小乘）
誦經		研諷經典	常誦三法度論	諷習眾經	善誦毗婆沙律
外學	（善閑漢言）	（學兼內外）	博明漢語	粗涉外典、明蒼雅詁訓、解華戎音義	（善梵漢之言）
戒律	戒德整峻	（專精經律）			（獨執矯異、禁方等、用銅缽、悔罪伏地相向）
禪學					陶思八禪、遊心七覺
著作		（有歌、頌）			
持咒					
苦行					專精苦到、以悔先罪
乞食					

行　為	16	17	18	19	20
譯經造經	譯經	譯經	譯經	譯經	譯經
遊方	來華	來華	來華、遊化餘方	來華	
教導	（遠近師之）升座說法、泛愛善誘、終日無倦、講經、解疑	爲外國宗師	遊化餘方	弘闡律藏、四方學者往師之、講十誦	爲什師
佛理	（三藏九部，莫不該練）與外道辯論	備通三藏	以律藏馳名		誦大小乘經百萬言、善解毗婆沙、每端坐思義
誦經	日誦千偈（日誦千偈）				誦經、恆以讀誦爲務

外學	學外道經書，如四圍陀、五明、陰陽星算、妙達吉凶、能漢言			通漢言	學五明、世間法術
戒律	學十誦律、破淫戒	以戒節見稱、專精十誦律	以律藏馳名	弘闡律藏、講十誦	
禪學					每端坐思義
著作	有頌				
持咒	出神咒				
苦行				苦節成務	
乞食					時至分衛

行　為	21	22	23	24	25
譯經造經	譯經	譯經	譯經	譯經	譯經
遊方	遊化、來華	來華（西遊）*4	西遊尋經	西遊	來華
教導	大弘禪業、釋疑、遊化	講說精辯、清辯若流、勸諫王、授戒			
佛理	博學群經、共論佛法	初學小乘，後專大乘			
誦經		誦經日得萬餘言	誦經不輟	誦經	
外學		兼覽五明、富於文藻、學語三年（備諸國語、善梵書）	學梵語梵書	學梵語梵書	
戒律	少以禪律馳名			持戒	專精律品
禪學	少以禪律馳名	（且禪且懺、定中見佛）			兼達禪要
著作		（有遊記）*2	有遊記	有遊記	
建寺造像					
持咒		明解咒術			
苦行				修苦行	
乞食	持鉢分衛				
作齋禮懺		（且禪且懺、定中見佛）	燒香禮拜	禮拜佛鉢	
素食					
佈施					

行　為	26	27	28	29	30
譯經造經	譯經	譯經	譯經	譯經	譯經
遊方	來華（西遊）	西遊、遊方	西遊尋經	來華	來華、遊化
教導		至病民家施戒說經後民病癒	說法教誘百姓、總理寺任	觀風弘教、授戒、至喪家說法、開講法華、十地	授戒、道俗宗之
佛理	習三藏、偏善毗婆沙	力精修學、諮受禪法	業禪進道	洞明九部、博曉四含	善解三藏、尤精雜心
誦經	誦持毗婆沙	誦經		誦經百餘萬言	行道諷誦、日夜不輟
外學			遍學梵書、備解天竺諸國音字詁訓		
戒律		戒操高明		深達律品	有戒德
禪學		納衣宴坐、坐禪、諮受禪法	業禪	妙入禪要	
著作			有遊記	有遺文偈頌	
建寺造像				立禪室、畫羅漢像	修塔
持咒				咒水洗王傷足痊癒	
苦行					
乞食		分衛自資			
作齋禮懺					
素食		蔬食永歲		勸母素食	
佈施		隨受隨施			

行　為	31	32	33	34	35
譯經造經	譯經	譯經	譯經	譯經	譯經（譯經）
遊方	來華、好遊方	西遊	來華（來華）*2	來華（來華）	來華（來華）
教導	遊方宣化、學徒濟濟、教禪、禪業甚盛		傳化諸國、弘道、禪學成群	宣講、講華嚴	南海商人多宗之
佛理	博貫群經		善誦阿毗曇、三藏兼明	博通三藏（曉經律）	諳究大小乘

	1	2	3	4	5
誦經		諷誦以夜繼日		讀誦	勤於諷誦
外學				幼學五明、博天文書算、醫方咒術、備領宋言	兼學外典、明解陰陽、占時驗事
戒律		勵行清白	博涉律部		
禪學	特深禪法		以禪門專業（坐禪、禪學深明）（宴坐林下）	（坐禪）	
著作		有遊記			
建寺造像	立精舍、修寺、建定林上寺、圖神像於壁、立禪閣		（造立精舍）	起寺	施受多營法建寺
持咒				密誦咒經	燒香咒願鬼去（善能神咒）
乞食			（乞食）		
作齋禮懺				懇到禮懺	
素食				蔬食終身	
佈施				分食飛鳥	

（二）義解科

行　為	1	2	3	4	5
佛理	專務經典	披味小品，以為心要	論辯佛理	長通佛義、創格義（辯格義）（祖述先師）	研尋經論（思學有功）
教導	講道行經	講放光經、高論適時	偏加講說、名僧勝達，響附成群、尚學之徒，往還填委（善為往復、清談）	衣冠士子，咸附諮稟（以訓門徒）、僧眾百餘、講說訓誘無懈、討論經義	門徒數百、講法相係
著作			（有著作）（有著作）		
外學	博究眾音，善梵漢之語			少善外學、講說外典佛經	
戒律					善戒節
建寺造像			立寺	立寺	刻師像朝夕禮事

遊方	西取經				西遊
禪學					特善禪數，每入定數日不起、鑿穴宴坐
素食					
譯經造經	（譯經）				
誦經			誦放光、道行、持心梵經		
乞食			乞食自資、分衛		

行　為	6	7	8	9	10
佛理		崇本務學、暢方等（尤善放光）（博通眾典）（義學之功）	深思道行（慧解致聞）	研諷經典、求法問道（義解馳聲）	善放光、法華、論佛理（論佛理）
教導	立寺延學，忘身爲道，誨而不倦	講法華大品，觀風味道者，常數盈五百，悠遊講習三十餘載（24便能講説）	至講肆，善標宗會，章句或有所遺、講維摩、般若、僧眾百餘，常隨稟學		（講放光）
著作			有著作		
外學		釋老莊（以草隸知名）			通醫法
戒律					
建寺造像	立寺	（立寺）	立寺		修寺
遊方				西遊	
禪學			宴坐山門，遊心禪苑		
素食			蔬食終身		
譯經造經		（寫眾經）			
誦經				研諷經典	
乞食					

行　為	11	12	13	14	15
佛理	學業高明、內外該覽	篤志經記、尤長法華（以學行顯）	遊刃眾典、尤善法華	專精佛法、披味群經（行解兼著）	備訪經律
教導		化洽湘土、學者競湊	大開講席、受業弟子百餘		開講，徒眾數百、制僧法
著作		有著作		有著作（注經）	有著作
外學	善方藥、美書札、動諳殊俗、內外該覽、善談論				外涉群書、善為文章、識古篆、多聞
戒律		以戒節見稱			齋戒無闕
建寺造像					立寺塔、造佛像
遊方	西遊				遊方問道
禪學					
苦行					
素食					
做齋禮懺					
譯經造經					助譯

行　為	16	17	18	19	20
佛理	標明論綱	遊方問道（妙通大乘、兼善數論）	論辯佛理（博通經義）	學通經論、共道披文屬思，新悟尤多（有慧解）	學通諸論、兼善經法、研精辯析、洞盡幽微
教導	講說、解悟疑滯	專當講說、孜孜訓誘、勞不告倦	開講之日，黑白觀聽、士女成群	講道弘化	為刺史戒師
著作		（有著作）	有著作		
外學			（善老易）		
戒律					少持戒行
建寺造像		立精舍	修寺		
遊方		遊方問道			
禪學				遊想巖壑，得志禪慧	
苦行				勵行精苦	
素食		蔬食			單蔬自節
做齋禮懺	繞佛禮拜後而卒				禮懺翹懃
譯經造經	詳定新經、參正文義				

行　為	21	22	23	24	25
佛理	學通眾經、善放光、道行	學通三藏（學業甚著、善十住）	悟解非常	專務佛理	善放光經
教導	盛開講席		講說眾經、受業四百、辛勤訓眾	未及立年，便能講說、法輪一轉，則黑白奔波	講大品
著作	有著作	注經		有著作	
外學			篤志墳素	學兼經史	以莊老三玄徵應佛理
戒律		少以律行見稱			
建寺造像		建寺、修寺		圖寫安形	
遊方					
禪學					每潛思入禪，輒七日不起
苦行					
作齋禮懺			行香	存念禮拜	
譯經造經					
誦經					
佈施		受施而分施他人			

行　為	26	27	28	29	30
佛理	博通三藏	吟詠法華、無量壽	博通內外		內通佛理
教導		有眾則講	講傾都邑、僧尼依附（尤善席上－）	尅己導物，苦身率眾、講說新經	24便講說、率眾行道、講法華
著作					有著作
外學	遊心墳典		博通內外（以篇牘著稱）		博綜六經、尤善莊老、論易、不廢俗書
戒律			律行清嚴	奉持戒行	
建寺造像		立大殿（造像）	造金鍱千像		創精舍、築龕畫像
遊方				東遊吳越、囑地宏通	

禪學					
苦行				苦身率眾	
作齋禮懺	常日禮五百拜佛	齋懺			建齋
譯經造經				書寫新經	請翻譯
誦經	誦經五十餘萬言	獨處則誦			
佈施					

行　　為	31	32	33	34	35
佛理	遍學眾經、遊刃三藏、（內外多解）	耽好經典	大小諸經……皆遊鍊心抱，貫其深要		內外經書，多所綜涉
教導	講法華毘曇、大弘佛法（僧正）	善於講說	出邑開講、歷當元匠	講說眾經、善能開化愚矇，拔邪歸正	志尙弘法、爲遠公羅什傳信、爲山神說法授戒
著作					
外學	善文史、巧才製（內外多解）		通世典書數		內外經書，多所綜涉
戒律				善戒行	
建寺造像				作畫像、助鑄佛像	立茅宇
遊方	至蜀傳化				
禪學		居茅屋禪思		兼習禪業、通夜坐禪	澄思禪門
苦行		厲行精苦、清心剋己（苦節）			
素食		蔬食			
譯經造經					

行　　為	36	37	38	39	40
佛理	（解經律）（義學致譽）（義解深明）	通三藏（禪慧兼修）	內外經書，闇遊心府		博通經論
教導	講說、講道終日（匡拯眾事）	匡振佛法、僧主、講說經律，勗眾無倦（悅眾）	講新法華、講說相續，門徒數百、與婆羅門辯論、慇勤善誘，畢命弘法	講正法華、光讚波若、法輪一轉，輒道俗千數	處處講說、講成實論、弘贊經法

著作	有著作（有著作）		有著作	有著作	有著作
外學		通六經	內外經書，闇遊心府		
戒律	（戒行清高）	律行清謹			
建寺造像					
遊方					
禪學	（禪思深入）	（禪慧兼修）			日夜修習菩薩禪，遂精鍊五門、善入六淨
苦行					
素食	（蔬食）				
譯經造經				助譯	參正翻經

行　為	41	42	43	44	45
佛理	遊刃佛理	學善方等、兼通三藏	幽棲廬山、鑽仰群經、斟酌雜論、創新說（學兼內外）（善眾經）	經義無不通達	精練佛理、修治大涅槃經（善成實與大小品）
教導		善談說、承機挫銳	年在志學便登講座、山中僧眾咸共敬服	講說眾經、爲彭城王師	與帝論道義理
著作	有著作（有著作）	有著作	有著作（有著作）	有著作	有著作
外學	學該內外	歷觀經史、備盡墳籍、每以莊老爲心要	（兼工草隸）（學兼內外）	音義詁訓、殊方異義，無不必曉	博曉詩書
戒律				執節清峻	
遊方			萬里隨法不憚疲苦	常遊方而學、遊歷諸國、西遊	
禪學	味禪				
素食	蔬食		（蔬食）		
譯經造經	助詳定譯經	助定經論			
誦經					

行　為	46	47	48	49	50
佛理	妙善佛理（專精義學）（善大小品雜心）	備通經義（善三論）	眾經數論，靡不通達（善諸經）		
教導	教荊楚之民迴邪歸正、求法問道者日不空筵	勸佈施	東安寺開講、寺任（宋武常與論談）	訓誘經戒、大化江表、講說	每法輪一轉、海內學賓必集
著作	有著作（注經）		（有著作）		注維摩、思益、有著作
外學	以博見馳名、探究老莊、賦詩文旨清婉		（善老莊、長於製作）		
戒律	精十誦（節己）		少持律檢		
遊方	遊方受業			遊歷名邦、備觀風化	
禪學					
素食	（蔬食）				
譯經造經				預參譯	
誦經					誦法華、小品

行　為	51	52	53	54	55
佛理	（精通數論）	精鍊三藏	學究群經、兼善數論	學通經義	慧業愈深
教導	開講眾經、為六劫說法勸念觀音（僧主）	北土學者宗之、鋪筵大講、化洽江南、率眾翹勤、講授不廢	遊方宣化	學徒雲聚	講涅槃、大品、受業兩百餘人
著作					有著作
外學		遍學外典			
戒律			律行精苦	以專戒見稱	
建寺造像		造丈六金像、人中金像			
遊方			遊方宣化		
禪學		禪禮無輟			
苦行		看尋苦至，乃失明		精苦	

素食			蔬食	蔬食	
作齋禮懺	建三七普賢齋懺、常禮數百拜佛	禪禮無輟			
譯經造經					
誦經	日誦萬餘言			誦經四十餘萬言	
佈施		好檀施、周贍貧乏		以杖施外國僧	

行　為	56	57	58	59	60
佛理	長通佛義、數論兼明、尤善大涅槃（學解有功）	遍學眾經、尤精波若（善涅槃數論）	遊覽經籍	禪律經論、達自心抱（善成實）	研綜經律、雅善涅槃（學兼內外）
教導	講說不輟、勗眾清謹	講小品、辭旨明析	講禮易春秋、法華大品維摩	常講說經論、受業千有餘人、講維摩（當世名匠）	講說、僧主、勗眾清謹、白黑皈依（爲戒師）、化行巴蜀
著作	有著作（有著作）		有著作	有著作	
外學	篤志經史、天文算數	一賦一詠，落筆成章、攀松而嘯	講禮易春秋、善屬文翰		（學兼內外）
戒律				禪律經論、達自心抱	研綜經律（戒德高）
建寺造像				立寺	立寺、鐫像於崖
遊方					
禪學				禪律經論、達自心抱	
苦行				貧無油燭，採薪自照	（苦節）
素食					蔬食數十年（蔬食）
作齋禮懺				難死者爲其設會行香	
譯經造經				什公譯經，並參議詳定	
誦經					（誦經）
佈施				接濟逃難的沙門	

行　為	61	62	63	64	65
佛理	兼解內外、偏善涅槃	波若、數論、諸經律，皆所遊刃（博涉經論）	（善大涅槃經）（善諸經及數論）	內外經書，皆闇遊心曲（善涅槃）	善大乘經、兼明數論（善三論）（善涅槃、毘曇）（兼明數論）
教導	以弘法為務		講說導眾、化陶嶺外、盛開法席	講說法華、成實	僧主、累當講任、精勤導物
著作	有著作	有著作（有著作）	有著作	有著作	
外學	兼解內外			內外經書，皆闇遊心曲	少好琴書
建寺造像					
遊方	處處般遊	遊踐三十國、觀風味道			
苦行	居貧履操、屬行精苦		（苦節）		
佈施					

行　為	66	67	68	69	70
佛理	融冶百家、陶貫諸部（學業才力、見重一時）	講法華、大小品、十地、學徒雲聚、為法主		遊學內典、博涉三藏（善三藏）（精通大小乘）	通三藏九部、大小數論、最善成實（義學之譽）
教導	開筵講說		大闡經論、為門師、專當法匠、化洽三吳（少善席上）	為王戒師、僧主（僧主）	大化江西、學人成列、開講席、為寺綱領、開講成實
著作	（有著作）（有著作）	有著作	有著作		
外學				少善老莊詩禮（善春秋莊老易）	
建寺造像		立寺		性不蓄金、皆充福業、起寺	營造寺廟
遊方	振錫挾衣、殊邦問道				遊歷燕趙、備矚風化
苦行			（晚忽苦節過人）		
佈施					隨有所獲、皆賑施貧乏

行　為	71	72	73	74	75
佛理	大小諸經並加綜採、篤好經典（善法華毗曇）	貫極眾經（善淨名、十地）	（善維摩、法華）（精三論）（善大品涅槃）		專攻佛義，慧解之聲馳名（通數論）（善涅槃、法華）
教導	開暢講說、講大法鼓經、大涅槃（專當法匠）	每歲開講、三吳學者、負笈盈衢	入宮申頓悟義、鎮寺法主	每麈尾一振、軿軒蓋盈衢	
著作		有著作	有著作（有著作）	有著作	
外學		旁通異部（善莊老、工草隸）			
戒律	戒行嚴潔	戒節清白			
素食		蔬苦			
苦行	看尋苦至而年老失明	蔬苦			

行　為	76	77	78	79	80
佛理	備貫眾典、善涅槃、法華、維摩、大品、精成實	善大乘、明數論（以學解見稱、博通眾經、並精內外）（博解眾典）	善成實、三論、涅槃、十地（各善經論）*6	善涅槃、維摩	解經論
教導	大開講席	講說相續、學徒甚盛（尤善席上）	講百論、與帝酬對講說、稟聽成群（迭興講席）*6	僧主、與陸修靜辯論	自開法筵、講法華、十地、聽者盈堂、為寺綱領
著作	有著作			有著作	有著作
外學		（並精內外）		通周易	通莊老
戒律	素以戒範致稱				
素食					
苦行					

行　　為	81	82	83	84	85
佛理	博採群典、特善雜心	解經論、兼數術、篤志大乘、旁尋數論（博通經論）	洞曉經律、善三論	（善經論）	專心義學（以學顯）
教導	講說相續	爲國師、出山講說、爲寺法主（數當講說）	傳講華嚴	講說	25 能講涅槃、法華、十住、淨名、雜心、爲僧主（爲僧主）
著作	有著作	有著作			
外學		外典墳索，頗亦披攬、談孝經、喪服	占記吉凶、靡不誠驗、墳典子氏、多所該涉、世伎雜能、罕不必備		善莊老
戒律			洞曉經律		
建寺造像			畫佛像、建刹立寺	立精舍	
遊方		至各處遊學			
禪學		入廬山守靜味禪、澄思五門、遊心三觀	深入禪要		
苦行					（力精致血疾而終）
素食			蔬食		
做齋禮懺			懺誦、曉夜不輟		
誦經			懺誦、曉夜不輟		
佈施		路見貧寒，輒脫衣爲惠	賙貧濟乏、身無留財		

行　　為	86	87	88	89	90
佛理	（學通經論、聲譽早彰）方等眾經、大小諸部皆洞悉（有學業）	解洞群經、善小品、法華、思益、維摩、金剛波若、勝鬘（學業優深）（遊刃眾經）	18 解通經論	貫通眾典（善於經論）（研精經論）	善大涅槃、勝鬘、維摩（善數論）
教導	過弱冠便登講席	講宣經教、爲僧主、從容講道、訓利禪慧（次第敷講）（掌僧任）（時當講說）	頻講成實、三論	善於清論、講成實	每至講說，聽者千餘、講涅槃、勝鬘、維摩近百遍（講說爲北土所師）

著作	（有著作）	有著作			
外學					
戒律	精勤戒品	（以戒潔見稱）			亟越儀法、得意便行
建寺造像		立精舍、造普賢並六牙白象			造寺居之
遊方		遊歷講肆、備訪眾師			（南遊觀聽）
禪學	委曲禪慧				
苦行	家世貧迫、藜藿不充而篤志彌堅，履窮無改	屬行精苦、學兼昏曉			
素食					
做齋禮懺		設七齋懺			
誦經					
佈施		將所得悉捨為福			

行為	91	92	93	94	95
佛理	（博通內外）	受三論、法華、陶思涅槃等、以法華著名	備綜眾經（學解優之）（善華嚴、三論）	大小兼明、數論精熟、尤善大小涅槃、淨名、波若(善諸經)(特善毗曇)	諮訪經典、受成實論
教導	迄至立年，專當法匠，講涅槃、維摩、十地、成實論	為法匠、聽者七百餘人、屢請講說、講法華252遍	講無量壽經（復綱山寺、凡厥經律，皆能講說、諸義士受業於山）（立年便講）	赴講筵、為僧正	當法匠、講集相繼、學侶成群、荊土僧正
著作	有著作				
外學	（博通內外）			（善外書、工草隸）	
戒律		戒行清嚴			稟承戒訓、履行清潔
建寺造像					
遊方			遊學北土		
禪學					專業禪道
苦行		安苦務學	專以苦節成務（業行清苦）		
做齋禮懺					
誦經				（誦法華）	

行　　為	96	97	98	99	100	101
佛理	大明數論、兼善眾經（並善經論）（以毗曇著名）	陶練眾經、獨步於涅槃、成實	（義學之僧）	遊學三藏、專精方等、尤善大品、法華	三藏方等，並皆綜達、擅步毗曇	方等深經，皆所綜達、獨步小品、淨名（學業清美）
教導	講說爲當時元匠	講說	爲法匠、續講眾經（齊法匠）開章命聚、鋒辯縱橫	講匠	凡碩難堅疑，並爲披釋、每開講負帙千人	講說相仍、學徒成列
著作		有著作	有著作		有著作	有著作
外學	特精外典、爲群儒所憚		（善三玄）			老莊儒墨頗亦披覽
戒律	兼精律部	秉禁無疵、風軌嚴厲、動無失措				（以戒素見稱）（戒行嚴淨）
建寺造像			性不蓄金，皆敬營福業			（興立圖像）
遊方			觀方弘化			
禪學			秉居禪思	坐禪		
苦行		執節清苦		禪懺精苦（苦節、頭陀、宿樹下）		
做齋禮懺				禪懺精苦		
誦經				誦念		

（三）神異科

行　　為	1	2	4	5	6
遊方	來華		周流華戎、靡有常所	來華	
教導	對僧人講佛法，門徒多、勸諫二石		僧請開示		
苦行					多行頭陀，獨宿山野
外學	旁通世論（學通內外）				
持咒	善誦神咒		咒治病		咒治病

戒律	持戒嚴			守戒節
誦經	誦經數百萬言	誦經四十餘萬言		誦經二百萬言
素食		絕穀餌柏實、松脂、石子、薑椒		
禪學		晝夜不臥、禪坐		坐禪
乞食			乞油	
佛理	善解文義,辯論無礙（學通內外）			
佈施		惠施		
建寺造像	立佛寺			
譯經造經				

行　為	7	8	9	10	11
遊方			來華	常居塚間樹下	栖憩無定所
教導	度老人		堅奉為國師、士庶投身接足	專以神力化物、因之事佛者眾	應對機捷、上流洗浴驅魚,使人不得捕魚
苦行				苦行,常居塚間樹下	
外學	（賣卜）	工正書			博達稽古、辯說玄儒、善談莊老,究明論孝
持咒			咒下神龍得雨		
戒律	有戒行				
誦經					
素食			虛靖服氣、不食五穀	蔬食	
禪學					
乞食	不受別請、乞食				
佛理					
佈施					得直隨以施人
建寺造像					
譯經造經		寫大品經十餘本			

行　為	12	13	14	15
遊方		往遼東、高句麗	往龜茲	居無常所、遊化
教導	變出水牛破網，使人不得捕魚、白衣拜爲師	往遼東宣化授戒、爲燾說法，使復佛教		因事言謔，協以勸善
苦行		潛遁山澤、修頭陀之行	執行精苦（貞苦）	
外學				
持咒	行神咒、咒病癒			
戒律	不持齋、飲酒			入酒肆，同人酣飲
誦經				
素食	不持齋、飲酒噉肉			
禪學				
乞食	乞魚			乞細席
佛理				
佈施	施白衣黃金白許萬			
建寺造像				
作齋禮懺				見形象即禮拜流淚

行　為	17	18	19	20
遊方			寢宿無定、遊歷村里	居止無定
教導			歷數盜賊惡行、提醒人家中失火	
苦行		（數歲勤苦）		
外學	特精經史			
持咒				
戒律				
誦經	誦法華經			
素食				
禪學		（行般舟之業）		修習禪業

乞食				
佛理	素有學功			論佛理，辭旨隱沒
佈施				
建寺造像	造栴檀像			
作齋禮懺	齋會、設大會			

（四）習禪科

行 為	1	2	3	4	5
禪學	業禪為務，常獨處山林，數日入禪，亦無飢色	少習禪業，山中安禪，每入定七日不起	習禪定，升巖宴坐（善禪業）	多棲處山谷，修禪定之業	常習禪定為業
誦經	誦經		誦經		
教導	死前陳誡因果，辭甚精析	多人樂禪來學，漸成寺舍	禪學造者十有餘人、為群虎說經		
素食	蔬食				
苦行	頭陀人外，貞苦		少苦行		
戒律	善戒節			戒行澄潔	善律行，纖毫無犯
佛理	陳誡因果				
建寺造像			（造方丈禪龕）		
乞食		入村乞食	乞食		
遊方				遊西域	
持咒					

行 為	6	7	8	9	10
禪學	樂禪	修禪，常處石室中禪定	專精禪律，妙通禪法（以禪業見稱）	坐禪於山中	法門觀行，多所游刃
誦經	誦經三十萬	常處石室中誦法華、維摩、金光明			誦增一阿含經
教導			為山僧說法，山學百餘人	（出山弘佛法）	

行　為					
素食	蔬食	蔬食			蔬食
苦行		頭陀山谷		頭陀山中	
戒律			專精禪律		
佛理					
建寺造像				（修復故寺）	
乞食					
遊方					
持咒					持咒

行　為	11	12	13	14	15
禪學	獨處山坐禪	隱居山中、精修五們	隱居巖穴，習禪爲務	以寂觀見稱	習禪，十住觀門，所得已九（以禪業顯焉）
誦經	誦經三十餘萬言	禮誦無輟	誦寶積經		
教導	死前說法數千章		夏坐講律，復弘禪法	授戒法、京邑禪僧皆隨受業	
素食	蔬食	不服五穀，惟餌棗栗	不餌五穀，惟食松脂		
苦行					
戒律			夏坐講律		
佛理	誡以生死因果	與隱士論道	學通經律		
建寺造像					
乞食					
遊方				曾遊西域	
持咒					
犧牲					
佈施					

行　為	16	17	18	19	20	21
禪學	專精禪業，常坐不臥	獨處一房，習靖業禪，善入出住	樹下坐禪或經日不起	專志禪那（並禪業）	入禪累日不起	隱居山中、棲心禪誦
誦經			誦大小品、法華	誦法華、首楞嚴		棲心禪誦
教導	寺主，訓眾有法			說法訓賊，教禪	弘讚禪道	
素食			不食梗米，常資麥飯，日一食		蔬食	
苦行			頭陀山澤			畢命枯槁
戒律						
佛理						
建寺造像			剪迳開山，造立房室			雇人開剪立佛堂，造臥佛、猷公像
乞食	常行分衛，不受別請及僧食					
遊方						
持咒	時行神咒					
犧牲	每夕脫衣露坐以飴蚊虻					
佈施	乞食所得，常減分以施蟲鳥					

（五）明律科

行　為	1	2	3	4
戒律	專精律禁，大明十誦	專十誦	尤善十誦、僧祇	尤明十誦，律行無疵
教導	講說相續，陝西律師莫不宗之	居宗秉化，訓誘無輟、三吳學士，輻湊肩聯（數當講說）	大開律席	為僧正悅眾，道俗皈依
著作	有			有
佛理		博涉眾典	研精經論	總銳眾經

素食	蔬食		蔬食	
誦經				
禪學		屬意禪門，每一端坐，就有異香		
做齋禮懺				
苦行			苦行	
建寺造像				
譯經造經				
外學				兼善史籍，頗製文藻

行　為	5	6	7	8
戒律	少有戒行，善於毗尼（亦善十誦）	妙通十誦、深解律要（善十誦）	少善律學	偏善僧祇（精尋律教）
教導	弘通律藏	弘通	勤誨門人，不改爲之流涕	講席頻仍，學徒甚盛（講摩訶僧祇律）
著作	有			
佛理		備窮經律（善雜心毗曇）		
素食		長齋蔬食		蔬素
誦經		誦法華維摩		誦法華、金光明
禪學		學盡禪門		習禪
做齋禮懺			燒香禮佛，煙直入佛頂	
苦行				（屬身苦節）
建寺造像				
譯經造經				
外學				

行　為	9	10	11	12	13
戒律	尤長律品	以律藏知名（善諸部毗尼）	專好戒品，研心十誦，諸部毗尼，洞盡心曲	專精律部，大明十誦（善毗尼）	大精律部，
教導	不憚艱苦，講律明戒，更申受法（善十誦、四分、律例）	僧正，時開律席	益部僧尼，無不宗奉	開講十誦，寺主，講律，僧眾數百	講律，試簡五眾，申受戒之法

著作	（有）	有		有	有
佛理	學通三藏	博涉經論			
素食	蔬素				
誦經			誦無量壽、觀經	誦小品	
禪學		習定閑房			
做齋禮懺			祈心安養，禮懺不息		建無遮大集捨身齋
苦行					
建寺造像		以信施造經像藥藏			信施治寺參予造像
譯經造經		以信施造經像藥藏			造經藏
外學					

（六）亡身科

行　為	1	2	3	4	5
犧牲	爲不傷鴨而絕水不飲卒	見老人孤苦，捨戒爲奴，至老人卒；以身餵虎，息虎災	施身與飢者食	自殘身體以換被劫小兒	燒身供養
誦經	誦經		精苦習誦（誦法華、勝鬘、金剛般若）		卒時誦捨身品
苦行	清貧守節		（節行）	少孤居貧，採薪爲燭，以照讀書	（立行精苦，修頭陀之業）
素食	蔬食、飲仙水不飢故絕粒		（蔬食）		
建寺造像	於山中立茅室				
戒律			（善十誦律）		
教導			（篤屬門人）		
做齋禮懺			（常懺悔爲業）		
外學				備盡經史	

行　　為	6	7	8	9	10	11
犧牲	燒身	燒身	燒身	先捨三指，後燒身	燒身（燒身供養）	燒身
誦經	卒時誦藥王本事品	卒時誦藥王品	卒時誦藥王品		卒前誦經	誦無量壽、觀經
苦行	苦行標節		精勤苦行		苦行頭陀	
素食	蔬食		依次斷粒、麻麥、蘇油，惟服香丸	漸絕糧粒，惟服香油	絕五穀，惟餌松葉，後服松膏、飲油	
建寺造像		建精舍		造淨名像		
戒律						少修戒行專精律部
教導						
做齋禮懺						
外學						

（七）誦經科

行　　為	1	2	3	4	5
誦經	誦正法華一日一遍	誦經十餘萬言	善誦古維摩經	誦法華、常於山中誦經	誦法華、維摩
素食	蔬食				蔬苦六時
苦行		山居精苦（苦行）	苦行	苦行	蔬苦六時
教導	為人解說			寺主	昇台諷詠，歸戒者有三千多人
戒律					
禪學				習禪定	
作齋禮懺					
佈施		施財於貧民			
佛理	精達經旨				
持咒		（善神咒）			
建寺造像			為寺買木		建法華精舍
乞食					分衛自資
犧牲					

行　為	6	7	8	9	10
誦經	素誦法華	誦法華、十地、思益、維摩	以懺誦爲業、誦法華、維摩	誦大涅槃、法華、淨名	誦法華、十地
素食			蔬食		少以蔬食自業
苦行				少以苦節標名	
教導					
戒律		清潔有戒行			
禪學	進修禪業、中夜入禪				
作齋禮懺	頻作普賢齋				
佈施					
佛理		學通經律			
持咒			善神咒		
建寺造像					
乞食					
犧牲					

行　為	11	12	13	14	15
誦經	誦經三十餘萬言	誦大品、法華	誦法華（誦法華、金光明）	誦法華	誦法華、大涅槃、十地（誦經）
素食	餌菽麥（唯餌豆參）	蔬食	蔬食（蔬食）		
苦行	少苦行殊倫			貞苦	
教導	（總綱寺任）	爲寺主		訓勖禪戒，門人成列	
戒律				有戒節	
禪學				習禪定	習禪業、精於五門
作齋禮懺				精勤禮懺，六時不輟	
佈施	將所得分與貧病				以救苦爲先
佛理		學通諸經			
持咒		持咒			

建寺造像					
乞食					
譯經造經	身餵蚤虱		造法華百部		
遊方					

行　為	16	17	18	19	20	21
誦經	誦經三十萬	畢命山中，誦法華、金剛般若（誦經十餘萬）	隱山中，誦法華（誦經）	誦法華、金光明、維摩（誦法華、維摩、首楞嚴）	少誦大品、常誦波若（誦經）	誦淨名經
素食		蔬苦	蔬食（蔬食）	魚肉葷辛未嘗近齒（蔬苦）	不吃葷鮮炙	
苦行		蔬苦	秉志精苦（苦節）	（蔬苦）		
教導	爲訪者說法訓獎，請戒者眾				獎化忘倦、說法提誘（吳僧正）	
戒律	好律學		律行冰嚴		戒範精明	有戒行
禪學				於石室中安禪	精修三昧、曉夜習定	
作齋禮懺		禮千佛，凡一百五十餘萬拜		禮懺	六時禮懺，必爲眾先	
佈施	好佈施，隨獲利養皆以施人					
佛理						善涅槃、法華
持咒						
建寺造像				創石室		
乞食					乞食	
譯經造經						
遊方				遊方觀化		

（八）興福科

行　為	1	2	3	4	5
建寺造像	修立龕砌，精勤福業、豎一剎放舍利	立寺	立瓦官寺	立寺、修寺，常修福業	立寺，好修福業
戒律		（有戒節）			
苦行		（精苦）	蔬苦、頭陀	苦行	
素食		飱蔬（惟餌松柏）	蔬苦	蔬食	
教導		勸化福事，以爲恆業			
佛理					
誦經		誦經			
禪學		習禪			
乞食			乞食		
遊方					
作齋禮懺	以禮懺爲先，至塔寺石像禮拜				

行　為	6	7	8	9	10
建寺造像	立法華精舍（立精舍、供養眾僧）	造丈六金像	鑄像	起五十三寺，好營福業	常以福業爲務，興立塔像、立寺
戒律	（捨具足，專精十戒）		少以戒行著名		精於戒節
苦行	苦節	苦行			
素食	蔬素				
教導					僧尼諮稟，爲僧主
佛理	參涉經律數論				博通經論，義學不得全功
誦經	誦法華一部				
禪學					
乞食					
遊方					
作齋禮懺					

行　為	11	12	13	14
建寺造像	修古寺、立寺，	修寺	造十丈石佛未成	造丈八無量壽佛
戒律	棲心禪戒，未嘗虧節	律行精純（律禁清白）	戒行嚴淨	戒素沙門
苦行			常苦節	
素食				戒素沙門
教導	勸化福事	爲僧主，汰簡二眾（爲戒師）		僧主，四部所歸
佛理		博通經律		
誦經				
禪學	入禪			
乞食				
遊方		西遊得佛牙、舍利、佛像等		
作齋禮懺				

（九）經師科

行　為	1	2	3	4	5
轉讀梵唄	少樂轉讀、經聲徹里許，哀婉通神九十仍聲不變	特秉妙聲，善於轉讀、梵轉清靡，四飛卻轉、反折還唭	響韻清雅	以音聲著稱、響調優游，和雅哀亮（善三本等）（爲梵唄）	特秉自然之聲，偏好轉讀、發響含奇，製無定准，條章折句，綺麗分明
教導	遠近悉來觀聽	授五戒、爲師	（赴將軍府轉讀）		
外學				善尺牘雜技	博涉經典
製新聲		裁製新聲			
素食		蔬食		（長齋）	
誦經	誦經數十萬言				誦經數萬言
佛理					
苦行		清苦			
佈施					
戒律	（戒行清高）				
著作					
建寺造像					

行　為	6	7	8	9	10	11
轉讀梵唄	尤長轉讀、聲至清而爽快（甚豐聲而高調）	巧於轉讀、有無窮聲韻（富聲哀婉）	雅好轉讀，有高亮之聲、音調清澈，寫送有餘（薄能轉讀）	哀婉折衷，獨步齊初	學轉讀，音調工，晚出群（微善轉讀）	愛好音聲、哀婉細妙
教導	八關齋中唱梵			至文宣府作聲、學者宗之	巴漢懷音者，皆崇其聲範	教梵拜
外學	博學多聞	篤好玄儒、善談老莊、工正書	能談老莊、綜涉經論書史			
製新聲		梵製新奇		製梵唄		製梵唄
素食						
誦經						
佛理		遊心佛義		少好讀經		
苦行						
佈施		佈施題經				
戒律						
著作		注十地				
建寺造像					製銅鐘	

（十）唱導科

行　為	1	2	3	4	5
唱導	以宣唱為業、音吐嘹亮、洗悟塵心，指事適時，言不孤發，獨步宋初	天然獨絕、辭吐流便，足騰遠理	善唱導、出語成章，臨時採博，罄無不妙	唱說之功，獨步當世、辯口適時，應變無盡（善唱說、哀亮有序）	習唱
教導	於皇宮宣唱、授五戒、為門師	以善誘為先、富貴皆赴、精勤化導	京邑都維那	為孝武唱導、帝況愴良久，賞異彌深	為宋明帝唱導、道俗傾仰、帝稱善，賜三衣瓶鉢
外學	少善尺牘、兼博經史、披覽群典		覽經論、涉書史、眾技多閑	少而好學，博通眾典、唱導引用尚書	嗜五經詩賦、算數卜筮，無不貫解
素食					
戒律		謹於戒行			

佛理					聽諸經論，一聞便達，與義季共談佛法
誦經		誦經十餘萬言			
著作				有《京師塔寺記》	
製新聲				（製新聲）	製懺文
苦行					
持咒					
佈施					
建寺造像					

行　為	6	7	8	9	10
唱導	每赴齋會說法	言無預撰，發響成製（善唱說）	齋會時自爲唱導、專當唱說、言不經營、應時若瀉（敦其業）	善唱導、無事宮商，言語訛雜，唯以適機爲要	善唱導、有邁終古、領悟自然（高韻華言，非忝前例、祖述宣唱*3）
教導	爲齋會大眾說法、中丞以爲師、授戒、梁楚之間，悉奉其化	勸人改惡修善、爲導師	爲齋會大眾唱導、凡預聞者，皆留連信宿，增其懇詣	爲帝師、王侯妃主四遠士庶，皆從受戒	不拘貴賤，有請必行
外學	與袁愍孫論老莊儒墨之要			世間雜技耆爻占相，皆備盡其妙	
素食		蔬食	長齋菜食	菜食	
戒律	持戒嚴			棲心禪戒，未嘗虧節	
佛理	與御史中丞袁愍孫論佛法				義學功淺
誦經		讀誦			
著作	有〈訓誡遺文〉				
製新聲					
苦行	苦行精峻				
持咒	善神咒				
佈施				餵魚鳥、佈施、施囚	
建寺造像					常興福業、立寺

二、十科僧人稟賦、感應、神通整理表

慧皎《高僧傳》除了描述僧人的修行與傳教行為外，尚對其天生稟賦與外在形貌稍加描繪，並常添寫僧人因修行有成而得之神通與外來之感應，使讀者眼睛為之一亮。從其「稟賦形貌」的描繪，可以大略了解各科的形象，及慧皎想塑造的各種典範；從「神通」、「感應」的述說，可以了解慧皎（也反映了一些民眾）心目中僧人的形象，故今先將傳文相關內容依科別整理如下（表4-2），若某僧三者皆無，則省略不標出，以省篇幅：

表4-2：（一）譯經科

行　為	1	2	3	4	5
稟賦形貌	善風儀		幼以孝行見稱，志業聰敏，剋意好學、才悟機敏	操性純深，性度開敏（綺年穎悟，敏而好學）	幼而才悟，質像過人（才明有深解）
感應					
神通		知前時事	自識緣業、多有神跡、度蛇神		

行　為	6	8	9	10	11
稟賦形貌	為人弘雅，有識量，篤志好學	過目則能、天性純懿、篤志好學	才思俊徹、敏朗絕倫	天姿高朗，風神超邁、性高簡	毅然有淵懿之量
感應	燒香禮請，果獲舍利	使枯竭之泉再湧			
神通			預知死期		

行　為	12	13	14	15	16
稟賦形貌	聰慧夙成（情度敏達、性好識諫）	為人俊朗有深鑒、儀止溫恭、從容機警、善於談笑	志業清堅、外和內朗、有通敏之鑒	少而好學，長而氣幹高爽、雅有神慧、明悟出群	為性率達、不屬小檢、神情朗徹、傲岸出群、篤性仁厚
感應				坐禪時見五六沙門來入其室，又見沙門飛來樹端	卒時焚屍，唯舌不灰
神通					預知未來

行　為	19	20	21	22	23
稟賦形貌	沉靖有志力、養德好閑、棄諠離俗	美儀止、善談笑	聰敏、儀範率素，不同華俗、志韻清遠、雅有淵致	聰敏出群	至性過人、志行明敏、儀軌整肅
感應				空中有聲警告勿以經枕之	誦經而獅子不傷、遇迦葉、念觀音而船遇暴雨不傷
神通		咒藥水洗足，弟子可行百里	至兜率敬彌勒、神變、預知未來	咒石出水、驅鬼、預知死期	

行　為	24	26	27	28	29
稟賦形貌		履操明直、聰悟出群	性愛虛靖、志避宣塵、清素寡欲、稟性沖退	志韻剛絜、不偶於世、少以方直純素為名，好幽居	機見俊達、深有遠度、仁愛汎眾、崇德務善、神府自然、妙辯天絕
感應	念觀世音經，獅子、野牛散而不傷之		鬼避之、屍向聖墓才飄然若舉		卒時有一若龍蛇之物直衝上天
神通					雨泥不沾、行速、伏虎、坐處華彩更鮮

行　為	30	31	32	33	34	35
稟賦形貌	清峻、器宇宏肅	神明澄正、見法事欣躍、沉邃有慧解、儀軌詳正	秉性端明、勵行清白	性剛直、寡嗜欲	慈和恭恪、神情朗徹	聰慧強記、威儀端肅、為人弘厚（儀貌謹潔、善於談對）
感應		迦毗羅神衛送、祈獲舍利、神告王有大福德人至及去，即其人也。		（坐禪時群鳥銜果授之）	誦咒經禮懺而得雨、求觀音而夢換頭，且起備領宋言、唸觀音得童子助渡河免溺、燒香咒願，眾鬼離去、誦經密咒祈得雨、臨終見天華聖像	

神通				（預知吉凶、知人過往、咒得失竊之唾壺）	

（二）義解科

行　為	1	2	3	4	6
稟賦形貌	志業方直、勸沮不能移其操、少懷遠悟	少以風姿見眾、神采卓犖	容止詳正、志業弘深（有才思）（聰哲有譽）	凝正有器度、風采灑落、善於樞機	神悟超絕、懸鑑過人、清眞有志氣
感應	投經火中不燃、屍焚不毀				
神通					

行　為	7	8	9	10	12
稟賦形貌	剪削浮華、風姿容貌堂堂如也、恆著屐至殿內（志業強正）（幼有才藻）	幼有神理、聰明秀徹	風神秀逸（洽見）（才華）	（情悟有樞辯）	敏而好學
感應		師亡後現形示之	伏虎、山中神祇常來受法		山精請戒捨山
神通					

行　為	13	15	16	17	18
稟賦形貌		神智聰敏、形貌甚醜、篤性精進	恭讓	志耽人外	風姿可觀、含吐蘊藉、辭若蘭芳（風流趣好）
感應	念觀音病癒			伏虎	
神通				預知	

行　為	19	20	22	23	24
稟賦形貌	性純素、有殊操	執志貞苦		弱年好學、任性誇誕、旁若無人	志業高素、以恭雅見重
感應		臨終時妙香滿室	感得舍利、請求誠應而得阿育王像		
神通					

行　為	25	26	27	28	29
稟賦形貌	性澄靖	居貧務學	棲風立操、卓爾殊群、履素安業、志行淵深	貞正（性率素、好丘壑、一吟一詠、有濠上之風）（聰慧素成）	志操確然
感應		疾篤誦彌勒名不輟、光照身而卒	祈誠禮懺而師病癒、齋懺而災星滅		
神通			善神咒、祈民病多癒、咒水至		

行　為	30	31	32	34	35
稟賦形貌	性度弘博、風覽朗拔、神韻]嚴肅	沖默有遠量、風神俊爽、常躡草屩、納衣半脛（幼有才思、業行清敏、神悟天發）	貞素自然、言常含笑、語不傷物、納衣草屩、執杖提鉢、神氣自若		雄武過人
感應	杖扣地得水、讀海龍王經得雨		伏虎	伏虎	山神求受戒
神通			（通靈、能降服鬼物）		

行　為	36	38	39	40	41
稟賦形貌	幼有才思、精勤務學（尤長巧思、發明計時器、做木鳶）（有德性）（清雅有風則）	才能英絕、性不狎諂	性虛靖、不甚交遊而安貧志學、舉止詳審、過似淹遲而神氣駿捷、志與形反	謙虛內敏、善攝威儀	篤好經典、學兼宵夜、才思清敏（雅有才力）
感應					
神通					

行　為	42	43	44	45	46
稟賦形貌	愛好玄微、才思幽微	幼而穎悟、聰哲若神、俊思奇拔、辭清珠玉、性度機警、神氣清穆、神悟、徹悟言外	篤學彌至	（幼有神理）	風神秀雅、思入玄微
感應					
神通					

行　為	47	48	49	50	51
稟賦形貌	風神秀舉、志業強正	潛光隱德（排諧、好語笑、爲性教誕、頗自矜伐）	性度虛簡、儀止方直、愛日惜力、靖有深思	容貌甚黑、識悟清遠、至性虛通、澄審有思力	少有志節
感應	爲宋武至山中尋得瑞物				有白鵠黃衣四人來，忽不見
神通					

行　為	52	53	54	55	56
稟賦形貌	清確自守、策厲彌精		善說	履業清正、神悟絕倫、精往復	幼而好學
感應	病見所造之像及諸天童子來侍病	卒時身體柔軟、香潔倍常（臨終祥瑞）			
神通					預知死期

行　為	58	59	60	61	62
稟賦形貌	學不從師，悟自天發、過目斯記、性愛林泉，閑居澗飲	氣幹雄勇、神機秀發、行止方雅、舉動無忤	尤善談吐	風姿秀整、容止可觀、年過知命、志節彌堅	弱年慕道、篤志經籍
感應			念觀音，雲霧覆身，盜賊失之、苦節通感		
神通	記前世事				

行　為	63	65	66	67	68
稟賦形貌	神悟超絕、容止可觀、性剛忤物遂顯於眾	少好琴書侍親以孝聞（末年僻執）		少有清譽	至孝過人輕財好施
感應	苦節通靈、夜有非人送湯，服之疾癒	（臨終之日，舌本先爛）	夜夢神人告之應遊方		
神通					

行　為	70	71	72	74	75
稟賦形貌	力精勤學	篤志精勤、幼而敦學、神性和敏（執性剛敏，論者少之）	少而好學	少而神情爽發、俊氣虛玄	少好讀書、風姿宏偉、腰帶十圍、神氣清遠、含吐灑落
感應					
神通					

行　為	76	77	79	80	81
稟賦形貌	少而敬慎威儀、神情敏悟、鑒徹過人	風軌可欣（少而頭白、性剛忤物）	幼而出家務學	少有志力、善能問難（聰哲有思力）	幼而崇理好學、形長八尺、天姿瓌雅、談吐若流
感應					
神通					

行　為	82	83	84	85	86
稟賦形貌	幼兒闊達、倜儻殊群（幸甚剛梗、不偶人俗）		幼而樂道、言論清暢、風容秀整	（素有高譽）、性強記、文句辯析、宣暢如流、風韻秀然（志素貞正）	少而耿潔、有出塵之操（貞正）（弱年英邁、幼著高名）
感應					
神通		舒手出香、掌中流水			

行　為	87	88	89	90	91
稟賦形貌	幼而神情俊逸、機悟過人、性烈而能溫、氣清且穆（風姿瓌雅、德行清嚴）（沉審有器局）	治學無倦、清鑒倫通、超然孤拔（一代英哲）	少而居貧、學無師友、卓然自悟、凝心佛法、思徹詮表	妙辯不窮、應變無方、而任性放蕩	（幼而爽拔、多所參之）精神秀出、神色自若、序瀉無遺（當時名流）
感應	嘗夢普賢				
神通					

行　為	92	93	94	96	97
稟賦形貌	少而神思沉審、稟性和穆、含恕安忍、喜慍不彰	（爲性廣學、思力普該）（幼而神氣高朗、志學淵深）（清爽俊發、善爲談論）	幼而穎悟、業操彌堅、爲人神彩細密、思入玄微（志業明敏）	少而神情聰敏、志學翹勤	少而聰穎、篤志過人、仁洽篤恕、爲人謙虛恭恪、形器若神
感應		居棲霞精舍，群妖皆息、山神來訪，要求受戒、山神持水與之而苦間			臨終有異香、亦見天蓋者
神通					

行　為	98	99	100	101
稟賦形貌	就業專精、一聞無失、爲人神情爽岸、俊氣雄逸、任率性直	幼而岐穎、聰悟絕倫、履道勤（清信篤志）	爲性愨實、言無華綺而學勤昏曉、未嘗懈息	性聰敏、神情爽發、志用清玄、談吐蘊藉、辭辯高華
感應		卒前有奇人出現、佛像作兩行來、有異香（虎無擾，跪之而去、常有青馬一匹，護其左右）		
神通				

（三）神異科

行　為	1	2	3	4	5
稟賦形貌	清眞務學、身長八尺、風姿詳雅	少懷栖隱	業尙純樸、不表飾言	倜儻神奇、任性忽俗、跡行不恆	
感應		山樹神現異形，不懼、每有神仙來去	伏虎	伏虎	
神通	知前世、未來、醫疾、咒得水、役使鬼神、變出青蓮花、肢解身體、腹洞出光照明、棺中僅存缽杖（知未來、行速）	救眼疾、一日行數百里、不畏寒暑	分身、預知死期、死後現身，棺中唯有衣履	徒步渡河、知前世、咒治病、分身、行速	知古寺址、行速

行　為	6	7	8	9	10
稟賦形貌	性虛玄、善舉厝、美容色	方直	少無恆性、卓越異人、善談吐		
感應			晝夜祈請天神降藥治民，果得		
神通	咒治病、腳壓壁得水出，飲者止渴病癒、火燒屍不毀，平坐愈30年	知前世事、未來、預知死期（言事亦驗、冬夏一服）	（神異通靈）	日行五百里、預言、咒下神龍得雨、棺中僅存殮被	衣被丟入河，仍可收還、行疾如風、預言知往、七日不食，顏色如常

行　為	11	12	13	14	15
稟賦形貌	常著麻衣，或重之為納、身多瘡疥、性調不恆	不修細行、年四十許、帶索襤褸，殆不蔽身、言語出沒、喜怒不均、著屐上床、徒行入市	足白於面	韜光蘊德	恍惚如狂、為人大口、眉目醜拙
感應	蓬萊道人寄書與之		伏虎		
神通		行速、以冰洒浴、乘木杯渡水、變出水牛、分身、知往、知前世、咒病癒、死時頭腳生蓮花、棺剩履（捧寺剎入雲、少食仍肥悅、多夏皆單衣）	足白涉水不沾、刀不傷、預知	從戶鑰可入內、與遠僧同來，遠僧卻聞聲不見形、焚屍日兩眉湧泉直上天	預知、知往、分身、死後現身

行　為	16	17	18	19	20
稟賦形貌	風貌庸率、頗共輕之	為性恭然、少語言、樸然自守、不涉人事	時人見已五六十年，終亦不老、舉止趨爾、無甚威儀	衣服趨爾、寢宿無定	居止無定、飲食無時、髮長數寸、常跣行街巷、執一錫杖、杖頭掛剪刀與鏡，或掛一兩匹帛
感應	天人伎樂香花布滿空中	屍香軟			祈得雨

神通	倒水水不竭、從壁繫出入、入火光三昧	分身	不老、預知知往、徒步渡河、分身（分身、預知）	預言知往、物請人擔卻無重量、人忽不見、預知死期、死後現身	數日不食，無飢容、預言、分身、盛多祖行、吃魚魚仍活、使帝見高帝在地獄中、屍香軟

（四）習禪科

行　為	1	2	3	4	5
稟賦形貌				執志貞確	
感應	見無量壽佛眞容，光照其身，所苦都癒，卒時有殊香	夢山神化虎、蛇形而不懼、後又夢山神奉室、死屍不朽	山神獻山，曾見神僧，祈誠攘災星、死屍不朽、舉體綠色、咒願蟲逃，伏虎	鬼化異形來擾，不懼、天女投懷，不屈	臨亡口出五色光，屍一指不燃
神通					

行　為	6	7	8	9	10
稟賦形貌		德行清謹	聰敏生知、學不加思、神情自若、廣濟爲懷	性高烈、有奇志操、韜光晦跡	
感應	神化異形嚇之，不懼、以山相贈，授神戒	虎兒不傷，死時有香，每夕放光	出生時有異香、光明照壁、磬不擊而鳴、自然有香、欲出山，草木摧折、崩石塞路，咒願乃通		死時異香，並見無量壽佛
神通			以神力令他僧見十方無極世界，死後又現身（其門徒手指出水供漱，得非世花香以獻）、預知未來	火出自燒身，但房不爐	

行　為	11	12	13	15
稟賦形貌		秉性虛靜、年垂百歲，氣力休強		
感應	死時簫鼓香煙自空而至		死時空中紺馬背金棺而逝	死時神光映屍，體香潔
神通	預知死期			

行　為	16	17	20	21
稟賦形貌			型常八尺、容止可觀	
感應	入定見彌勒放光照三途果報、死時平坐繩床，貌悅恆日	兒時見聖僧再空中說法、入火光三昧，見諸色像、卒時體更香潔，有五色煙，殊香	山神來致禮、咒願請雨、獨宿樹下，虎兕不傷	定中見一女神呂姥護衛、時有白猿、白鹿、白蛇、白虎馴服階前
神通		先身業報，頗以明瞭，預知死期		

（五）明律科

行　為	1	2	4	7
稟賦形貌	至性方直	幼而聰悟	（率真有高行）	道行清貞
感應				

行　為	9	11	13
稟賦形貌	性溫謹、少欲		幼入寺禮拜，踴躍樂道，不肯還家、爲性巧思，能目准心計
感應		誦經時輒見一沙門，形貌大，常在琳前、死前見諸聖賢	

（六）亡身科

行　為	2	3	4	5	6
稟賦形貌	少而仁愛，惠及昆蟲	有超邁之德	美姿容，善談論	操心勇猛	（清謹有懿德）
感應		焚屍，唯舌不爛			卒時有星直下煙中又上升、燒身處生梧桐
神通		能預言			

行　為	7	8	9	11
稟賦形貌	業素純粹		生而獨悟	
感應	燒身日天氣由雨轉晴、卒後紫氣騰空，房中生雙梧桐	卒後帝夢其囑以佛法	卒時有一物如龍升天	
神通				卒後現身，身黃金色、乘一金鹿，西行甚急

（七）誦經科

行　為	1	2	3	4	6
稟賦形貌		忽遊縱放蕩，俳優滑稽，或時裸袒干冒朝貴	有德		
感應	夜中神請說法	鳥獸集其左右，馴若家禽、山廟神贈財物（神咒請雨）	船遇風，誦觀音，俄有大船救之，船竟無主	虎來聽經、每次諷詠，輒見四人為侍衛	誦法華並存念觀音而得從暗穴出、不溺、作齋時常見梵僧入坐或騎馬人至、坐禪時有神相見
神通		被毒不死			

行　為	7	8	9	10	11
稟賦形貌		秉性清純			（德業高明）
感應	夜誦，聞闇中有彈指讚嘆聲	誦至勸發品，輒見普賢乘象、誦維摩亦聞空中唱樂、神鬼見之皆奔走	每後夜諷誦，比房常聞莊房有兵仗羽衛之響，實天神來聽	鬼求超渡，為造法華一部並設會，後夢此鬼云已改生	每夜諷詠，輒有殊香異氣
神通		善神咒，救皆癒			

行　為	13	14	15	16
稟賦形貌	少而雄勇、任性遊俠、年四十忽悟心自啓		少而務學、善談論、美風則、精勤標節	少而沉隱有志用，交接上下無喜慍之色
感應	造法華百部而痊癒，卒前空中有聲告之其願得嘗	每旦水瓶自滿，實諸天童子所為、虎不傷、鬼來聽誦經	人來接其卒	

行　為	17	19	20	21
稟賦形貌	幼而神悟孤發、履操深沉	有高節	為人溫恭沖讓、喜慍無色	
感應			虎兕無擾	鬼怪自消、弟子頭陷入肩，祈請後夜有兩梵道人拔出其頭而癒、立聖僧齋，上有人跡

（八）興福科

行　為	1	2	3	4	5
稟賦形貌		為人性善、喜慍無色			
感應	31 暫死，備見地獄苦報、一道人為其前世師，要其出家，朝拜、見塔剎下有光出，掘之得石碑、舍利、爪甲髮、見舊基神光焰發		有一神人將其塔標東移	夢於園中立寺、夢青龍從南方來，果得一木為柱	夜見燈自然前進，原為舊塔基
神通		卒後現身、神色甚暢			

行　為	6	7	8	9
稟賦形貌	少而信悟、早有絕塵之操（避世出家，情愛丘壑）	少而修身整潔		
感應		夢像來安慰，後果免刑	蛇隱，神人出獻銅	祈水水出
神通				

行　為	10	11	12	13
稟賦形貌	志操嚴明		志業強悍、德為物範	
感應	鬼打奴子與沙彌，後山精現形謝過、臨終有香氣	兩童子攜手來歌讚、禪定時有人告知磬繩將斷	文宣夢及他有舍利	見石壁光明煥炳，聞弦管歌讚之聲
神通				

（九）經師科

行　為	1	2	3	5	8	9
稟賦形貌			（貌小醜，聲踰兄）	稟行清貞	性風流，善舉止	
感應	因乏聲絕粒，祈觀音而得聲	夢天神授其聲法，覺而裁製新聲		每夕諷詠，輒聞闇中有彈指唱薩聲		讀經時有群鶴集階前

（十）唱導科

行　為	1	2	5	6
稟賦形貌	（神情俊邁）	性恭儉	識悟過人、一聞便達	幼有殊操、音吐流便
感應		患癬瘡，禮拜觀音，現蛇鼠治之，痊癒		追騎將至，一心念佛，流船忽至，乘之獲免
神通				善神咒，所治皆癒

行　為	8	9	10
稟賦形貌	秉性清敏，識悟深沉		爲性敦美
感應		苦心歸命，火不燒寺	
神通		預言未來	

三、十科僧人比較總表

表 4-3

	教導	佛理	戒律	誦經	外學	遊方	著作	禪學	建寺造像	苦行	素食	譯經造經	做齋禮懺	佈施	轉讀梵唄	持咒	唱導	乞食	犧牲	製新聲
譯經	33	32	19	24	21	46	13	14	10	6	3	48	4	2	2	7	0	4	0	0
義解	122	163	32	11	52	22	59	19	30	22	14	12	13	8	0	0	0	1	0	0
神異	10	4	5	4	6	11	0	4	2	6	4	1	2	3	0	5	0	4	0	0
習禪	11	4	5	11	0	2	0	25	4	6	9	0	0	1	0	2	0	3	1	0
明律	16	7	18	4	1	0	7	4	2	2	5	2	3	0	0	0	0	0	0	0

亡身	1	0	2	9	1	0	0	0	3	7	6	0	1	0	0	0	0	0	12	0
誦經	9	4	6	27	0	1	0	6	3	12	15	1	5	4	0	3	0	2	1	0
興福	6	3	9	2	0	1	0	2	15	6	6	0	1	0	0	0	0	1	0	0
經師	7	2	1	2	5	0	1	0	1	1	2	0	0	1	17	0	0	0	0	4
唱導	10	3	3	2	6	0	2	0	1	1	3	0	0	1	0	1	16	0	0	2
總次數	225	222	100	96	92	83	82	74	71	69	67	64	29	20	19	18	16	15	14	6
排名	1	2	3	4	5	6	7	8	9	10	11	12	13	14	15	16	17	18	19	20

各科篇數	譯經 35	義解 101	神異 20	習禪 21	明律 13	亡身 11	誦經 21	興福 14	經師 11	唱導 10	總數 257篇
稟賦形貌出現之人數	33	116	17	6	6	7	10	5	3	6	209 人
稟賦形貌出現之篇數	29	83	17	6	6	7	10	5	3	6	172 篇
稟賦形貌所佔各科篇數百分比	82.9	82.2	85	28.6	46 2	63 6	47 6	35.7	27 3	60	66.9
感應出現之人數	12	28	9	16	1	5	16	11	4	3	105 人
感應出現之篇數	12	26	9	16	1	5	15	11	4	3	102 篇
感應所佔各科篇數百分比	34.2	25.7	45	76.2	7.7	45.5	71.4	78.6	36.4	30	39.7
神通出現之人數	9	6	23	5	0	2	2	1	0	2	50 人
神通出現之篇數	9	6	19	4	0	2	2	1	0	2	45 篇
神通出現篇數百分比	25.7	5.9	95	19	0	18.1	9.5	7.1	0	20	17.5

第三節　各科僧人之形象

從上一節的整理表中，可看出各科僧人所從事之行為，亦即慧皎所檢選的各科材料，有極大的差異。而對稟賦形貌的描繪亦因科別不同而呈現出不同的樣態。再者，僧人施展神通處明顯的並不多，較多的反而是修行有得的被動感應。以下將就此加以分科描述，以深入了解慧皎利用內容的安排所呈現的僧人類型。

一、十科僧人形象綜述

（一）譯經科

慧皎〈譯經科論〉云：「傳義之功尚矣，固無得而稱焉。」並將此科列為《高僧傳》之首，可見其受重視之程度。主要因為一來佛教能流傳後世，實因如來滅後，各長老的誦傳經律，才使法輪未絕。二來對中國而言，佛教係屬外來宗教，一切以天竺釋迦牟尼佛之教誨為主，不論法義、戒律、教團組成、成佛境界，蓋皆以教主釋迦牟尼為宗。但其為外國人，又已不在人世久矣，為了了解其教誨，退而求其次僅能從東來之天竺僧，或較中國接近天竺之西域僧人來獲得。國人只能經由外僧東遊時的教導，或藉其所譯之經典去摸索。這也就造成國人對外來僧人的感激與崇敬。故譯經一科正傳三十五人，外籍僧人即二十八人，占了八成。比例之高，為他科所無。

中國與印度相距遙遠，聞見難通，但若以聖者之神力，則天涯海角應輕易可達。然而卻直到漢明帝時才有攝摩騰、竺法蘭懷道而來，爾後漸漸有高僧大德傳來高深的佛法、經典，實在是因時機因緣未到所致。慧皎〈譯經科論〉云：「振旦之與迦維，雖路絕蔥河，里踰數萬，若以聖之神力，譬猷武步之間，而令聞見限隔，豈非時也。」等到西域之路暢通，國人漸漸嚮往西方事物，加上國內局勢動盪不安等因素，促使對佛教渴求加劇，才加快佛教東來之腳步。當然，這些來往中西的僧人，不懼艱難、置安危於度外，一心為蒼生傳遞佛法的精神，亦宜乎列首章而大加讚揚也！

然而這些被推崇的大德，卻有破戒、被擯或不得好死的下場，一般人難免起疑，歷史記載又不容竄改，慧皎只能在論中提出解釋。他認為鳩摩羅什的破淫戒與佛馱跋陀羅被僧團擯黜，實際的情況，已難以考證，雖承認這是「珪璋之一玷」，但也為他們找到託辭，慧皎云：「或以時運澆薄，道喪人離，故所感見，爰至於此。」本傳中論述鳩摩羅什的破淫戒是被呂光強飲醇酒、姚興逼與妓女所致；佛馱跋陀羅被僧團擯黜一事則全然非其之錯，而是周遭的人不識大德之神通，以為他說謊，及弟子誑惑所致，後來慧遠已為他洗刷清白了。而這「時運澆薄」、「道喪人離」就是高僧周圍的人帶來之災禍。但高僧既有神通，何以不能躲過厄運呢？甚至如：安清、曇

無讖、帛遠、法祚等竟不得善終，慧皎並在論中說明：「將由業有傳感，義無違避，故羅漢雖諸漏已盡，尚貽貫腦之厄。」故羅漢仍難逃因果的運轉，即使逃得了一時，亦逃不了永久，故不如勇敢承擔面對，結束這個惡果；這也說明了，他們雖然都預知了自己的死於非命，卻仍勇往向前的原因。世人不知，或許以爲信佛修行亦難以避禍而減其信心，實在是對佛理認識未清之故。

　　最後，慧皎批評了那些認爲多讀無益的墮學之徒，因爲唯有「博尋眾典」、「考尋理味」，才能使「甘露正說」顯揚，也才不會辜負了許多人冒著生命危險，千辛萬苦所帶來的佛典。而這也是慧皎重視譯經科、義解科的一貫態度。

　　據表 4-1、4-2 中可看出此科僧人呈現出以下幾種特色：

1.「遊化」爲其人生中重要的生活方式

　　此科僧人連同附傳，總共有四十六位僧人的生活方式是各處遊化的。有外國人爲了傳法而四處雲遊並來中國者，如：攝摩騰、竺法蘭、安清、曇柯迦羅、維祇難等。亦有國人爲了尋求經典、學習佛法或瞻仰佛跡，而前往西方者，如：釋法顯、釋曇無竭、釋智嚴、釋寶雲、釋智猛等。來華之僧人中，有視中國爲中站，任務結束又轉往他國，而音訊渺茫者，如：佛陀耶舍、曇摩流支等；也有的則在中國奉獻後半生，鞠躬盡瘁，卒於斯土者，如：求那跋陀羅、曇摩密多等；甚至因中國政治變亂、社會動盪而不幸遇害者，如：安清、曇無讖等。想必其中亦有高僧在冒險來華途中不幸圓寂，因其無緣於中國，而使《高僧傳》無從記載其高德。西去求法之僧人，其中少數僧人功成身退，平安返國，留名青史；但卻有更多人未能達成心願而病死途中或遇難身亡，令人不勝唏噓。

　　遊化何以如此危險，分析其所遭遇的困難略分爲二：一爲自然環境的巨大威脅，不論經陸路或海路，同樣困難重重，屢有僧者遇難。見慧皎描述：

　　　「誓志弘通、不憚疲苦、冒涉流沙」（攝摩騰）

　　　「仗錫流沙，冒險東入」（卑摩羅叉）

　　　　「捨眾辭師，裹糧東逝。步驟三載，綿歷寒暑，既度蔥嶺，路經六國」（佛馱跋陀羅）

　　　　「西度流沙，上無飛鳥，下無走獸，四顧茫茫，莫測所之。爲視日以准東西，望人骨以標行路耳，屢有熱風惡鬼，遇之必死……（蔥嶺）冬夏積雪，有惡龍吐毒，風雨沙礫……壁立千仞……（循海而還）直暴風水入……夜忽大風……水盡糧竭，爲任風隨流」（釋法顯）

　　　　「障氣千重，層冰萬里，下有大江，流急若箭……料檢同侶，失十二人」（釋曇無竭）

「中途風止，淡水復竭，舉舶憂惶」（求那跋陀羅）

經陸路則有流沙、雪山、急流的阻礙，經海路則擔心狂風暴雨、斷糧絕水；若非親身遭遇，恐難揣度其辛苦。另一遭遇的困難則是各國民情政治的迴異或動盪，給傳教者帶來無法預知的變數，如：安清在南遊中國途中，不幸被誤殺；康僧會至吳，當時因國人初見沙門而使統治者起疑，差點性命不保；佛馱跋陀羅辛苦東來後，卻因修行法不同而遭中國僧人排擠南下；曇無讖則因罽賓「多學小乘，不信涅槃」而離開；攝摩騰更因「大法初傳，未有歸信」而難以宣述佛理，卒於洛陽；帛遠則因拒不還俗而被殺；鳩摩羅什被逼「飲以醇酒」而破淫戒，姚興甚至為了使法種有嗣而「以妓女十人，逼令受之」等。許許多多難以預料的世間險難，恐怕不比自然環境的威脅來得小。但不畏風霜、風塵僕僕、矢志必達的堅毅精神，充分展現出其偉大的人格，從以下慧皎的描寫，可更深刻的體會出其傳教的苦心：

「大士之道，利彼忘軀。若必使大化流傳，能洗悟矇俗，雖復身當爐鑊，苦而無恨」（鳩摩羅什）

「求法懇惻，亡身殉道，志欲躬睹靈跡，廣尋經要」（釋寶雲）

「聖化宜廣，不憚遊方」（求那跋摩）

「常謂弘法之體，宜宣佈未聞，故遠冒流沙，懷寶東入」（曇摩難提）

2. 「教導」對象遍及中外各階層，內容多元

此科僧人既「踰歷名邦，履踐郡國」，則教化的對象當然中外皆具，背景則包括國王、士人、學者、僧人、清信女、喪家、病家、商人等。受教者的身分背景既呈現多樣化，又加以各地風俗迴異，故教導的內容亦多采多姿，有：為士人翻譯佛經、勸交戰兩國止戈者（攝摩騰）、因中夏戒律未備而請梵僧立羯磨法受戒者（曇柯迦羅）、應戰辯論者（鳩摩羅什）、為孫皓說法者（康僧會）、施展法術以伏王者（曇無讖）、與士人交遊者（帛尸梨密）、講經（帛遠、僧伽提婆）、教禪（曇摩耶舍、曇摩密多）、至病民家施戒說經（釋智嚴）、至喪家說法（求那跋摩）等，從此亦可印證其佛理造詣廣博與修行功力之深厚。

3. 「佛理」造詣廣博、修行功力深厚

慧皎在描寫此科僧人的佛學造詣時，多半是三藏兼備、大小皆善的，其評價之高，可為十科之冠。如：「解大小乘經」（攝摩騰）、「明解三藏」（康僧會）、「受學三藏、妙善四含」（維祇難）、「備習三藏」（僧伽跋澄）、「遍觀三藏」（曇摩難提）、「學通三藏」（僧伽提婆）、「三藏九部，莫不該練」（槃頭達多）、「備通三藏」（弗若多羅）、「善解三藏」（僧伽跋摩）、「博通三藏」（求那跋陀羅）、「諳究大小乘」（求那毗地）等。而此科僧人修行的方式，最多被述及的是「誦經」，蓋與慧皎鋪敘其對譯經的貢

獻有關，如：「誦經論數萬章」、「諷誦群經」、「誦大小乘經、諸部毗尼」、「恆以讀誦為務」、「誦持毗婆沙」、「行道諷誦、日夜不輟」等共有二十四篇，因其對經典的內容滾瓜爛熟，才能傳授最正確的譯本與中國。再者，如敘及稟奉戒律者有十九篇，禪學深厚者有十四篇，可以想見其三學功力深厚。其餘除了建寺造像有十篇外，素食、苦行、作齋禮懺、梵唄、持咒則比例較少，蓋與譯經較少相關而被忽略了。

4. 「外學」精通天文數術與外文

此科僧人多是雲遊各地，來自遠方又不知歸向何處，增添了許多想像的空間，故在能力方面多具備凡人少有之長才，或許唯有如此才能在交通困難的古代，趨吉避凶，來去於中西之間而安然無恙。如：「七曜五行、醫方異術，乃至鳥獸之聲無不綜達」（安清）、「風雲星宿、圖讖運變，莫不該綜」（曇柯迦羅）、「天文圖讖多所綜涉」（康僧會）、「陰陽星算，莫不畢盡，妙達吉凶」（鳩摩羅什）、「世間法術，多所練習」（佛陀耶舍）、「天文書算、醫方咒術，靡不該博」（求那跋陀羅）、「明解陰陽、占時驗事」（求那毗地）等，其能觀透天象、占卜吉凶，並精通法術，的確非常人能及。此外，精通兩種語言是他們傳教（外國人）、吸收佛理（中國人）與譯經重要的條件，故精通梵漢之語或外國語者有十五人之多，亦為其他九科少有之現象。其著作當然以翻譯的佛典為首，另外中國人除了譯經外，亦有多本遊記，闡述佛國所見與沿途的經歷，恐怕是此科僧人另一副產品。

5. 「稟賦」多是夙慧天成

此科人物不但聰慧天成，且稟性純厚，加以多能專力向學，故能承擔傳達教理、教授禪律的重責大任。慧皎對其稟賦與風範著墨甚多，大概強調四方面的特色：

首先是聰慧的情況，此科僧人多是天資優敏，過於常人，甚至借書一觀，便能了通文義，過目不忘，如：「志業聰敏」（安清）、「綺年穎悟」（嚴佛調）、「幼而才悟，質像過人，讀書一覽，皆文義通暢」（曇柯迦羅）、「誦經日萬言，過目則能」（竺曇摸羅剎）、「才思俊徹、敏朗絕倫」（帛遠）、「聰慧夙成」（曇摩難提）、「雅有神慧……明悟出群」（曇摩耶舍）、「聰敏出群」（曇無讖）、「聰悟出群」（浮陀跋摩）、「聰慧強記」（求那毗地）等。

二是秉性厚實，識量淵深，不慕榮利，堪稱本質超絕，如：「幼以孝行見稱」（安清）、「操性純深，性度開敏」（支樓迦讖）、「為人弘雅，有識量」（康僧會）、「毅然有淵懿之量」（僧伽跋澄）、「為人俊朗有深鑒」（僧伽提婆）、「為性率達……篤性仁厚」（鳩摩羅什）、「志韻清遠，雅有淵致」（佛馱跋陀羅）、「至性過人」（釋法顯）、「清素寡欲……稟性沖退」（釋智嚴）、「少以方直純素為名」（釋寶雲）、「沉邃有慧解」（曇摩密多）、「秉性端明」（釋智猛）、「為人弘厚」（求那毗地）等。

三爲志業堅定，努力向學，決不退縮，如：「剋意好學」（安清）、「敏而好學」（嚴佛調）、「勵行甚峻……篤志好學」（康僧會）、「志業清堅」（竺佛念）、「少而好學」（曇摩耶舍）、「沉靖有志力」（卑摩羅叉）、「志行明敏」（釋法顯）、「履操明直」（浮陀跋摩）、「志韻剛絜，不偶於世」（釋寶雲）、「每見法事則自然欣躍」（曇摩密多）、「勵行清白」（釋智猛）等。

最後則是形容其高亮的風範，不但儀止端肅，慈和愛眾，有時也妙善應對，使人如沐春風，如：「天姿高朗，風神超邁」（帛尸梨密）、「儀止溫恭……從容機警，善於談笑」（僧伽提婆）、「外和內朗、有通敏之鑒」（竺佛念）、「長而氣幹高爽」（曇摩耶舍）、「神情朗徹、傲岸出群」（鳩摩羅什）、「美儀止、善談笑」（佛陀耶舍）、「儀範率素，不同華俗」（佛馱跋陀羅）、「儀軌整肅」（釋法顯）、「機見俊達，深有遠度，仁愛汎眾，崇德務善……神府自然，妙辯天絕」（求那跋摩）、「清峻……器宇宏肅」（僧伽跋摩）、「神明澄正、儀軌詳正」（曇摩密多）、「慈和恭恪……神情朗徹」（求那跋陀羅）、「威儀端肅」（求那毗地）、「儀貌謹潔、善於談對」（僧伽婆羅）等。

由慧皎如此費心的形容中，我們似乎可勾勒出此科僧人的一個樣貌：幼時即已頭角崢嶸，不同流俗，不但絕頂聰慧，還秉性純厚，又加以自小即孜孜向佛，堅定不移，故長而氣宇恢弘、仁民愛物。有這樣的質素，配以熱誠的傳道精神，難怪乎其被慧皎推崇備致而置於《高僧傳》首科了。

（二）義解科

義解科僧人總數佔十科之冠，幾乎是全書正傳的四成，可見慧皎重視的程度。然而此科論並沒有特別長，重點有三：首先，至理是無言的，言語難以表達真正的真理，但若明達真理者無言，則難以啓教後人，所以佛陀才「借微言以津道」，希望能「藉指以知月」。因語言文字雖不等於真理，卻是彰顯真理的重要路徑之一，此亦點出探討佛教義理的重要。再者，若真的了解真理後即應忘言，才能免受言語的拘滯，但有些「滯教者」執著篇章，限於文字泥濘中，此時則有待法師來「爲人廣說，示教利喜」，故法師之功大矣，此亦說明義解科僧人地位屹立不搖的原因！最後，論將傳中義解科之僧人做一總述，以明佛教能在中國興盛，全賴其功。

據表 4-1、4-2 中可看出此科僧人呈現出以下幾種特色：

1.「佛理」多廣學眾經、精通三藏

該科僧人並非僅專注於某一經的研讀，多能研覽眾經、融貫三藏，後再以某經聞名。慧皎在敘述其學養時多先泛稱，以明其博學眾部，如：「研尋經論」（康法朗）、「游刃眾典」（竺法義）、「專精佛法，披味群經」（竺僧度）、「備訪經律」（釋道安）、

「學通經論」（釋僧先）、「遍學眾經、游刃三藏」（釋慧持）、「大小諸經……皆遊鍊心抱，貫其深要」（釋僧濟）、「精鍊三藏」（釋僧詮）、「禪律經論，達自心抱」（釋僧導）、「融冶百家、陶貫諸部」（釋曇斌）、「遊學內典、博涉三藏」（釋僧瑾）、「三藏九部、大小數論，皆思入淵微，無不鏡徹」（釋道猛）、「解洞群經」（釋慧基）、「三藏方等，並皆綜達」（釋慧集）等。若有列舉擅長之科目，則以《涅槃》、《法華》、數論為最多，《大小品》、《成實》、《維摩》、三論次之。

2. 「教導」以言語講論為主，「著作」則偏注疏佛典與論議佛理

該科僧人既專精佛義，其教導的方式則以講解經義為主，慧皎敘述時，或泛稱講說，如：「大開講席」（竺法義）、「專當講說」（竺僧朗）、「講道弘化」（釋僧先）、「盛開講席」（竺僧敷）、「法輪一轉，則黑白奔波」（釋曇徽）、「處處講說」（釋僧叡）、「講授不廢」（釋僧詮）、「講說導眾、化陶嶺外……盛開法席」（釋道亮）、「講筵一建，輒王侯接駕」（釋智秀）、「講說相仍，學徒成列」（釋曇斐）等；或列出講說的經名，如：「講道行經」（朱士行）、「初譯放光經……便就開講」（支孝龍）、「講法華大品」（竺法潛）、「講維摩經……講道行波若」（支遁）、「講法華毗曇」（釋慧持）、「後出成實論，令叡講之」（釋僧叡）、「華嚴……傳講迄今」（釋玄暢）等，其中以講《法華》、《成實》、《維摩》者多。當然，除了講說之外，為人回答疑難或與人論辯佛法亦屬時代潮流所需，如：「衣冠士子，咸附諮稟」（竺法雅）、「解悟疑滯」（竺法和）、「善談說、乘機挫銳」（釋僧肇）、「帝命嚴辯其同異，往復終日」（釋慧嚴）、「求法問道者，日不空筵」（釋慧觀）、「開章命聚、鋒辯縱橫」（釋寶亮）、「凡碩難堅疑，並為披釋」（釋慧集）等。其日常既以講經說道為主，著作當然也偏重此一方面，如：支遁注安般四禪諸經、著〈即色遊玄論〉、〈聖不辯知論〉等；竺法崇著《法華義疏》；竺僧度著〈毗曇旨歸〉；道安注《般若》、《道行》、《安般》等經；竺僧敷著《放光義疏》、《道行義疏》；釋曇徽著〈立本論〉、〈六識旨歸〉；釋道祖注《維摩》、著〈窮通論〉等，其貢獻即在佛教義理的探討方面。

3. 「外學」以專精中國典籍為多，尤其是《老》《莊》《易》

有一半精通外學者，慧皎多用泛稱，如：「少善外學」（竺法雅）、「內外該覽」（于道邃）、「外涉群書」（釋道安）、「篤志墳素」（釋法遇）、「學兼經史」（釋曇徽）、「遊心墳典」（釋曇戒）、「博綜六經」（釋慧遠）、「內外經書，多所綜涉」（釋曇邕）、「學該內外」（釋道恆）、「歷觀經史、備盡墳籍」（釋僧肇）等。而明白列出擅長項目者，則以善《老》《莊》為最多，次為《易經》。由此可見，義解僧人非常注重當時流行的清談話題，以便能藉此進入士人世界，在辯論中將佛法傳入；而當時士人的愛好談佛，也印證了他們的努力有了相當的成果。除了《老》《莊》《易》外，其

他零星的「外學」尚有：梵文、醫藥、古篆、詩賦、草隸、文學、占卜、雜技、天文算數等，但為數不多。

4. 修行以持戒為本，「建寺造像」亦不遺餘力

此科僧人因對佛理研究深入，故能體認持戒是修持佛法的基礎，故在修行項目中，嚴守戒律成了重要的一環，如：「善戒節」（康法朗）、「齋戒無闕」（釋道安）、「少持戒行」（竺僧輔）、「少以律行見稱」（釋曇翼）、「律行清嚴」（竺道壹）、「奉持戒行」（釋慧虔）、「以專戒見稱」（釋慧安）、「戒德高」（釋普明）、「素以戒範致稱」（釋曇度）、「精勤戒品」（釋僧柔）、「稟承戒訓、履行清潔」（釋慧求）、「秉禁無疵」（釋智順）等。

另「建寺造像」亦相當多，主要的目的除了為己棲身習禪修慧之處外，也可為各界義學才士論道之所，如：「名僧勝達，響附成群」（康僧淵）；再者亦可作為教育後進之處，如：「立寺延學」（竺法乘）、「立寺行道」（支遁）、「聞風而造者百有餘人，朗孜孜訓誘」（竺僧朗）、「立寺於臨淄……學徒雲聚」（釋慧亮）等。

5. 「稟賦」多聰穎有思致，形象則風采可觀

此科僧人與神異科僧人的形貌齷齪、個性反常迥然不同，多屬相貌堂堂、風采秀逸，與名士風範相同，如：「少以風姿見重、神采卓犖」（支孝龍）、「風采灑落」（竺法雅）、「懸鑑過人」（竺法乘）、「風姿容貌，堂堂如也」（竺法潛）、「風神秀逸」（于法蘭）、「形長八尺，風姿可觀」（竺法汰）、「風覽朗拔」（釋慧遠）、「風神俊爽」（釋慧持）、「風神秀雅」（釋慧觀）、「風姿秀整」（釋慧靜）、「容止可觀」（釋道亮）、「少而神情爽發、俊氣虛玄」（釋慧通）、「風姿宏偉、腰帶十圍、神氣清遠、含吐灑落」（釋僧淵）、「風容秀整」（釋僧遠）等，若將這些換作形容當時清談名士，亦不為過。此與本科僧人研習玄學、參予清談有關，在耳濡目染之下，自然形成相似的風貌；當然，其與士人天賦相似，亦是一因。他們多半幼年就聰穎出群、頗有思致，又加以精勤好學，故能有過人之成就，如：「有才思……聰哲有譽」（康法暢、支敏度）、「幼有才藻」（竺法濟）、「幼有神理、聰明秀徹」（支遁）、「敏而好學」（竺法崇）、「神智聰敏……篤性精進」（釋道安）、「弱年好學」（釋法遇）、「居貧務學」（釋曇戒）、「聰慧素成」（道寶）、「幼有才思、精勤務學」（釋道祖）、「學兼宵夜……才思清敏」（釋道恆）、「幼而穎悟、聰哲若神」（竺道生）、「幼有神理」（法智）、「幼而好學」（釋僧含）、「學不從師、悟自天發……過目斯記」（釋曇諦）、「力精勤學」（釋道猛）、「篤志精勤、幼而敦學」（釋超進）、「少好讀書」（釋僧淵）、「少有志力……善能問難」（釋弘充）、「幼而崇理好學」（釋智林）等。

6. 少記載「神通」之事

全科正傳共一百零一人，記載神通之事不過六處，可說是少之又少；且對其神通的描繪非常簡略，與神異科僧人的大顯身手大異其趣。蓋此科僧人以義理見長，傳文重點在其探究佛理、著述流傳方面，神通的顯現並不能正面增加其玄談的風采，反而會令人有怪力亂神的錯覺，故慧皎甚少描繪。但為了印證其研究義理之精微有得，仍有些許感應方面的記載，如：山神請戒、伏虎、念觀音病癒、祈誠而師病痊癒、求雨成、卒時異象、夢菩薩神人等。

綜觀以上幾個特質，可以發現義解科僧人丰姿高逸，佛學、玄學造詣淵深，言談若流，辯論無方，一派名士風範，難怪能在娓娓道來中吸引士人進入佛學的殿堂，發揮宣揚佛教於上層社會之功。巴宙曾言：「佛教的哲理吸引了知識份子，其倫理和道德吸引善良的人，其儀式和想像力吸引住群眾。」〔註 8〕當然，義解科僧人與其說真如慧皎所言的如此秀敏非凡，不如說是慧皎創造了他心目中的完美形象，另方面也反映了社會大眾對義解僧的期待。

（三）神異科

神異一科，主要記載高僧施展神通教化世人，慧皎列於第三，地位明顯崇高，並非因其能人所不能而推崇其神通，主要是因其強大的震撼力量，足以使佛教在動盪的年代裡暢行無阻、萬人信服之故。〈神異科論〉云：「神道之為化也，蓋以抑夸強，摧侮慢，挫兇銳，解塵紛。」慧皎接著分析晉失北方後，劉淵、劉曜、二石暴虐，人民苦不堪言，因佛圖澄的降服二石，才使情況改觀，可謂解人民於倒懸之中，其功偉矣！此即是科列第三的主因。

當然，對於神通的顯現，及此科僧人的不嚴守戒律、行事怪異，各書記載態度頗為迥異，有推崇、有貶斥。慧皎則認為，若只是誇耀方伎、神通，或只求個人長壽不死，那和物精沒什麼不同，不值得敬佩。如此科論曰：「若其夸衒方伎，左道亂時。因神藥而高飛，藉芳芝而壽考。與夫雞鳴雲中，狗吠天上，蛇鵠不死，龜靈千年，曾是為異乎！」但只要有一分濟人，即使「反常」亦「合道」，足以列之篇章，以垂不朽了！由此，我們可看出慧皎強烈的濟世胸懷，與鄙視只求長生之仙道的態度。

再者，慧皎列神異科亦有其時代背景的影響。一來當時已譯出之佛經，如：《法華經》、《坐禪三昧經》、《大智度論》……等，對神通的記載非常詳盡，神通似乎是修行有得的必然成果，慧皎既敘高僧，怎能遺漏此項能力；二來魏晉南北朝本來就是一個富於神靈思想的社會，此在筆記小說中展露無遺，在當時充滿神靈鬼怪的大

〔註 8〕見巴宙〈喬達摩佛陀之凡聖問題〉，頁 14。

眾心理下,高僧不施展神通,恐怕無法滿足佛教信仰群眾的期待。而其能醫病、行速、變化、知往預來也都帶給當時人們無限的生存希望:一種渴望突破肉體、政治限制的自由,免於痛苦的希冀。蒲慕洲云:「至於神仙與高僧均具有的神異之術和治病、濟貧的能力,則反映出了當時人深植在心中的世界觀和對宗教的希求:世界中仍存在著不可思議的超自然現象,而這些現象是可以被高僧或神仙控制和利用的;仙道和佛法應該要助人解決生命中實際的生養、老病、死亡等問題。」〔註 9〕而神通的展現也符合了佛教「我法兩空」、萬事萬物無自性的道理〔註 10〕,故能在僧傳中占一席之地。

據表 4-1、4-2 中可看出此科僧人呈現出以下幾種特色:

1. 此科僧人多神出鬼沒、四處「遊方」

神異科僧人多居無定所,有時寄居寺廟、有時隱居山中、甚或塚間、樹下,很難有一固定的行蹤。如:單道開曾寄居鄴城西法林祠、臨漳昭德寺,後竟至南海,入羅浮山不返。耆域從天竺經扶南、交廣、襄陽,至洛陽,後到滿水寺,最後又辭還天竺,《高僧傳》稱其:「周流華戎、靡有常所」。竺法慧常帶著繩床,「於閑曠之路,則施之而坐」,有時下雨則以油帔自覆,雨停時,竟不見蹤跡,但等人們來訊問時,他又忽然在床。釋曇霍則是「常居塚間樹下」。史宗亦是「栖憩無定所,或隱或顯」。杯度更「遊止無定,請召,或往不往」,有時居住在民家,如:李家、黃欣家、朱文殊家、陳家、齊諧家等,有時忽爾消失,不見蹤影。邵碩則「居無常所」,甚至「至人家眠地者,人家必有死」。釋慧通是「寢宿無定」、「遊歷村里」。僧正法獻想贈衣與保誌,竟遍尋不著,而寶亮想贈衣與他,他卻不請自來取之。此科僧人既然不以寺為依止處,也不禪居在山中,故「建寺造像」自然較少。而人們對於其露宿林野、街頭,亦多以「苦行」視之。

2. 「教導」的方式奇異,變化多端

此科僧人現身於世,多是為教導、拯救人民而來,有的先展現神通,使世人敬佩而信服,再如一般高僧般,以講佛法、開示、授戒的方式使他們歸向佛教。如:佛圖澄因能預知未來,故先投向信佛的大將軍郭黑略,助其屢戰屢勝,待石勒注意之後,再轉而幫助石勒,並常常適時地提醒他向佛,達到點化他並拯救天下蒼生之目的。耆域亦是先展現神通,如:伏虎、徒步渡河、告知前世事等,待諸道人來禮拜他時,則譏諷他們衣服華麗、違背佛法。後又治病、醫樹,等辭還天竺前,自然

〔註 9〕見蒲慕洲〈神仙與高僧——魏晉南北朝宗教心態試探〉,頁 174。
〔註 10〕見孫昌武《佛教與中國文學》,頁 56～57。

有名僧竺法行來請教佛法，其再應機而教。釋慧通因能知往，故遇到盜賊，則直指其罪狀，嚇得盜賊都避而遠之。釋保誌則用神力使齊武帝見到在地獄受苦的高帝，而不再濫殺。

　　但有時，此科僧人則是行事瘋顛，常使被教者摸不著頭腦，有時得待事過境遷才恍然大悟。如：竺法慧告訴弟子有一老翁當死，要去度他，結果跑去向此翁乞牛，翁不與，竟用搶的，法慧「牽牛咒願，七步而反，以牛還公，公少日而亡」。竺法慧這樣的行徑，究竟用意何在，或許非此翁所能猜知，《高僧傳》亦未加以說明此翁後來的反應。杯度更是奇怪，寄居在平民家，竟偷竊金像而逃。後向魚師討魚，魚師與之，他放回水中，再去向魚師討魚，魚師憤而罵之，他竟變出兩隻水牛破壞魚師的網後不見蹤影，連一句教誨的話都沒有，恐怕得魚師深入細想才能參透了。釋慧通則告訴僧歸，惠緒尼是他的姊姊，請僧歸幫忙問安，結果惠緒根本無此弟。後惠緒卒，慧通還來問訊，實在不知其意為何。釋保誌向人乞食生魚鱠，結果人們為他辦妥，他也吃飽了，之後，魚竟然在盆中游活如故。以上不論是哪一類，都因其具有神通力，故教導的方式常出人意表的變化多端、震撼人心，而宣揚佛教的效果往往也較他科僧人來得容易達成。

3. 不重視佛教的修行法

　　如：外學、持咒、戒律、誦經、素食、禪坐、研究佛理、佈施、建寺造像、譯經造經等，在此科僧人傳記中，呈現出零零碎碎的記載，看不出此科僧人有特別重視某一類修行法的趨向。蓋此科僧人，來無影去無蹤，一般人難以了解，也無從探問。只要他們一出現，就全身充滿了神奇與詭譎，直接以修練到某一高超的面目示眾，而之前的修練過程反而隱而不見了。他們最吸引人的就是神通力，慧皎重視的也是他們以神通力使人向佛的效果，故在傳記中少提及修行過程，並非表示其都不用經修行而能如此。

　　另一個奇特的現象則是，他們竟有故意違犯戒律的地方，如：杯度寄居在平民家，偷竊金像而逃；且更「不甚持齋，飲酒噉肉，至於辛鱠，與俗不殊」。邵碩則跑到酒店，和人一起酣飲。釋保誌向人乞食生魚鱠等。這些嚴重違反五戒的行為，在他們變幻莫測的風格下，反而增添了一些教誨的意義，難怪乎重視戒律的慧皎，仍能以平常心來描述而未加刪除。

4. 「形貌」齷齪，個性反常

　　此科僧人像佛圖澄那樣「身長八尺，風姿詳雅」、或訶羅竭般「善舉措，美容色」的並不多。大部分都是其貌不揚，外加骯髒齷齪，實在很難令見者慧眼識英雄，故凡人常常以輕忽之態度待之，俟其施展神通後才恍然大悟。如：史宗「常著麻衣，

或重之為納」、「身多瘡疥」。杯度「見時可年四十許，帶索襤褸，殆不蔽身」、「或嚴冰扣凍而洒浴，或著屐上床、或徒行入市」，這樣的行徑簡直與瘋子沒什麼兩樣。邵碩則是「為人大口，眉目醜拙」，連小孩子都喜歡捉弄他。釋慧安則明白描寫其「風貌庸率，頗共輕之」。釋保誌則形同乞丐，「髮長數寸，常跣行街巷。執一錫杖，杖頭掛剪刀及鏡，或掛一兩匹帛」。如此的形貌加上他們的舉止言行反常，有時高聲歌唱，有時又說些聽不懂的話，令人避之唯恐不及，如：「任性忽俗、跡行不恆」（耆域）、「性調不恆」（史宗）、「言語出沒，喜怒不均」（杯度）、「恍惚如狂」（邵碩）、「舉止趣爾，無甚威儀」（釋僧慧）。但在這樣的外貌言行下，卻隱藏著驚人的神通力，每每「始若難曉，後皆效驗」，與外在形成強烈的對比，更加突顯出其令人敬佩的修行功力，已非常人能及。而充滿爆發力的行事風格與對比強烈的撰寫方式也更能增加文章的張力，吸引讀者的目光，達到宣揚佛教的效果。

5. 「神通」種類繁多，「感應」則較少記載

慧皎對此科僧人的描寫重點，集中在其主動展現神通方面，一來可看出佛教並不遜於其他宗教，二來則是因其展現神通而使人向佛的力量強大，不容忽視。故因修行功力深厚所得的「感應」，則相對較少著墨，因為在神通力下，它反而變得不重要，不用藉此來說明此科僧人的修行有得了。

慧皎描寫其神通的種類，列表如下：

神通種類	出現之篇章（（ ）：附傳）	總　數
知過往、未來	1、(1)、3、4、5、7、(7)、9、10、12、13、15、18、(18)、19、20	16
行速、徒步渡河、任意至某處	(1)、2、4、5、9、10、12、14、16、18、19	11
不畏寒暑、肢解肉體、刀不傷、不食無恙、不老	1、2、(7)、10、12、(12)、13、18、20	9
分身	3、4、12、15、17、18、(18)、20	8
死後現身、棺中無屍	1、3、9、12、15、19	6
醫疾、咒治病	1、2、4、6、12	5
運用神力得雨、水	1、6、9、16	4

以上的神通中，以「知過往、未來」被強調最多次，而從「知過往」可藉此宣揚因果輪迴之佛理，「知未來」則展現了此科僧人的遠識，亦滿足了一般人對於未來命運的好奇與滿足。依次的三項：「行速、徒步渡河、任意至某處」、「不畏寒暑、肢

解肉體、刀不傷、不食無恙、不老」、「分身」，則與肉體有關，此科僧人可以不受肉體的侷限，任意出現在他們想去的地方，甚至穿牆、入鑰穴；而且也不用費心照顧肉體就能達至無病不老的境地，這可說是人類的夢想。人因有肉體而有世俗的生活，但也因肉體而帶來極大的苦痛，此科僧人卻可輕易的擁有肉體的好處並免除其壞處，對重視現世生活的中國人而言，是個很大的吸引力。另「死後現身、棺中無屍」此項，則說明了死對於他們來說，是最簡單不過了，像吃飯睡覺一樣，可以重複很多次，最後仍舊是「活著」，此為他科僧人少見之能事。最後「醫疾、咒治病」、「運用神力得雨、水」則是解決了古人生活所易遇到的難題。不論這些神通是否真的存在過，它們都表現了人類內心深處的渴望與當時人們生活上的需求。

由以上的特色看來，神異科僧人其貌不揚、形象邋遢，違反戒律又粗魯無禮，在種種表現都受一般人鄙視的情況下，竟能出人意表的爆發驚人的神通力，這強烈的對比著實令人咋舌，在十科僧人形象中算是最突兀的一群。

（四）習禪科

慧皎在此科論中明言禪定的功用，一來能凝照萬物，就像波浪平息了才能徹見水中的魚石般，而心亦如是，只有禪定功夫到家，才能無境不察。二來待禪定深厚，再「服智慧藥」，才能教化眾生，故禪定只是修行必備的條件之一，並非全部。但所有的善良品質與神通等，端賴禪定方成，故論云：「禪定為用大矣哉。」慧皎更進一步論證，一般仙術尚且能呼風喚雨，而具禪定功力的僧人展現神通，哪又有何怪特呢！然而，若習禪定的目標，與仙術一樣光會神通，而不深入佛法的智慧海中，那終究還是會迷失的。

關於早期禪法的流傳，慧皎論云：「先是世高、法護譯出禪經……及沙門智嚴躬履西域，請罽賓禪師佛馱跋陀更傳業東土。」而根據冉雲華的研究，在慧皎心目中，中國早期禪法分為兩個時期，一為安世高－法護時期，一為佛馱跋陀時期。而其中安世高所傳為小乘禪法，法護所傳則為大乘禪法。爾後佛馱跋陀所信仰的是小乘說一切有部，其所傳禪法流傳東土九十年之久，且從慧皎傳中可尋得其四代的傳承，係屬最有系統的一支〔註11〕。

據表 4-1、4-2 中可看出此科僧人呈現出以下幾種特色：

1.「禪定」功夫的養成多賴獨居、苦行

習禪須靜，故此科僧人多選擇遠離人群，隱居山中的生活，或住山洞，或宿樹下；即使不能離群索居，亦會獨處僧房，以免遭受世俗繁雜擾亂而無法澄淨其心，

〔註11〕見冉雲華〈中國早期禪法的流傳與特點──慧皎、道宣所著習禪篇之研究〉。

如：「常獨處山林，頭陀人外」（竺僧顯）、「於山南見一石室，仍止其中，安禪合掌，以為栖神之所」（帛僧光）、「後移始豐赤城山石室坐禪……升巖宴坐」（竺曇猷）、「多棲處山谷，修禪定之業」（釋慧嵬）、「於劉師塚間頭陀山谷……常處石室中，且禪且誦」（釋法緒）、「常在嵩高山頭陀坐禪……共入寒山，山在長安西南四百里，溪谷險阻，非軍兵所至，遂卜居焉」（釋僧周）、「常獨處山澤，坐禪習誦」（釋淨度）、「隱居巖穴，習禪為務」（釋法成）、「獨處一房，習靖業禪，善入出住」（釋普恆）、「頭陀山澤……有時在樹下坐禪，或經日不起」（釋法悟）、「獨宿樹下……一入禪累日不起」（釋曇超）等，山居生活不但能免俗世生活之煩擾，自外於政治的迫害，又可接受大自然天成美景的薰陶，藉此開闊胸襟，真可謂一舉兩得。然而山中生活條件總難與都市相比，又加以禪定的修行法須長日累坐，因此造成了必須苦行的生活方式或印象，如：「或時數日入禪，亦無飢色」（竺僧顯）、「光每入定，輒七日不起」（帛僧光）、「少苦行，習禪定」（竺曇猷）、「栖心禪誦，畢命枯槁」（釋曇超）等，以俗人的眼光看來，他們不吃不喝，動輒數日，恐怕是極其忍耐痛苦的了，故苦行成了外人對他們的第一印象。

2.「誦經」是重要的修行法之一

此科僧人因專精於禪坐，故被列入此科，然而在大半的篇章中，都提及他們在禪坐之外，最常做的就是誦經，如：「誦經三十萬言」（支曇蘭）、「誦法華、維摩、金光明，常處石室中，且禪且誦」（釋法緒）、「誦增一阿含經」（釋慧通）、「誦經三十餘萬言」（釋淨度）、「禮誦無輟」（釋僧從）、「常誦寶積經」（釋法成）、「誦大小品、法華」（釋法悟）、「誦法華、首楞嚴」（釋僧審）、「栖心禪誦，畢命枯槁」（釋曇超）等。蓋經典是智慧的指標，禪坐的學習除了息心外，仍須有指引的方向，否則就成了枯禪，反落入外道了。故「誦經」不但能醒悟真理，亦可使禪坐生活有一些新的調劑，也算是另一種息心的方式，的確是一個好的輔助修行法。但因此科僧人誦經多只專注某些經典，並無太多精力去研討義理，故在佛理的論辯與教導方面，自然略遜於用盡心力於佛學理論研究的義解科僧人了。

3.「教導」以教禪為主

此科僧人既以禪坐為終身要務，自然以坐禪的方法與心得來訓眾。如：「樂禪來學者，起茅茨於室側」（帛僧光）、「禪學造者十有餘人」（竺曇猷）、「蘭禪眾十餘」（支曇蘭）、「山學百餘人，崇其義訓，稟其禪道」（釋玄高）、「夏坐講律……復弘禪法」（釋法成）、「京邑禪僧皆隨受業」（釋慧覽）、「弘讚禪道」（釋曇超）等，因其以禪學顯，故來學者多稟其禪教，而講經論法則屬少見，多半是卒前的訓言，內容也不外乎生死因果，如：死前「陳誠因果，辭甚精析」（竺僧顯）、死前「說法數千章，

誠以生死因果」（釋淨度）。再者，《僧傳》幾乎沒有記載此科有誰專精某「外學」，可見他們少分心學習其它世務，心無旁騖地以專修禪坐，而在教導弟子時，恐怕也非以言語清暢、說理深入為要，實際的打坐修禪才是主事。其他如：「佈施」、「犧牲」與建寺造像，皆非其用力的對象，故傳中提及的不多。

4. 多以「感應」來彰顯其禪定之功力

此科對於神通的描寫不若感應來得多，既然慧皎認為「四等六通〔註12〕，由禪而起」，那該科僧人禪定有成，就應如神異科僧人般擁有神通力，但傳文中主要強調的多是此科僧人的長期遁隱修行，對於神通慧皎並未多所著墨。然而，如此努力的修行禪定，總有一些實質的回報，來加強人們對禪定力量的肯定，故在感應方面，就幾乎是每傳必有了。

感應的對象上至無量壽佛、彌勒佛、聖僧，下至山神、女神、鬼怪，旁及草木、虎兕猿鹿蛇等，可說是此世界、他世界皆包括了。感應的方式依對象的不同而有不同：無量壽佛、彌勒佛多是死前或定中見其放光；若是聖僧，則是為其說法；山神屢次出現，實在與此科僧人多隱居山中有關。其多先幻化成異形，如：虎蛇形，以嚇走想定居此山的僧人，後見僧人無動於衷，佩服其修行功力，故以山相贈而離開；鬼怪多是扮演騷擾修行者的角色，女神則成了維護修行的守衛者；至於草木、野獸則是無形中被馴服，與僧人和平相處，一副和樂融融的景象。

除此之外，死前或死時的異象也是感應的手段之一。如：死時自然有香、體更香潔，有神光出現，簫鼓伴奏、香煙裊裊，甚至空中出現馬背金棺等。這些都象徵著此僧人的修行有成。

由以上四點描繪出一群穩重自若、不受外界干擾的禪學修行者，不懼山林生活的艱辛，毅力堅強地長期打坐誦經，連天地萬物都為之動容。然而他們並非全然避世，待禪定有成，仍懇切地教導受教者，甚至把握死前的機會，叮囑眾人，濟世之心處處可見。

（五）明律科

慧皎雖將明律列為第五，但卻用極長的篇幅寫論，一來介紹律分五部的歷史，及五部傳入中國的情況；二來強調並辨明律的作用與重要性。首先阿育王時，集諸三藏，因「互執見聞，各引師說，依據不同」，故分為五部。但慧皎接著解釋，律雖

〔註12〕四等：「又作四等心，指慈悲喜捨四無量心。」六通：「又作六神通…天眼通、天耳通、神足通、他心通、宿命通、漏盡通。」見吳汝鈞《佛教思想大辭典》，頁176、132。

分五部，依之修學，仍能成道，主要是因律為如來依人依時依地之不同而設施，後人所執篇章或許有別，刑罰輕重稍異，但都不妨礙其「防非」的功能。五部後傳至中土，分別為十誦、四分律、僧祇律、五分律及未翻的迦葉毗部，其中以十誦在當時最盛行。故此科傳文中，精通十誦的人數最多。

再者，慧皎釐清當時謬執之徒的觀念。當時謬執者有二：一為偏於律者，認為自己才有資格稱為僧，其他都不夠格；一為偏於數論者，則說律為偏，數論才是通方，結果不守戒律，得意便行。慧皎認為戒、定、慧是有順序次第的，「入道即以戒律為本，居俗則以禮義為先」，而且「慧資於定，定資於戒」，唯有守戒才能安定，定安方能慧生。入道無戒不成，但僅守戒亦難成慧，只有三者依次修學、相輔相成，才能有所成就。由此可知，慧皎的分僧人為十科只是就成就與立傳的明晰方便為權宜罷了，並非高僧都僅侷限於一門的專修。

據表 4-1、4-2 中可看出此科僧人呈現出以下幾種特色：

1. 「戒律」以專精十誦者居多，「稟賦」則是方直少欲

傳文中提及「大明十誦」、「尤善十誦」、「妙通十誦」、「研心十誦」者，高達九人，而「偏善僧祇」僅一人，餘都是通論：「善於毗尼」、「少善律學」、「尤長律品」、「以律藏知名」、「大精律部」，並未明言專擅哪一部，故可知當時風氣以研習十誦為主。主要是因卑摩羅叉來中土宣通，加以後繼者多屬俊傑，最後智稱律師的開拓門戶，故使學徒濟濟。

另關於「稟賦形貌」的記載並不多，列舉出的個性多偏向方直少欲，如：「至性方直」（釋慧猷）、「清貞」（釋道房）、「性溫謹……少欲」（釋志道）等，由此亦可看出他們的確具備了成為律師的天賦。

2. 辛勤「教導」，嚴正律綱

本科僧人幾乎人人都循循善誘、孜孜不倦的講律、授戒、教導後進，蓋因其專精律品，深知戒律之重要，為成道的基礎，若根基不穩，恐難成上道，故對當時僧界的持戒鬆散心急如焚。有的「講說相續」、「大開律席」、「講席頻仍」、「開講十誦」、「不憚艱苦，講律明戒，更申受法」，如：釋慧猷、釋慧詢、釋道營、釋志道、釋法穎、釋智稱、釋僧祐。有的「訓誘無輟」、「為僧正悅眾」揪舉犯戒者、「勤誨門人，改惡行善，其不改者，乃為之流涕」、「試簡五眾」，如：釋僧業、釋僧璩、釋道房、釋法穎、釋僧祐。甚至他們的著作亦多與戒律有關，如：慧猷著《十誦義疏》、道儼著《決正四部毗尼論》、超度有《律例》、法穎有《十誦戒本并羯磨》、智稱則著《十誦義記》等，可謂是終身奉獻於習律、傳律了，難怪慧皎花較多的篇幅來敘說其苦心孤詣的教導過程，反而在感應、神通方面付之闕如，蓋與其形象無大相關之故。

3.「佛理」、「素食」、「誦經」較多，「苦行」、「建寺造像」、「外學」少

其修行法多偏重在經典方面，大多都「博涉眾典」、「總銳眾經」，強調「蔬食」，時常「誦經」，但在興福方面明顯減少。外學更僅有一人「兼善史籍，頗製文藻」，而這還是與文字有關，他科擅長的天文數術等，無一人涉及，呈現出專力於律學之研究與宣揚。

由以上的特點，我們似乎看到一群敦敦教誨的導師，耳提面命地論述著戒律的內容與重要。他們儀容端整，少避世苦行、少分心外學，一心一意從事整頓教團、重振教綱的使命。

（六）亡身科

慧皎在論中首先讚賞此科僧人能體悟三界為火宅、四生是夢幻，故能不在乎己身、捨棄權勢與家國。這比起那些視身體為無上寶貝，不惜花費鉅資吃好穿暖，甚至煉丹吃藥，以求長生者，不知勝過多少。但亦有人是為了邀譽而強行從事，臨陣駭然又不敢脫逃，徒然遭受巨大痛苦而亡身，實非本科所宣揚者。

當然會形成燒身的風潮，主要原因，一方面來自佛經的大力讚揚，如：「法華經第六藥王菩薩本事品的燒身供養、大般涅槃經第十四聖行品的施身聞偈、金光明經第四捨身品的餓虎投身、大智度論第十一的內佈施、同上第十二的上佈施、梵網經的燒身、燒臂、燒指供養等。」〔註13〕另方面則是當時思想界流行的精神不滅之說。然而這種激烈的方式，雖能轟動一時，但與中國溫柔敦厚的民俗風情相違背，故反對、詬病者仍不少。如慧皎對於用亡身這種激烈的修行方法，就不全然表示贊同。其提出的原因有三：一為出家眾重在以威儀攝物，今卻毀形骸，壞福田相，雖「得在忘身」，卻「失在違戒」，總是有個缺憾在。二為燒身時，身上有八萬戶蟲，其俱被燒，不免惹來殺蟲的過失。三為真正生死的根源在「三毒四倒」，應從「七覺八道」〔註14〕才是涅槃的正路，燒身並非離苦的捷徑。

據表4-1、4-2中可看出此科僧人呈現出以下幾種特色：

1. 多數「犧牲」都是燒身而亡

除了釋僧群為不傷鴨而絕水不飲卒、釋曇稱為息虎災而以身餵虎、釋法進施身與飢者食與釋僧富自殘身體以換被劫小兒外，其餘皆是燒身而亡。其燒身的方式有

〔註13〕見岡本天晴〈六朝における捨身の一側面〉，頁330。

〔註14〕三毒：「三種基本的煩惱，能障害善根的發展，這即是貪、瞋、癡」。四倒：四顛倒，分為凡夫四倒（常、樂、淨、我四顛倒）與二乘的四倒（無常、無樂、無淨、無我四顛倒）。七覺：能導致覺悟的七個項目。八道：八正道。詳見吳汝鈞《佛教思想大辭典》，頁73、185、34、35。

的是直接集薪爲龕，入內燒身；有的事前先漸絕糧粒，唯服香油，再燒身。一般多是直接燒身亡，僅有釋僧慶先捨三指，後才燒身。而其燒身的理由，見釋僧瑜傳中云：「結累三塗，情形故也，情將盡矣，形亦宜損。」其將形體視爲累贅，爲苦因，顯然易見。另亦有爲求見佛而燒身者，見釋僧慶傳中云：「願求見佛，先捨三指，末誓燒身」，後並「對其所造淨名像前，焚身供養」。然而根據慧皎對篇章的安排，前四篇全是爲解救別人而犧牲生命者，而燒身者全列在其後可知，因救眾生而不得已犧牲生命，仍是較被讚許的行爲。

2. 既不眷戀肉體，故「苦行」、「素食」者多

此科僧人既不重視肉體養生，當然不會講究衣食，故實行苦行與素食者多。如：「清貧守節」（釋僧群）、「少孤居貧……採薪爲燭，以照讀書」（釋僧富）、「立行精苦，修頭陀之業」（釋慧始）、「精勤懷勵，苦行標節」（釋慧紹）、「精勤苦行」（釋慧益）、「苦行頭陀」（釋法光）等。而素食的方式似乎與其要燒身有一定的關聯，多是先絕平時飲食，再服香油、香丸或松膏等，此法於《法華經・藥王菩薩本事品》中亦有詳細描述：「即服諸香……又飲……諸華香油；滿千二百歲已，香油塗身，於日月淨明德佛前，以天寶衣而自纏身，灌諸香油，以神通力願而自燃身。」可見其素食的方式應與佛典的記載有關。

3. 死前多「誦經」，「感應」亦多發生於卒時

除了平時就習誦的經典，如：《法華》、《勝鬘》、《金剛般若》、《無量壽》、《觀經》外，餘多記載其死前誦《藥王品》，蓋其皆踵藥王之轍故也。而此品中極力讚揚燒身供養爲諸佈施中的第一等佈施，僧人既誦此經，受其鼓舞而視死如歸，可想而知。

而爲了彰顯其燒身的功德，多記載其卒時之感應現象，如：釋慧紹卒時有星直下煙中，俄而上天，且三日後燒身處生梧桐；釋僧瑜燒身日天氣由雨轉晴，卒後紫氣騰空，房中亦生雙梧桐；釋慧益卒後，帝竟夢其囑以佛法；釋僧慶卒時則有一物如龍升天等。這些都象徵著其燒身非爲邀譽，是眞有實德者。

4. 「教導」及「外學」缺乏

教導方面，只有釋僧遵篤屬門人之記載，餘皆缺乏，可見其不以言論音聲來訓眾，而是以實際的燒身來作無言的教導，故傳文無記載其日常教育門人的言行，多僅描述眾人見其燒身時的讚嘆，如：「道俗觀視，莫不悲慕」、「道俗知者，奔赴彌山，並稽首作禮，願結因緣」、「吳郡張辯爲平南長史，親睹其事，具爲傳贊」、「帝亦續至，諸王妃后，道俗式庶，填滿山谷，投衣棄寶，不可勝計」、「道俗僑舊，觀者傾邑」等，連帝王后妃等皆來觀禮，這無疑是一次次勿執著肉體的現身教育。

外學方面，除了釋僧富「備盡經史」外，餘皆闕如。且僧富的備盡經史是在出家前的涵養，出家後亦未見有接觸外學或以外學交接眾人的事蹟。可見此科僧人在學識方面並不豐富，只是信心堅定，憑一念而能外緣不擾，從容就義。

以上的幾個特點呈現出一群棄肉體爲敝屣的修行者，能輕易的以身佈施，以堅苦卓絕的毅力，默默進行著自己認爲該做的事，信心絲毫不受動搖，的確非常人能及。

（七）誦經科

慧皎論云：「諷誦之利大矣，而成其功者希焉。」主要是因難持易忘，若能克服則可使「實德內充」，當然徵應必然產生了。故此科僧人傳中大多有提及因誦經而得之感應，以證明其德不虛。

再者，慧皎認爲在長夜中獨誦閑房，能使非人聞之欣悅，亦算是利眾之行。本科傳文有多篇提及因夜中諷誦經典而得之感應，蓋爲此之說明也。

據表 4-1、4-2 中可看出此科僧人呈現出以下幾種特色：

1. 「誦經」以《法華經》居多

由此科僧人所誦經典，可見《法華經》受歡迎的程度。首先，誦《法華經》者出現十七次，居全科誦經類之首。依次爲《維摩經》六次、《十地經》三次等，餘如：《淨名》、《大品》、《大涅槃》、《金剛波若》、《金光明》等皆只有二次，與《法華經》相差懸殊。

2. 多半伴以「素食」、「苦行」、「禪坐」等實際修行，「外學」、「佛理」則較不注重

此科僧人多半專心致志地過著遵守戒律、刻苦勵行的誦經生活，故提及「素食」者有十五人，人數之多是他科所無。而其素食方式不若亡身科的食香油、松膏以就焚身，亦不像神異科某些僧人的「虛靖服氣，不食五穀」的修斷食法，而只是「蔬食」、「餌菽麥」、「魚肉葷辛未嘗近齒」等一般的不食葷鮮。他們多半是過著清苦嚴謹的生活，如：「蔬食布衣」、「服布衣，餌菽麥」、「蔬食素衣」、「蔬食避世」、「閑居養素，畢命山門」、「足不出戶三十餘年」等就有多人，再配合有「苦行」記載者十二人、「戒律」者六人、「禪坐」者六人，可想見此科僧人的嚴謹風貌。另外亦有以「蔬苦六時，以悔先罪」（釋法宗）來懺悔其出家前的打獵行爲。

然而，此科僧人因專心於「誦經」，故對於「外學」多不熱衷，不但無人習外學，連精達諸「佛理」者也僅有四人，可見其並不擅長義理的闡述，故「教導」的方式多半是爲寺主訓誡眾僧、或昇台諷詠、或授戒，講論義理者不多。

3. 「神通」少，「感應」則多是發生在誦經或危難時

「神通」記載者僅有兩人，可見慧皎並不藉神通力來彰顯其德，主要是透過「感應」的方式來說明此科僧人誦經之有成。感應的對象分為觀音普賢等大菩薩、山神天神諸天童子等天人、梵僧聖僧騎馬者等不明來歷者以及鳥獸、鬼等。感應的方式亦因對象不同而迥異，如：菩薩多半是救難或示現僧人修行有成而出現；山神天神諸天童子則是請誦經或來聽經後，給予讚賞、或暗助其日常生活；梵僧聖僧騎馬者等不明來歷者則多現身於其作齋或祈請後，可能是某些菩薩的化身感應其盛會而來，但實際身分則不明；鳥獸多半表現出馴服之貌，鬼則是來求助超渡的。

其中有些感應在佛經中即有記載，如：釋普明「每誦至勸發品，輒見普賢承象，立在其前。誦維摩經，亦聞空中唱樂。」而《法華經·普賢菩薩勸發品第二十八》中即記載：「是人，若行若立讀誦此經，我爾時乘六牙白象王，與大菩薩眾俱詣其所，而自現身。」《維摩經》亦復如是。另釋慧進造法華而病癒、竺法純與釋道冏心存觀音而得救，在《法華經·藥王菩薩本事品》與《觀世音菩薩普門品》皆有記載奉持或造法華者能使病疼癒、觀音能聞聲救苦等事。

從以上特點看出此科僧人心無旁騖地過著守戒的誦經生活，無私慾、不逐利，才能在誦經或危難時頻獲感應。

（八）興福科

慧皎〈興福科論〉曰：「入道必以智慧為本，智慧必以福德為基。譬猶鳥備二翼……。」此可明白表現出慧皎的看法，深入佛學，探究義理，是學佛的根本，但必須經實修積福德，智慧才能落實，故智慧與福德缺一不可。而在修行的過程，因誠因專，故有感應、有徵祥，可說是「祭神如神在，則神道交矣；敬佛像如佛身，則法身應矣。」然而，佛像何以有各種不同的面貌呢？論云：「夫法身無像，因感故形，感見有參差，故形應有殊別。」實在是因人心的迥異而有感應之不同，並不足以驚訝，因為重點在真誠信仰，而無形無像的法身則會因相應而現的。

佛經的鼓吹，如：《法華經·方便品第二》中大力宣揚起塔造像的功德，加以眾生的信仰需要，造成塔像建造蓬勃。天竺造塔寺畫像早在佛陀時即已有之〔註15〕，至阿育王時更是派遣使者於各地大興塔像，故後人常有發現其遺跡者。中國則從蔡愔、秦景自西域帶回佛像後，歷經各朝各代的努力，佛像寺廟亦大量增加，而在興建的過程中，也因僧人的精誠而有各種瑞應，這些都在其傳記中表露無遺。

〔註15〕張弓文引《釋氏要覽》引《毗奈耶》中提及給孤長者造寺欲畫像，向佛請教，佛告知如何安排圖像。見張弓《漢唐佛寺文化史》，頁483。

　　據表 4-1、4-2 中可看出此科僧人呈現出以下幾種特色：

1. 興福的方式多是建寺造像

　　慧皎多以泛稱的方式來稱述其興福的熱誠，如：「精勤福業」（竺慧達）、「常修福業」（釋慧受）、「少來好修福業」（釋僧慧）、「好營福業」（釋法意）、「常以福業爲務」（釋慧敬）等。此科正傳十四人，其中列舉建寺或修寺者多達九人，居興福之冠。主要是寺廟爲僧人依止之所，建寺幫助僧人修行，可謂大功一件。再者，任何佛像、舍利等亦皆需要有塔寺安放，故建寺可說是眾福之本。其次爲造像，或造丈六金像、丈八無量壽佛像、或造十丈石佛等。而此科僧人在「造經」方面居然闕如；「佛理」的了解亦只有兩人參涉經律數論，另一人雖博通經論，但「義學不得全功」（釋慧敬）；亦無「外學」能誘眾，可見其修行重點不在佛教義理的宣揚，而是從信仰進入而得感應的一個方式。故教導則以僧主、勸化福事爲主。

2. 多嚴守「戒律」

　　因其對佛教堅決地信仰，故在「戒律」方面，嚴格要求者多，如：「有戒節」（竺慧直）、「少以戒行著名」（釋僧亮）、「精於戒節」（釋慧敬）、「棲心禪戒，未嘗虧節」（釋法獻）、「律行精純」（上定林寺釋法獻）、「戒行嚴淨」（釋僧護）、「戒素沙門」（釋法悅）等。而其對戒律的態度大多是嚴謹的遵守，而非如明律科僧人般去深入研究，載之著作，授戒以宣揚戒律。除了嚴守戒律外，其他與戒律較密切相關的行爲，如：「素食」、「苦行」亦頗受此科僧人重視，用功者多，蓋節衣縮食一方面是一種修行的考驗，另方面亦可將所得積存以營建塔像，可謂一舉數得。

3. 「神通」記載少，「感應」多與塔像有關

　　此科僧人少有神通力的展現，唯一的一位則是卒後現身，「神色甚暢」（釋慧元），而且關心的也是「寺業」，還會按時敲磬集眾，可見其生前嚴守戒律，重視寺業的態度。

　　「感應」的記載則共有十一位，幾乎人人皆有了。感應的方式多是幫助欲建寺之僧人能在適當的地點立寺或維護寺業，如：釋慧力欲立塔，有一神人每夕便將其塔標東移；釋慧受則夢青龍從南方來，化爲刹柱，後果得一木爲柱；釋僧慧中夜見燈自然前進數十步，原來此爲外國道人起塔之舊基；釋法獻則於禪定時有人告知磬繩將斷，而能及時搶救無毀等。或是要塑像者得銅或所塑像來解危，如：釋僧亮欲造丈六金像，向伍子胥廟借銅，則廟前蛇隱，神人出獻銅；釋僧洪則因造像被抓，後夢像來安慰，果免刑；釋僧護則見石壁光明煥炳，聞弦管歌讚之聲而決定於此處造像等。

有以上特點可知，此科僧人守戒清修，汲汲經營福業，甚至如釋法意者竟起了五十三寺，令人嘆為觀止，也因此其並無太多精力沉澱於佛理的研討，故義學之功不彰。

（九）經師科

關於後兩科經師與唱導，張弓曾明言其區別：「在六朝京師建康，有不少寺僧持經、導聲業，稱經師、唱導師。聲業技藝分聲、文兩部。『聲、唄』為聲部技，『聲』指轉讀，是一種轉詠聲法，『唄』指梵唄，是歌唱的聲曲。經、導二師聲部相同，文部卻劃然有別：經師只轉詠佛經經文；導師則唱誦非經文的事緣和法理。經與非經內容都為法集齋會所需要。」由此可知，此二科都與民眾有密切的互動，且皆擅長音聲。然也因此兩科聲部相同。故至南北朝後期呈現合流的現象〔註16〕。

慧皎論首言音樂的發生與功用，引詩序云：「情動於中，而形於言。言之不足，故詠歌之也。」故可知音樂的產生是出自人類天性的需求，也因此其功用能「感天地，通神明，安萬民，成性類」。而佛教既屬修身養性之學，當然該輔以音樂，以成其效。慧皎明言聽唄有五種利益：身體不疲、不忘所憶、心不懈怠、音聲不壞、諸天歡喜。此在《十誦律》中亦有記載〔註17〕，佛陀亦不禁用音樂來讚嘆佛理，故天竺早有梵唄之樂，非獨中土有之。

然而中外文字不同，音樂無法傳配，論云：「自大教東流，乃譯文者眾，而傳聲蓋寡。良由梵音重複，漢語單奇。若用梵音以詠漢語，則聲繁而偈迫；若用漢曲以詠梵文，則韻短而辭長。」然而，這種窘境並不能因此斷絕佛教音樂的吸引力，從曹植、康僧會、支曇籥、竟陵文宣王、僧辯、慧忍等多所新製，使中國佛教亦能藉由詠經歌讚而「起暢微言，怡養神性。故聽聲可以娛耳，聆語可以開襟」。

最後慧皎提及轉讀的標準應是「聲文兩得」。若只顧慮到音樂的美好而忽略經文的意義與完整性，隨意割裂，任予措合，那人們聽不懂，道心也就無由生起；若以經文為主，未配合恰當美好的樂音，那也難深入俗民的內心。故「精達經旨，動曉音律」是非常重要的。

據表4-1、4-2中可看出此科僧人呈現出以下幾種特色：

1. 文中多寫其聲，「形貌」較少涉及

〔註16〕見張弓《漢唐佛寺文化史》，頁458、471。

〔註17〕釋道昱曾引《長阿含經》卷五記載梵聲有五種清淨：正直、和雅、清澈、深滿、周遍遠聞。故《十誦律》云聽聞清淨梵音能有五種利益：身體不疲、不忘所憶、心不懈倦、音聲不壞、諸天聞唄聲，心則歡喜。見〈經導對中國佛教禮懺的影響——以梁高僧傳為中心的探討〉。

　　該科僧人既以轉讀聞名，傳中當然極力描寫其音聲之妙，無一例外。慧皎對其聲音的描寫有「哀婉」（帛法橋、釋法暢、釋道琰）、「清靡」（支曇籥）、「清雅」（釋法平）、「和雅哀亮」（釋僧饒）、「清而爽快」（釋智宗）、「高亮……清澈」（釋曇智）、「哀婉折衷」（釋僧辯）、「哀婉細妙」（釋慧忍）、「甚豐聲而高調」（慧寶、道詮）等，張弓將此分為三類：哀婉、清爽、高亮〔註18〕。除了聲音的品質外，對於轉折的技巧亦有形容，如：「四飛卻轉、反折還喉」（支曇籥）、「製無定准，條章折句、綺麗分明」（釋道慧）、「響調優游」（釋僧饒）等，可說是毫無滯塞、流暢自如。而聲音之外的形貌則甚少著墨，稟賦的描寫亦以「特秉妙聲」為主，其餘多省略。

2.「教導」以聲音為媒介、「感應」亦以此為宗

　　因其聲音美妙，故大眾無論上層或下層，多因此而被吸引來聽經。而每次有齋會，或民間、或將軍府、文宣府，都有其展唱之機會，故「懷音者，皆崇其聲範」而來就教。再者，亦可藉此學聲之便，授五戒、傳佛教，即是慧皎論中所言「聽聲可以娛耳，聆語可以開襟」也。

　　此科僧人都無「神通」的描寫，「感應」亦只有四篇，一為求觀音而得聲、一為天神授其聲法，另兩篇則是諷詠時有非人彈指唱薩與群鶴來集的異象，藉此或可強調此科僧人轉讀的功力，但為數不多，效果不甚大，或許與此科僧人修行功力不深有關。

3. 一半的僧人擅長「外學」，而「佛理」、「戒律」等則貧乏

　　其外學的範圍非常廣泛，舉凡尺牘雜技、老莊玄儒、書法歷史多所涉獵，但多集中在世俗的學問技巧方面，與譯經科的精通天文、數術與外文等「外學」，有極大不同。由此可比較出此兩科僧人形象的迥異，前者涉世較深，眼界侷限在人間，而且只在中國；後者則超然物外，可掌握宇宙的規律，並扮演國家間的交流，譯經科僧人的形象顯然較本科高出許多。

　　除了對「外學」的描述外，其餘如「素食」、「佛理」、「苦行」、「佈施」、「戒律」、「建寺造像」、「著作」等皆是零星的描寫，由此可知，此科僧人在佛理的研究與實際的修行方面不若前幾科的深入。

　　此科僧人周遊在大眾齋會之間，從事以聲唱經的工作，涉世較深，修行功力不足，甚至有「性風流、善舉止」（釋曇智）的形象出現。

（十）唱導科

　　此科與前一科經師科本為草創《高僧傳》時所無，後因「其有一分可稱」，故列

〔註18〕見張弓《漢唐佛寺文化史》，頁465。

入而使《高僧傳》湊為十科。見慧皎論云：「昔草創高僧，本以八科成傳。卻尋經二技，雖於道為末，而悟俗可崇，故加此二條，足成十數。」因為此二科皆能在誘導群眾方面有不錯的成效，故被列於傳末。

關於唱導之始，慧皎論中有詳細說明。本來只是齋會時「宣唱佛名，依文致禮」，但到中夜時，因太疲乏了，故才請高德昇座說法，以開解眾心。而使唱導成為法則的則是廬山釋慧遠。唱導的內容一般包括無常、因果、地獄等普泛的佛理，非如義解科的辯論玄佛。

再者，慧皎提及唱導的條件有四：聲、辯、才、博。有好聲才能警眾，有辯才才能切合時機，有才華所說才有內容，而博學更能使所論有所依據，故此科僧人除了對聲音的要求外，還得包括能引領眾心的廣博外學，從慧皎所著的傳文中可以得到證明。有了以上四種條件，還得依人設語，才能收到成效。如對出家人則以無常懺悔為主；對君王長者則需根據其知識背景引用其所熟悉的外典，並且用辭綺麗，才能說服他們；對一般的凡夫則直接以見聞為主，明白陳述，才能使其明瞭；而對山民野處，則直接斥責其非，以警醒他們勿再犯錯。由此可知，能擅長此科之僧人，亦非易事，值得慧皎為其列傳於高僧之列了。

據表 4-1、4-2 中可看出此科僧人呈現出以下幾種特色：

1. 「唱導」功力深厚，「教導」對象貴賤不拘

傳中極力描寫其「唱導」的功力，依所述可分為兩方面：一為聲音方面，如：「音吐嘹亮」（釋道照）、「天然獨絕」（釋曇穎）、「哀亮」（釋僧意）、「無事宮商」（釋法願）等，多是自然高亮之聲；一為應變方面，如：「指事適時，言不孤發」（釋道照）、「辭吐流便，足騰遠理」（釋曇穎）、「出語成章……臨時採博，罄無不妙」（釋慧璩）、「辯口適時，應變無盡」（釋曇宗）、「言無預撰，發響成製」（釋道儒）、「言不經營、應時若瀉」（釋慧重）、「言語訛雜，唯以適機為要」（釋法願）等，應變方面的描寫明顯比聲音多，可見慧皎重視此科僧人的才辯與博學。

而其唱導的對象有皇親國戚，亦有士人百姓。其中皇帝，如：宋武帝、宋孝武、宋明帝等賞賜極豐。唱導內容多是百年無常、恩愛必離與因果報應等之說。以此誘眾，並授五戒、為門師、京邑都維那等，在當時影響力亦極深遠。慧皎言其效果有：「帝悽愴良久，賞異彌深」、「王侯妃主四遠士庶，皆從受戒」、「梁楚之間，悉奉其化」、「凡預聞者，皆留連信宿，增其懇詣」等，難怪能獲慧皎的青睞！

2. 「外學」駁雜多樣

此科僧人唱導對象，包括了不同階層的人，有知識份子、亦有黎民百姓，故在世間學問方面多需博採眾技，才能應付得宜。如：「少善尺牘，兼博經史……披覽群

典」（釋道照）、「讀覽經論，涉獵書史，眾技多閑」（釋慧璩）、「博通眾典」，唱導並引用尚書（釋曇宗）、「嗜五經詩賦，及算數卜筮，無不貫解」（釋曇光）、與袁愍孫辯「老莊儒墨之要……素善經書」（釋慧芬）、「世間雜技及書变占相，皆備盡其妙」（釋法願）等，不但廣究儒家諸子歷史之要，其中兩人且精通算數占卜，的確是眾技多嫻。

3. 佛教實際修行敘述少，「感應」「神通」亦不多

在「素食」、「戒律」、「誦經」、「著作」、「製新聲」、「苦行」、「持咒」、「佈施」、「建寺造像」等方面，慧皎著墨不多，蓋與上一科情形類似，一來此科僧人佛學修行可能不及前數科僧人，另一方面則是慧皎編之書末較不重視之故。不但實際修行敘述少，連「感應」「神通」地描寫亦是疏疏落落，由此可知。

此科僧人極富辯才，但與義解科論哲理不同，而是運用在齋會誘眾方面。其廣泛的涉獵各種世俗學問，以便引導各類型之眾生。其與經師科僧人同樣具備音樂的藝術天份，但比其多了靈活應世的才華；蓋經師科僧人只要諷詠佛典即可，唱導科僧人則需將佛經的涵義以淺顯適俗的方式唱出，故博學辯才成了重要的能力。

二、十科僧人比較綜述

從以上十科傳文的分析，可整理出各科僧人的樣貌與輪廓：譯經科僧人，風塵僕僕，滿腔傳道熱情，三學功力深厚；義解科僧人，才辯縱橫，精通玄學佛理，風采高逸秀出；神異科僧人，其貌不揚，形象邋遢，出沒無定，卻神通駭人；習禪科僧人，畢命枯槁，禪坐誦經，堅毅十足；明律科僧人，憂心教團，備研經律，訓戒僧眾；亡身科僧人，無視肉體，忘身為道，矢志不移；誦經科僧人，專心致力於諷誦經典，心無旁鶩；興福科僧人，汲汲營福，刻苦蔬食，起寺造像；經師、唱導科僧人則妙善音聲，感俗化眾，接誘之功大矣！

十科僧人雖各有樣貌，然若打破十科的藩籬，從慧皎對內容的引述中（參見表4-3），亦可看出作者本身所重視的方向，分析如下：

1. 淑世精神的強調

二十種行為中，以「教導」人數最多，排名第一。察看其分布，除了亡身科外，幾乎每科都有不少人從事著教化眾生的工作，或千里迢迢傳授佛法、或與士人辯論佛理、或展神通降服頑強、或教禪、訓眾、或唱導、詠經等，各以其所長，讓眾生能蒙沾佛恩。此中亡身科僧人雖少有言詞的化眾，然而其犧牲生命的過程，亦為「肉身是空，切勿執著」的身教化導，能不算是一種教導嗎？綜觀《高僧傳》中避世修

行，不與人接者少，由此可看出慧皎極度強調「教導」之行為，才會不厭其煩地傳傳皆述，而這樣的內容也顯示出慧皎強烈的淑世精神。其《高僧傳序》云：

> （譯經科）皆忘身殉道，委命弘法。震旦開明，一焉是賴。茲德可崇，故列之篇首。至若慧解開神，則道兼萬億；通感適化，則強暴以綏；靖念安禪，則功德森茂；弘贊毗尼，則禁行清潔；忘形遺體，則矜吝革心；歌頌法言，則幽顯含慶；樹興福德，則遺像可傳……轉讀宣唱，雖源出非遠，然而應機悟俗，實有偏功。

不論是「委命弘法」、「道兼萬億」、「強暴以綏」、「禁行清潔」、「矜吝革心」、「幽顯含慶」、「遺像可傳」或「應機悟俗」，皆是教導的不同方式，慧皎於序中已表明了這些高僧之所以可傳，全在其教化之功不可沒。

2. 佛理研究、戒律行為的重視

慧皎雖將高僧分為十科，然而從正附傳人數來看，以研究宣揚佛教義理為主的譯經與義解科僧人占了六成以上，且分占十科的第一、二位；又從十科僧人整體的行為觀之，「佛理」出現二百二十二條，是二十種行為中排名第二，，僅比「教導」的二百二十五條略遜三條而已，可見慧皎重視義理研究的態度。

明律科雖被慧皎列為第五，但在行為中「戒律」卻排第三，可見除了在明律科強調戒行之外，其他如：譯經、義解、興福等科都有多人提及其戒律嚴明或精通律學，可見對律學研究頗有心得的慧皎，認為戒律是極其重要的，在作傳時相當注意戒律一事，才會屢加傳寫。

3. 譯經人才頗受限制、造經不受重視

「譯經」非人人可為，從表 4-3 中可知，除了譯經科（多主譯）的四十八條，與義解科（多助譯）的十二條外，其他各科幾乎掛零，僅有的如：神異一條、誦經一條與明律兩條，亦皆為「造經」者，而非譯經。由此可見，一來譯經的人才頗受限制，須通曉梵漢，否則無法勝任；即使不通梵漢，也得精通佛經、有人贊助，才能譯出。加上需橫跨廣大天氣惡劣的沙漠、雪山、急流或海洋，人才或佛典才能輸入，的確非人人可為。二來當時寫經、造經者應不乏其人，因佛經（如當時極為流行的《法華經》）的大力讚揚讀寫持誦經典的功德，故應有相當的僧人投入這樣的修行，然而慧皎記載的卻屈指可數，連興福科亦無一人有造經的記載，可見其不太重視此項行為。

4. 外學、遊方、著作各有所偏

「外學」行為集中在譯經、義解、神異、經師與唱導等科，且各科所擅長的外

學並不相同，已見前述。而「遊方」則是以譯經、義解、神異三科爲大宗，蓋譯經多東來之僧人；義解爲了尋求義理的曉暢而往西尋經、或各地遊學；神異則是四處爲家，出沒不定，故此三科遊方之方式與目的亦不盡相同。「著作」則是譯經、義解、明律三科的僧人最多，而譯經科多是翻譯之經典、義解科則是對佛典的義疏與論述、明律科當然以解說戒律爲主，其餘他科則甚少有著作的記載。

5. 誦經、禪坐相輔相成，素食、苦行則是各科皆有

在「誦經」此項行爲的比較表中，除了譯經（通常能諷誦經典，表示其對經典的熟練度）、誦經科（以誦經爲主要修行法）外，習禪科僧人位列第三；而在「禪學」此項行爲的比較表中，除了譯經、義解、習禪三科外，誦經科亦排列第四，若就比例來看，則誦經科出現「禪學」的機率明顯高於義解科，同樣位列第三。由此可知，「誦經」與「禪學」兩種行爲常相輔相成。而「素食」則除了誦經科高達十五條外，其餘各科呈現零星分布，沒有一科掛零；「苦行」亦是科科皆有，且以誦經科所呈現的比例最高。慧皎對素食、苦行一事的時時提及，可見其心中仍相當讚揚此種行爲，此應與當時的大環境背景有關，可見第二章所述。

6. 其　他

從表 4-3 中亦可看出一些趨向，如：「乞食」之風不盛，排名落在倒數第三；「犧牲」僅以亡身科爲主，其他各科只有兩條，可見此種行爲不甚受慧皎青睞；「轉讀」（除譯經科兩條關於梵唄外）、「製新聲」、「唱導」三事前八科全數掛零，可見其果眞是後來添加的，在慧皎的寫作中，它們幾乎不占任何地位；「稟賦形貌」則以譯經、義解、神異三科最多，幾乎人人皆有，此與慧皎用心撰作有關；「神通」比例不高，除神異科是專寫僧人之神通力外，其餘各科都不到十條，其中譯經科僧人有九條，排名第二，應與其多來自外域，想像空間較大有關；而神通力之所以不及「感應」事件多的原因，恐怕一來是與僧人展現神通的機會少見，二來慧皎並不認爲神通爲學佛之目的有關，而只要修行有得，多能有所感應。且感應是被動的，不但不會主觀的介入因果運作，還能彰顯有他世界的存在，對佛理的傳揚有正面的效果，故條數爲神通的兩倍。

第五章 分科之研究（二）——形象之比較

第一節 與志人、志怪小說之比較

　　對於僧人的記載，魏晉南北朝時期，除了專載僧人生平的傳記外，志人與志怪小說亦多所描述。而且因其寫作態度、撰述動機與文體結構之不同，使得僧人形象與《高僧傳》大異其趣；也開闢了另一條間接認識《高僧傳》的蹊徑。以下先整理出志人與志怪小說中涉及僧人與佛教則數之總表，繼而分兩大部分來探討：生活於現世中的僧人、奇異怪僧。首先，生活於現世中的僧人，亦可分為兩部分。一為將志人、志怪小說與《高僧傳》皆有記載之僧人一一比較，了解其異同；二再統論志人志怪小說所載僧人之形象，與《高僧傳》述及之僧人形象兩相比較，不但可檢視慧皎寫傳時之褒貶取捨，更可深切了解僧侶在時人心中的樣貌，及當時人對宗教的需求與對現世的不滿。最後對於奇異神僧，或出現在現實時空、或在夢中、或另一世界者，不論《高僧傳》或志人與志怪小說皆有述及，其存在的真假非本文討論的範圍，然其代表了當時人對僧侶印象的月暈作用，卻不容置疑。此種月暈作用能反映心靈世界的真實情感，亦有討論之必要，故列於最後討論。

一、文獻總表

　　魏晉南北朝至隋之志人、志怪小說經逐一翻檢，出現僧人或佛教情事者，約和四百多條。雖書籍數有二十六種之多，然其特色多是率爾而作，質樸自然；篇幅短小，筆錄而成。動機多是出於對人物品評之熱衷與對神異鬼怪之好奇信仰，故內容不離此兩類。既然特色相同、動機相近，故本文將其視為一整體，來與《高僧傳》作比較，藉此以彰顯《高僧傳》之特色。今將翻檢過之書籍，無記載佛教（表 5-1）

與有出現佛教事蹟者（表 5-2）皆列表如下：

表 5-1：

說明：

1. 「出現僧人則數」：指書中出現僧人之則數；其中 a《高僧傳》亦記載之僧人、b《高僧傳》雖有記載但無法確定是否同一人者。
2. 「出現佛教則數」：指書中出現僧人以外有關佛教事蹟之則數。
3. 「※」：指朝代、作者不確定或有爭議者。

編號	朝代	作者	書名／卷數	出現僧人則數	出現佛教則數	備註（◎現存、○輯存）
1	魏	邯鄲淳	笑林	無	無	○古小說鉤沉本 29 則
2	晉	祖台之	志怪／2	無	無	○古小說鉤沉本 15 則
3	晉	陸氏	異林	無	無	○古小說鉤沉本 1 則
4	晉	王浮	神異記	無	無	○古小說鉤沉本 8 則
5	晉	葛洪	西京雜記／6	無	無	◎四庫全書本
6	晉	張華	博物志／10	無	無	◎四庫全書本
7	※晉	孔氏	志怪／4	無	無	○古小說鉤沉本 10 則
8	※晉	殖氏	志怪記／3	無	無	○古小說鉤沉本 2 則
9	※晉	謝氏	鬼神列傳／1	無	無	○古小說鉤沉本 1 則
10	※晉	郭氏	玄中記／1	無	無	○古小說鉤沉本 71 則
11	宋前	※	神異經	無	無	◎四庫全書本（作者舊題東方朔撰、張華注）
12	宋初	※	漢武帝內傳／2	無	無	◎四庫全書本（作者為上清派道教徒）
13	宋	東陽無疑	齊諧記／7	無	無	○古小說鉤沉本 15 則
14	宋	袁王壽	古異傳／3	無	無	○古小說鉤沉本 1 則
15	宋	郭季產	集異記	無	無	○古小說鉤沉本 11 則
16	宋	虞通之	妒記	無	無	○古小說鉤沉本 7 則
17	六朝	※	十洲記／1	無	無	◎四庫全書本（作者舊題東方朔撰）
18	梁	劉之遴	神錄／5	無	無	○古小說鉤沉本 3 則

19	梁	蕭繹	漢武洞冥記／4	無	無	◎四庫全書本（作者舊題漢、郭憲撰）
20	隋	顏之推	集靈記／20	無	無	○古小說鉤沉本 1 則
21	隋	杜寶	水飾	無	無	○古小說鉤沉本
22	※	※	錄異傳	無	無	○古小說鉤沉本 27 則
23	※	※	神怪錄	無	無	○古小說鉤沉本 2 則
24	※	※	續異記	無	無	○古小說鉤沉本 11 則

表 5-2：

編號	朝代	作者	書名／卷數	出現僧人則數（a／b）	出現佛教則數	備註（◎現存、○輯存）
1	魏	曹丕	列異傳／3	1（0／0）	無	○古小說鉤沉本 50 則
2	晉	干寶	搜神記／30	2（1／0）	無	○里仁書局本 464 則
3	晉	曹毗	志怪	1（1／0）	無	○古小說鉤沉本 1 則
4	晉	陶潛	搜神後記／10	11（3／0）	1	○王國良考訂本 134 則
5	晉	戴祚	甄異傳／3	1（0／0）	無	○古小說鉤沉本 17 則
6	晉	裴啓	語林	7（7／0）	無	○古小說鉤沉本 179 則
7	晉	郭澄之	郭子	1（1／0）	1	○古小說鉤沉本 83 則
8	※晉	荀氏	靈鬼志／3	6（1／0）	無	○古小說鉤沉本 24 則
9	苻秦	王嘉	王子年拾遺記／10	無	1	◎四庫全書本 122 則
10	宋	劉敬叔	異苑／10	12（3／2）	8	○四庫全書本 383 則
11	宋	劉義慶	幽明錄／30	13（4／0）	8	○古小說鉤沉本 265 則
12	宋	劉義慶	宣驗記／13	15（3／0）	15	○古小說鉤沉本 35 則
13	宋	劉義慶	世說新語	71（69／0）	12	◎華正書局 1130 則
14	宋	傅亮	光世音應驗記／1	5（2／1）	2	◎北京中華書局共 7 則
15	宋	張演	續光世音應驗記／1	7（0／4）	3	◎北京中華書局共 10 則

16	齊	陸杲	繫觀世音應驗記／1	45（6／5）	23	◎北京中華書局共 68 則
17	齊	祖沖之	述異記	4（0／3）	3	○古小說鉤沉本 90 則
18	齊	王琰	冥祥記	94（40／0）	36	○古小說鉤沉本 131 則
19	梁	吳均	續齊諧記／1	1（0／0）	無	◎王國良考訂本 22 則
20	梁	※任昉	述異記／2	1（0／0）	無	◎四庫全書本（疑為隋唐人編）289 則
21	梁	沈約	俗說	2（2／0）	2	○古小說鉤沉本 52 則
22	梁	殷芸	小說	無	4	○古小說鉤沉本 136 則
23	隋	顏之推	冤魂志／3	5（1／0）	2	○王國良考訂本 65 則
24	隋	侯白	旌異記／15	9（4／0）	1	○古小說鉤沉本 10 則
25	※	※	雜鬼神志怪	2（1／0）	無	○古小說鉤沉本 20 則
26	※	※	祥異記	2（1／0）	無	○古小說鉤沉本 2 則
總數				318 則（150／15）	122 則	3789 則

　　據上表可知，檢索書籍數為五十種，約二十六種有出現佛教情事，其中提及僧人事者約三百一十八則，而此中與《高僧傳》所記載之僧人重出者有一百五十則，無法判定是否同一人者為十五則；另未提及僧人，但卻與佛教相關，如：述及佛經、寺廟等，有一百二十二則。兩類共四百四十則，占總則數三千七百八十九的百分之十一點六，約是十分之一強。當然，二十六種書籍中大部分是輯佚所得，並不完整，散失甚多，無法窺其全貌，影響對全體的評判，實屬憾事。然採其僅存的則數作比較，仍有助於釐清《高僧傳》的特色，亦是一大收穫。

二、《高僧傳》所載現世僧人的比較

　　下表詳細列出重出者一百五十則，其在《高僧傳》與志人志怪小說之出處。其中除《冤魂志》、《旌異記》二書成於慧皎書後；《雜鬼神志怪》、《祥異記》成書朝代不詳外，餘皆在《高僧傳》之前。故可據以了解慧皎是否承襲，與取捨的概況。今統計得知，《高僧傳》與其重出者有五十五篇，僧人數達六十人（同一篇重出兩人或以上者有四篇）。表中阿拉伯數字為志人志怪小說出現的則數：

高僧傳編號	搜神記	曹毗志怪	搜神後記	語林	郭子	靈鬼志	異苑	幽明錄	宣驗記	世說新語	光世音應驗記	繫觀世音應驗記	冥祥記	俗說	冤魂志	旌異記	雜鬼神志怪	祥異記	與重出高僧之傳總各則篇數
一 1													1						1
一 2	1	1						1										1	4
一 3								1	1										2
一 6									2							1			3
一 8													1						1
一 9								1											1
一 10										3									3
一 13										1									1
一 22															1				1
一 24													1						1
一 29													1			1			2
一 33													1						1
二 1													1						1
二 3				1						5									6
二 5													1						1
二 7										6									6
二 8			1	6	1					49			1						58
二 9													2						2
二 10										2									2
二 13											1		1						2
二 15										1				1					2
二 17													1						1
二 18										2				1					3
二 26													1						1

二 28						1							1
二 30				1		2		1					4
二 32								1					1
二 34								1					1
二 45								1					1
二 47								1					1
二 51							1						1
二 56								2					2
二 58								1					1
二 60							1						1
二 65								1					1
三 1		1			1	1					1		4
三 2								1					1
三 3								1					1
三 4								1					1
三 5								1					1
三 8								1					1
三 13								1					1
三 18								1					1
四 3		1		1									2
六 1					1			1					2
六 7								1					1
七 2								2					2
七 3							1	1					2
七 6							2	2					4
七 7								1					1
七 13								1				1	2
八 1								1		1			2
八 7							1	1					2
八 9					1								1
九 1						1							1

以下將以《高僧傳》篇目爲順序，依次探討其與志人志怪小說之差異，並附敘慧皎參考或襲用的狀況。最後再總結兩者在爲文筆法、藝術形象與事物義理方面的異同。

《高僧傳》篇目	志人志怪小說重出者（除《世說新語》繫以篇章編號外，其餘各條皆以首句爲名）
一 1 攝摩騰、一 2 竺法蘭	《冥祥記・漢明帝夢見神人》

首先，內容方面《冥祥記》詳細形容漢明帝所夢神人爲「形垂二丈，身黃金色，項佩日光」，且強調明帝所派使者帶回的佛像「如夢所見」，充分將佛的形象與感應力表露無疑；另《冥祥記》說明「自天子王侯，咸敬事之」，且聽到人死精神不滅，都瞿然自失，對於上層社會敬畏佛教的情況也詳加揭示。這樣的敘說，主要在宣揚佛教的神奇，使一般人易於被震懾。而《高僧傳》的重點則在攝摩騰的來華，漢明帝夢佛只是其來華的引子，故並無佛形象與感應力描寫的必要。之後《高僧傳》鋪敘明帝賞接攝摩騰的情況及「大法初傳，未有歸信」，故攝摩騰有難以宣述佛典的遺憾，並提及《四十二章經》及蔡愔在西域獲經事（見一 2 竺法蘭）；而《冥祥記》則隻字不提，可見《高僧傳》重視佛學的傳授。

再者，《高僧傳》詳載人名，如：回答漢明帝問夢的通人「傅毅」、使者「秦景」與隨後亦來華之「竺法蘭」；《高僧傳》亦交代「舊像今不復存」，及白馬寺名的由來。以上《冥祥記》都無記載，由此可知其較《高僧傳》不具「史」的任務與性質。

此事兩書文辭不類，難以證明《高僧傳》是否參考《冥祥記》。然此事多書皆有記載，如：袁宏《後漢紀・明帝紀下》、僧祐《祐錄・卷二》「四十二章經」條及「四十二章經・序」、楊衒之《洛陽伽藍記・白馬寺》、劉孝標《世說新語・四 23 注》、魏收《魏書・釋老志》等，應是當時頗爲流行的說法。

《高僧傳》篇目	志人志怪小說重出者
一 2 竺法蘭	《搜神記・漢武帝鑿昆明池》、曹毗《志怪・漢武鑿昆明池》、《幽明錄・漢武鑿昆明極深》、《雜鬼神志怪・漢武帝鑿昆明池》

漢武帝鑿昆明池得黑灰，問東方朔，則不知，但云可問西域胡人。此事《搜神記》、曹毗《志怪》與《幽明錄》文辭與內容大致相同，《雜鬼神志怪》則相當簡略，且只有故事前半，似乎只抄引一半而已。《高僧傳》故事大體與《幽明錄》、《志怪》、《搜神記》類似，應有參考，但《搜神記》文內用「西域胡人」、「外國道人」、「胡人」；曹毗《志怪》稱「西域人」、「西域道人」、「道人」；《幽明錄》則言「西域胡僧」、

「外國道人」、「胡人」,皆只統稱未明指,而《高僧傳》逕以「竺法蘭」代之,不知所據為何。

《高僧傳》篇目	志人志怪小說重出者
一 3 安清	《幽明錄·安侯世高者》、《宣驗記·莽死於吳末》

首先,內容方面,《幽明錄》明白敘述安世高前世的身份為安息國王子,前世同學為大長者。今世所度廟神即大長者子,前世並與其周旋二十八年。時空記載如此清楚,似乎把它當成歷史看待。而《高僧傳》對前世事多所省略,只云其「前身已出家」、「有一同學多瞋」、今世所度蟒神為其同學。由此觀之,《高僧傳》只是為今世度蟒神一事有所交代罷了。另關於安世高遊歷之路線,兩書記載不同。《幽明錄》的順序是:先至廬山訪知識→至廣州尋覓見證他前世被殺的少年→少年隨他至稽山廟度蟒神→隨他至會稽,世高被誤殺→廣州客因而事佛精進。《高僧傳》的順序是:先至宮亭湖廟度蟒神→至廣州尋覓前世殺己之少年→隨他至會稽,世高被誤殺→廣州客因而事佛精進,並具說事緣,以明三世有徵。這兩書雖路線前後不一,但所發生的事件大致相類,此由《幽明錄》中廣州客解釋稽山廟蟒神得度事,與《高僧傳》中廣州客具說事緣的記載可知。安世高來中國所發生的神異故事,可能出自廣州客之口,只是故事流傳的過程中,有了多種版本的訛誤。

關於結構方面,《幽明錄》採順敘法,從前世至今世,結構簡單。《高僧傳》(此篇慧皎襲用《祐錄》)則採插敘法,文中以「高自稱先身已經出家」敘述其前世故事,一方面不破壞傳文之模式,再方面則使敘事方式有所變化,顯見比《幽明錄》注重結構安排。

另外《高僧傳》詳載世高與蟒神的對話,突顯出蟒神對前世之非的懺悔、將墮地獄的恐懼與自慚形穢的悲傷,最後得度過程中的「悲淚如雨」(《幽明錄》只云「淚出」),其生動與深入,都是《幽明錄》所不及。可看出《高僧傳》對形象的營造與文辭的運用頗為用心。最後並藉其度前世同學來說明潯陽郡蛇村名之由來與東寺的建立,亦為《幽明錄》所無。

《宣驗記·莽死於吳末》為《高僧傳》所引之一句話,其餘皆不詳。

《高僧傳》篇目	志人志怪小說重出者
一 6 康僧會	《宣驗記·吳主孫皓性甚暴虐》、《宣驗記·孫皓時有王正辯上事》、《旌異記·吳時於建業後園……》

首先,文辭的運用與形象的塑造方面,《宣驗記》敘及孫皓與婇女一起發現金像、

一同戲樂，並於四月八日尿像頭上，笑說爲其灌頂而後陰囊腫脹。《高僧傳》則是宿衛兵治園發現而呈上，後置不淨處，以穢汁灌之才全身腫脹，陰處尤痛。由此可見《高僧傳》用詞較文雅、含蓄，而《宣驗記》孫皓之形象則較低級輕浮。又《宣驗記》宮女明言應將廁中金像請出供養，皓立刻親自洗像、叩頭謝罪，一副昏君無神之貌。《高僧傳》中婇女僅言佛爲大神，皓即心悟，由婇女迎像，叩頭於枕，呈現出皓仍有一定的資質與國君尊嚴。

在義理的表現方面，《宣驗記》所述皓當夜痛止消腫，從康僧會受五戒，起大市寺，供養眾僧，事即結束。呈現出蔑佛之因果報應立即顯現，較不涉及佛教義理。《高僧傳》中皓不但請康僧會說法，還求看戒律，後受五戒，旬日才疾瘳，並描述了康僧會如何說法以開其心。一來崇揚了康僧會傳教的耐心，二來則間接表達遵守佛教戒律、了解教理的重要，非消極的不謗佛即可。

另一則試打舍利事，《宣驗記》認爲發生在孫皓時，且是因其想滅佛教而挑起的爭端。《高僧傳》則認爲是孫權時，因首次見到沙門而詰問有何靈驗，僧會才以呈舍利來證明，並說明了建初寺及佛陀里之由來。慧皎在文末並作簡單的考證，證實「有記云，孫皓打試舍利」是錯誤的，可見其面對數家傳記不同記載時之謹慎態度。

而在故事的張力方面，《宣驗記》記載康僧會果然如期在七日內求得舍利，阻止了孫皓的不敬。此文強調佛教果有靈驗，非誣人也，簡潔有力，風格明快。《高僧傳》則一再延期，至三七日，舍利才迸然出現，顯現出若非至誠，則無緣見神跡，也使故事呈現出相當的張力。

《旌異記》所載孫皓尿像一事大致相同，但將阿育王曾造金像鎮於江府之傳聞與孫皓尿像結合；即孫皓所尿像即阿育王所造金像。此多種故事的整合，常發生在故事流傳的中、晚期，隋的《旌異記》有此說，應是結合六朝佛教傳說的結果，亦屬自然。

《高僧傳》篇目	志人志怪小說重出者
一 8 竺法護	《冥祥記·晉沙門于法蘭》

《冥祥記》只是概述其整理經典的情況，如「于時經典新譯，梵語數多，辭句繁蕪，章偈不整；乃領其旨要，刊其游文」，似乎重點不在此。而《高僧傳》則強調其「慨然發憤，志弘大道」，爲譯經遊歷諸國，後沿途傳譯的辛苦過程，並詳載其所譯經典數，極力宏揚「經法所以廣流中華者，護之力也」，法護風塵僕僕、孜孜不倦的形象躍然紙上。

再者，《冥祥記》記載法護面臨山中水竭時，只嘆云：「水若遂竭，吾將何資」，

水即洋溢盈澗，展現了高僧神奇的感應力。而《高僧傳》就明寫「人之無德，遂使清泉輟流」、「其幽誠所感如此」，直接點出唯有德、誠才能與物相應。

《高僧傳》篇目	志人志怪小說重出者
一9帛遠	《幽明錄・蒲城李通》

李通暫死見法祖爲閻羅王講經，及道士王浮被鎖械、求懺悔事。《高僧傳》文字類《幽明錄》，應有採用。《幽明錄》中「求祖懺悔，祖不肯赴」，表達了王浮毀謗佛教之嚴重後果，連高僧都不願救；但似乎也顯現了法祖器量狹小，有違佛教慈悲憐憫蒼生之心。故《高僧傳》省略了「祖不肯赴」（此篇慧皎襲用《祐錄》），維持了法祖高僧之形象。再者，《高僧傳》於後文順道補充王浮因每每辯輸法祖，故僞造《老子化胡經》污衊佛法，才下地獄，似乎有警惕讀者勿信此經之義。

《高僧傳》篇目	志人志怪小說重出者
一10帛尸梨密	《世說新語・二39、八48、二十四7》

《世說新語》主要記載人物應對及當時人的品評，故於人物心情、思想描述較爲簡略。其所載帛尸梨密事，《高僧傳》亦有採錄，但文辭顯然較爲繁複。如：《世說新語》云「高坐道人於丞相坐，恆偃臥其側。見卞令，肅然改容云：『彼是禮法人。』」風格簡略明快；而《高僧傳》則載「導嘗詣密，密解帶儼伏，悟言神解。時尚書令卞望之，亦與密致善，須臾望之至，密乃斂衿飾容，端坐對之。有問其故，密曰：『王公風道期人，卞令軌度格物，故其然耳。』諸公於是嘆其精神灑厲，皆得其所。」顯然故事發展性加強，人物的動作描寫更細緻，並且藉帛尸梨密語明白標出其如此舉動的原因，後加諸公對此行爲的稱許，深化提高了其應付自如的高曠形象。然《高僧傳》此篇襲自《祐錄》而略加刪增，與劉孝標《世說新語》注引《高坐傳》之文辭相類，究竟是劉孝標引自《祐錄》，亦或另有一《高坐傳》爲《祐錄》所採，不得而知。

劉孝標《世說新語》注引《塔寺記》云晉元帝（318-321 A. D.）於其家邊立寺；《高僧傳》則云其卒於晉成帝咸康中（335-342 A. D.），且成帝爲其家所樹刹，兩者時間顯然迥異。《高僧傳》與《世說新語》注引《高坐傳》皆云其於周顗卒時（322 A. D.），曾前往梵唄，可見其於晉明帝永昌元年仍在，《塔寺記》所載恐有誤；然《高僧傳》又云王珉（351-388 A. D.）師事帛尸梨密，且引王珉爲其所寫之讚序。此事若眞，密怎會卒於咸康中？故《僧傳》所載恐亦有誤。

《高僧傳》篇目	志人志怪小說重出者
一 13 僧伽提婆	《世說新語・四 64》

　　《高僧傳》引此故事是爲表現提婆講說義理的明晰，使王珉一聽便曉，更能立即宣說，由文後「其敷析之明，易啓人心如此」的說明可知。其省略了《世說新語》所要表達的士人言行風度：「始發講，坐裁半，僧彌（王珉小字）便云：『都已曉。』即於坐分數四有意道人（更就餘屋自講）。」且從王珣（350-401 A. D.）問話中「弟子都未解，阿彌那得已解？」亦明白看出《世說新語》主要在描寫王珉的聰悟，此爲《高僧傳》所無。蓋兩書主旨不同，故取捨各異。

　　此事《世說新語》並無標出發生的時間，《世說新語》注引《出經敍》及《高僧傳》此篇所襲《祐錄》皆云「隆安元年（397 A. D.）」，但王珉於西元 388 年已卒，何能參予盛會，故可知時間與人物，必有一誤。

《高僧傳》篇目	志人志怪小說重出者
一 22 曇無讖	《冤魂志・宋沮渠蒙遜時》

　　顏之推《冤魂志》完成於隋，是從歷代書籍中搜集鬼魂報冤的故事編纂而成，藉以闡明因果報應，絕非誣構（見王國良《顏之推冤魂志研究》所考）。其所錄曇無讖被沮渠蒙遜所殺，除風格明快、敘事簡略，一貫的志怪小說作風外，內容與《高僧傳》大致相同，僅有兩處明顯不同。一爲魏氏派使者向蒙遜索求曇無讖，《冤魂志》載曇無讖「意欲入魏，屢從蒙遜請行」，似乎有不念舊情、背叛之感，故蒙遜怒殺之；而《高僧傳》則載其是爲了尋求《涅槃後分》才「固請西行」，顯然是爲了求法才犧牲了生命，動機行爲都比《冤魂志》所述高貴許多，也更符合高僧形象。二爲《冤魂志》載其死後以劍擊蒙遜，一副報仇者爲報冤而來的姿態，很符合一般人民的心聲，彰顯了《冤魂志》所欲表達的因果不爽，但也貶低了高僧原本不念舊惡的修爲；《高僧傳》中以劍擊蒙遜者，則非曇無讖，而是鬼神，似乎是打抱不平，懲罰蒙遜之罪而來，不但維護了高僧該有的行誼，也使濫殺高僧者得到應有的報應。由此例可知，兩書作者不同的動機，造就了兩種截然不同的僧人形象。

《高僧傳》篇目	志人志怪小說重出者
一 24 曇無竭	《冥祥記・宋永初中有黃龍沙門曇無竭者》

　　《冥祥記》所載與《高僧傳》大致相同，《高僧傳》此篇襲自《祐錄》，故《祐錄》應有採用《冥祥記》。

《高僧傳》篇目	志人志怪小說重出者
一 29 求那跋摩	《冥祥記・宋仇那跋摩者》、《旌異記・魏泰嶽人頭山衒草寺釋志湛》

　　《冥祥記》所載，文辭、順序與《高僧傳》不類，然事同。《旌異記》僅一句提及：「寺（泰嶽人頭山衒草寺）即宋求那跋摩之所立也」。但《高僧傳》記載其由廣州登宋境，曾在始興虎市山立寺，後至建鄴，卒於定林，未有言及至泰嶽立衒草寺一事。

《高僧傳》篇目	志人志怪小說重出者
一 33 畺良耶舍	《冥祥記・宋尼釋曇輝》

　　《冥祥記》記載宋尼釋曇輝諮請畺良耶舍事，《比丘尼傳》亦有曇輝專傳，甚至敘及畺良耶舍出錢助其出家，而《高僧傳》則絕口不談。從《冥祥記》、《比丘尼傳》的記載可補充《高僧傳》略於尼事之不足。

《高僧傳》篇目	志人志怪小說重出者
二 1 朱士行	《冥祥記・晉沙門仕行者》

　　兩書所記內容大致相同，然《冥祥記》文辭較爲簡略。另《冥祥記》在士行燒經以證經當東流的對話中，一再提到「若疑非佛說」、「諸佛菩薩，宜爲證明」，後果燒經不毀，似乎強調佛菩薩的靈驗不虛；《高僧傳》則並未提及佛菩薩，只云「若大法應流漢地，經當不然，如其無護，命也如何」，蓋著重士行的志誠才使經不毀。前者宣揚佛菩薩的神力，後者讚揚士行的精誠，動機不同致也。

《高僧傳》篇目	志人志怪小說重出者
二 3 康僧淵、康法暢、支敏度	《世說新語・二 52、四 47、十八 11、二十五 21、二十七 11》、《語林・康法暢造庾公》

　　《世說新語》載康僧淵對王丞相嘲其鼻高目深時之妙答，及對塵尾常在的機智對談，《高僧傳》皆有引用。但對於《世說新語》載支敏度過江爲求生存而創心無義，後被傖道人責備事，逕以「敏度亦聰哲有譽，著譯經錄，今行於世」帶過。蓋此事有損支敏度之形象，《高僧傳》省略之。

《高僧傳》篇目	志人志怪小說重出者
二 5 康法朗	《冥祥記・晉沙門康法朗》

　　兩書內容大致相同，但《高僧傳》文辭較繁複。《冥祥記》只是直接敘述事情的

經過，節奏明快；《高僧傳》則多了心情的描述，如：法朗因讀經而感嘆「吾已不值聖人，寧可不睹聖處」，故誓往迦夷朝拜；又見二僧所居穢亂曰「出家同道，以法為親，不見則已，豈可見而捨耶」。都表現出其思想與性情，使僧人形象飽滿具體。以上《冥祥記》皆無，僅以「惻然興念，留為煮粥」帶過。

《高僧傳》篇目	志人志怪小說重出者
二 7 竺法潛	《世說新語‧一 30、二 48、四 30、五 45、二十五 28、二十六 3》

從《世說新語》的記載中可知，當時有人批評竺法潛，連後輩亦然，而竺法潛也批評了待他不薄的庾元規，而《高僧傳》對此皆不錄，僅錄兩則能顯揚其胸襟機智之舉：視朱門如蓬戶、支遁買山事。支遁買山事於支遁傳中並無，而法潛傳中詳載，支遁欲向法潛買沃洲小嶺，法潛答曰：「欲來輒給，豈聞巢、由買山而隱」。蓋此事足以表現法潛的高曠，於支遁形象無益，故載於法潛傳中。

《高僧傳》篇目	志人志怪小說重出者
二 8 支遁、竺法仰	《世說新語‧二 45、63、76、87、三 18、四 25、30、32、35-43、45、51、55、六 31、八 83、88、92、98、110、119、123、136、九 54、60、64、67、70、76、85、十四 29、31、37、十七 11、13、二十一 10、二十五 28、43、52、二十六 21、24、25、30》《搜神後記‧沙門竺法師》、《語林‧殷浩於佛經有所不了、王□為諸人談、諸人嘗要阮光祿共詣林公、林公云、謝安目支道林、王長史語林道人曰》、《郭子‧許玄度在西州講》、《冥祥記‧晉沙門支遁》

《冥祥記》記載支遁師亡後現形示雞卵有生命，不得食一事，《高僧傳》大略相同。然《冥祥記》僅言「遁即惟悟，悔其本言」，而《高僧傳》則明言「由是蔬食終身」，旨意更加清晰。

另從《世說新語》所載的 49 則、《語林》6 則與《郭子》1 則中可知，支遁在玄理談辯方面頗具善才，然亦有士人如王僧恩者輕之；且有時為逞口舌之快，而得罪別人（《世說新語‧四 30》）；甚至也有辯論無力，節節敗退的景況，如：《世說新語‧二十五 52》、《郭子‧許玄度在西州講》。有時為了維護高譽，竟閃避高人（殷浩）的質問（見《語林‧殷浩於佛經有所不了》），與于法開弟子辯論輸了，還惱羞成怒（《世說新語‧四 52》）；對別人以其外貌取笑談論深感不悅（《世說新語‧二十五 43》）。所呈現出的形象接近玄談名士，較不似高僧之清心寡慾。而這些較負面的形象，《高僧傳》當然都未採用。其只錄士人讚許支遁之語，及其善談、受歡迎的場面，整篇傳文呈現出風格高逸、才藻洋溢之僧人樣貌。其他如：與于法開弟子辯論輸了一事置於法開傳中，以宣揚法開的思致；向法潛買山隱居事，則在法潛傳中描述，

以宏揚法潛之高曠，維持傳文的統一風格。

《搜神後記·沙門竺法師》載竺法仰與王坦之善，相約先死者來告，竺法仰先亡，果現身勉坦之勤修。此事《高僧傳》亦有著錄，但《搜神後記》情節詳細，敘及兩人交往情況、生前的約定與死後現身，較具故事性；《高僧傳》只略述竺法仰受王坦之敬重及竺法仰死後現身勗勉而已，慧皎應有參考而簡述之。

《高僧傳》篇目	志人志怪小說重出者
二 9 于法蘭	《冥祥記·晉沙門于法蘭》、《冥祥記·晉抵世常》

《冥祥記·晉抵世常》篇中，于法蘭在禁晉人為沙門之法令下，受抵世常暗中供養，而得以見證者姿態出現在世常家中，為《高僧傳》所無。《冥祥記·晉沙門于法蘭》則是于法蘭與竺法護合為一條，法蘭事只有兩行，記載其坐禪遇虎事，《高僧傳》類同。但《冥祥記》寫其「以手摩其（虎）頭」，遠較《高僧傳》的「虎來入蘭房，蘭神色無忤」來得神奇、不可思議，已將人獸交流，和樂為一的情形表現至極致。另《高僧傳》此篇一開頭就強調法蘭在經典方面的用功，並寫出其嘆經闕而西求之情，為《冥祥記》所無；亦可看出慧皎對研讀經典的重視。

《高僧傳》篇目	志人志怪小說重出者
二 10 于法開	《世說新語·四 45、二十 10》

《世說新語·四 45》述于法開與支道林爭，派遣弟子論難支公，支公屈而怒，此事《高僧傳》置於法開傳中，以顯其精思才辯。而《世說新語·二十 10》記載法開為郗愔醫病的過程，《高僧傳》未錄，倒是《世說新語》注引《晉書》為婦人助產事與《高僧傳》同，可見此事《高僧傳》亦有所本。

《高僧傳》篇目	志人志怪小說重出者
二 13 竺法義	《光世音應驗記·沙門竺法義者》、《冥祥記·晉興寧中沙門竺法義》

《冥祥記》文字大略與《光世音應驗記》同，文末並言引自傅亮所撰，故知其承自《光世音應驗記》。《高僧傳》亦採錄此事，然對於《冥祥記》廣敷法義生病至痊癒的來龍去脈則大加刪削，大大減低了神奇懸疑的效果。蓋《高僧傳》以傳人為主，此種神奇事蹟只是點綴，可用來說明存心誠虔的感應，並非傳文的主題；而《冥祥記》與《光世音應驗記》則以神奇感應為主角，故於其發生的過程多大加渲染，以達到說服的效果。

《高僧傳》篇目	志人志怪小說重出者
二 15 釋道安	《世說新語·六 32》、《俗說·釋道安生便左臂上一肉》

兩書所載，《高僧傳》皆有採錄。

《高僧傳》篇目	志人志怪小說重出者
二 17 竺僧朗	《冥祥記·晉沙門釋僧朗》

《冥祥記》所載內容與《高僧傳》大致相同，《高僧傳》應有參考，但《高僧傳》增加了許多政治人物對其之敬仰。如：《冥祥記》僅記載苻堅「惟敬朗一眾，不敢毀焉」、慕容德以二縣租稅與之；《高僧傳》增加了苻堅徵請且月月修書施贈、姚興嘆重、晉武帝致書、拓拔珪送書致物，似有藉此以顯揚僧朗之高德震主，不像《冥祥記》只是順便提及罷了。

《高僧傳》篇目	志人志怪小說重出者
二 18 竺法汰	《世說新語·四 54、八 114》、《俗說·王東亭嘗之吳郡》

兩書所載《高僧傳》皆無採錄，然從《世說新語》可知，因王洽的敬重，每赴宴便攜汰前往，「不得汰，便停車不行」，才使法汰名聲顯揚。當時僧人想發揮影響力，靠名士提攜為一捷徑，難怪初期僧人多名士氣。

《高僧傳》篇目	志人志怪小說重出者
二 26 釋曇戒	《冥祥記·晉張崇》

《冥祥記》提及智生道人，只是以見證者身分出現，而此智生或者是《高僧傳》釋曇戒之弟子。

《高僧傳》篇目	志人志怪小說重出者
二 28 竺道壹	《世說新語·二 93》

《世說新語》載其好整飾音辭，《高僧傳》對此並未多加著墨，故從《世說新語》所舉的事例中，可進一步具體的了解道壹的風采。

《高僧傳》篇目	志人志怪小說重出者
二 30 釋慧遠	《異苑·沙門釋慧遠棲神廬嶽》、《世說新語·四 61、十 24》、《冥祥記·晉潯陽廬山西有龍泉精舍》

　　《冥祥記》記載慧遠欲創寺，不知地點，後群僧疲渴，慧遠以杖掘地而出清泉，故構堂於其後。《高僧傳》則云慧遠已確立立寺地點，但離水遠，後以杖扣地而得清泉。兩書內容大致相同，但故事經過卻有些許差異，應是在流傳中所發生的訛誤不清。

　　一般而言，《高僧傳》多記僧人一生所發生的大事與重要貢獻，限於篇幅，極易漏失瑣碎但卻最能表現個性的言談舉止。如《世說新語》兩則記載其與士人交接之言談，《高僧傳》皆無，但卻能看出慧遠誘導弟子的苦心。另《異苑》一則，敘及遊龍常翔遠公前事，顯然全以神異事蹟為描述重點。

《高僧傳》篇目	志人志怪小說重出者
二 32 釋慧永	《冥祥記・宋張興者》

　　《冥祥記》中提及僧融，《高僧傳》列為附傳，且並無錄《冥祥記》之故事。然從此事可知，當時社會動亂，動輒得咎，被囚殺恐是常事，而苦難的人民看到僧人的第一個反應是「闍梨何以賜救」──僧人成了救命唯一的希望。而僧人力薄，只能回答「念觀音」；而若行有餘力，亦會幫忙藏匿，助其逃走。如此互助的事情（人民助僧事見《冥祥記・晉抵世常》），《冥祥記》多所記載，而《高僧傳》較少著墨。

《高僧傳》篇目	志人志怪小說重出者
二 34 釋法安	《冥祥記・晉沙門釋法安者》

　　《高僧傳》與《冥祥記》故事內容相同，文辭相類，應有採用。只是《高僧傳》在故事前添寫數句，總論其才能，文末並加上「安後不知所終」以成其傳文之格式；而內文辭語多依《冥祥記》，只有部分加以省改，使其簡練罷了。

《高僧傳》篇目	志人志怪小說重出者
二 45 釋慧嚴	《冥祥記・宋釋慧嚴》

　　《冥祥記》此事結局與《高僧傳》有極大差異。首先，《冥祥記》認為慧嚴之所以改《大涅槃經》，是因其文字繁多；而《高僧傳》則列出兩個原因：文有過質，故加以治改；品數疏簡，故加上品目。由此可知，《高僧傳》對《大涅槃經》的修改有較深入精確的認識，不若《冥祥記》只是泛論。再者，慧嚴改後，夢及神人責備，前後共兩次，故不得不儘快收回經典，悉皆燒除；《高僧傳》則是記載慧嚴改後，第一次夢及神人責備，本想收回改本，後第二次卻夢到神人讚揚，而此所改經於是通行於世。《冥祥記》強調經典神聖，不可任意更改，否則將遭天遣，故慧嚴兩次夢及

神人責難，不得不將刪改之《大涅槃經》燒掉；《高僧傳》的結局則迥然有別，慧嚴第二次作夢時，神人告知：「君以弘經之力，必當見佛也。」由此可知，慧皎贊成對佛經加以刪削，以合國情，故將此事稍加更改。況且慧皎多次強調求經、譯經與研究經典義理之重要性，其重視學術研究的傾向強烈，絕非如《冥祥記》一書的視經典為神聖不可更動的迷信態度。

《高僧傳》篇目	志人志怪小說重出者
二 47 釋慧義	《冥祥記・宋沙門法稱》

此事據《高僧傳》云：「此瑞詳之宋史」，可知慧皎應是參考《宋史》而來。而《冥祥記》此則非常簡略，應是刪減它書所致，今本《宋書》非慧皎所本。

《高僧傳》篇目	志人志怪小說重出者
二 51 釋僧苞	《繫觀世音應驗記・僧苞道人說》

《繫觀世音應驗記》記載僧苞自述所見，《高僧傳》亦載，但簡略列之。且僧苞所述是見到一阿練教囚犯念觀音，後果得脫；《高僧傳》卻改成是僧苞教囚犯。可見慧皎在引用文獻時，為建立高僧形象而有所改動。

《高僧傳》篇目	志人志怪小說重出者
二 56 釋僧含	《冥祥記・宋司馬文宣、宋何曇遠》

《冥祥記》兩則皆記載僧含出現在喪事中，或轉經、或勸勉臨終人虔誠勿放逸，甚至與鬼魂溝通，此皆《高僧傳》所無。《冥祥記》內容多記載僧人與平民百姓的往來狀況，較能反映一般苦難的大眾，活生生面臨死亡時的哀求，不若《高僧傳》充斥著士人階級、多錄些平民不懂的深奧佛經和議論。

《高僧傳》篇目	志人志怪小說重出者
二 58 釋曇諦	《冥祥記・晉廬山七嶺》

《冥祥記》只是引錄釋曇諦〈廬山賦〉兩句，可為《高僧傳》釋曇諦「善屬文翰」的註腳。

《高僧傳》篇目	志人志怪小說重出者
二 60 釋道汪	《繫觀世音應驗記・釋道汪法師》

《繫觀世音應驗記》此則可說是《高僧傳》「嘗行梁州，道為羌賊所圍，垂失衣

缽，汪與弟子數人，誓心共念觀世音。有頃，覺如雲霧者覆汪等身。群盜推索不見，於是獲免」的詳細版本。依《繫觀世音應驗記》可了解當時同行有三百多人（非如《高僧傳》所云僅數人），且行了兩、三百里（《高僧傳》未言路程），甚至還附敘有十餘人分出別道，親眼目睹道汪等人因神力所祐而群賊不見其蹤，其過程的描述可說比《高僧傳》精采刺激。《高僧傳》因須以一定篇幅紀錄僧人一生的事蹟，故有些事情的經過便省略不提，當然減低了文章的張力與趣味性，難使讀者有身臨其境之感。然而志怪小說有時為了表異，而有些誇大，以訛傳訛，故不能盡以史傳等同視之。

《高僧傳》篇目	志人志怪小說重出者
二 65 釋道溫	《冥祥記・宋大明年中》

《高僧傳》此篇所引道溫之奏書與《冥祥記》相同，而《冥祥記》此則則以道溫之奏書為主要內容。

《高僧傳》篇目	志人志怪小說重出者
三 1 竺佛圖澄	《搜神後記・天竺人佛圖澄》、《幽明錄・石勒問佛圖澄》、《世說新語・二 45》、《旌異記・高齊初沙門實公者》

《搜神後記》佛圖澄此事，《高僧傳》有著錄，意極相似，但詞句不類。且「腹」改為「左乳旁」，「五臟六腑」改為「腸」。《幽明錄》此條佛圖澄預見劉曜被執，與《高僧傳》結果類似，但故事發展過程迥異，難以判斷慧皎是否有參考。另《旌異記》記載佛圖澄所造寺，高齊時聖賢居之，非凡出入，神異至極，恐是後人對佛圖澄神異行徑的想像所致。

《高僧傳》篇目	志人志怪小說重出者
三 2 單道開	《冥祥記・趙沙門單》

《高僧傳》與《冥祥記》內容大致相同，但《高僧傳》增了許多旁人對單道開的論讚，如：太史上奏、佛圖澄的預言、康泓的傳讚與袁宏的讚，不若《冥祥記》直述故事的簡潔了當。。

《高僧傳》篇目	志人志怪小說重出者
三 3 竺佛調	《冥祥記・晉沙門佛調》

《高僧傳》與《冥祥記》文辭幾乎全同，只改動數字，但在文末慧皎多加了一段考證。

《高僧傳》篇目	志人志怪小說重出者
三 4 耆域	《冥祥記・晉沙門耆域者》

　　《高僧傳》與《冥祥記》文辭繁簡互見，內容則大致雷同，但兩書所呈現出的形象則不盡相同。《冥祥記》多利用對話，明白自然，舉止描寫靈動活現，展現出耆域輕率卻有道力的奇行；《高僧傳》的對話舉止就比較正經整飭。如：《高僧傳》「又譏諸眾僧，謂衣服華麗，不應素法。」《冥祥記》則是「洛陽道士悉往禮焉，域不爲起，譯語譏其服章曰：『汝曹分流佛法，不以眞誠，但爲浮華，求供養耳。』」耆域不屑之情溢於言表。又如：《冥祥記》「沙門支法淵、竺法興，並少年，後至。域爲起立。法淵作禮訖，域以手摩其頭曰：『好菩薩，羊中來。』見法興入門，域大欣笑，往迎作禮。捉法興手，舉著頭上曰：『好菩薩，從天人中來。』」耆域瘋癲之貌，躍然紙上。然《高僧傳》卻只有「謂支法淵從牛中來，竺法興從人中來」，便覺索然無味。

《高僧傳》篇目	志人志怪小說重出者
三 5 犍陀勒	《冥祥記・晉犍陀勒》

　　兩書內容大致相同。唯《高僧傳》犍陀勒是對眾僧說及古寺事，《冥祥記》則是對人說而已，且語中強調「若能修建，其福無量」。爲《高僧傳》所無。《冥祥記》重視福報之說，亦昭然可知。

《高僧傳》篇目	志人志怪小說重出者
三 8 安慧則	《冥祥記・晉周閔汝南人也》

　　《冥祥記》記載周家關於《大品經》之神異事蹟有二，而與安慧則有關的則爲第二說，《高僧傳》所取即此部份。兩書內文互有繁簡，如：《冥祥記》詳胡母過江之因、《大品經》自出篋外的神異；《高僧傳》則詳《大品經》被燒後毫髮無損之狀、胡母失經時之懊惱。另關於此《大品經》當時存於何處，《冥祥記》則有兩種說法，而《高僧傳》則直接了當的說：「此經今在京師簡靖寺首尼處。」可能慧皎做過求證。

《高僧傳》篇目	志人志怪小說重出者
三 13 釋曇始	《冥祥記・宋王胡者》

　　《冥祥記》可說是《高僧傳》 「時長安人王胡，其叔死數年，忽見形還，將胡遍遊地獄，示諸果報……」的詳細版本。其中詳細描寫王胡被其叔處罰，並帶其遊歷冥界的情況。甚至述及其在人間遇到地獄中所見過的二少僧，事情傳開後，二少

僧不見蹤影的怪事，增添了僧人在世人眼中的神秘色彩。另《冥祥記》對冥界事物的描寫真實，令人有歷歷在目之感，如：冥界「薑甚脆美」、設有「雜果檳榔」招待等，使讀者不得不相信似乎真有一與人世間相類的冥界存在。而《高僧傳》對於地獄的描寫並不熱衷，多草草帶過，表示有記載此事罷了。

《高僧傳》篇目	志人志怪小說重出者
三 18 釋僧慧	《冥祥記・宋慧遠沙門者》

《冥祥記》記載慧遠一事，《高僧傳》僅列附傳，篇幅簡短，《冥祥記》詳其前世、分身及預言卒期的具體事例，可補充《高僧傳》僅是概說的不足。

《高僧傳》篇目	志人志怪小說重出者
四 3 竺曇猷	《搜神後記・曇遊道人》、《靈鬼志・有沙門曇游》

《搜神後記》作「曇遊」，《靈鬼志》作「曇游」，內容皆為其至剡縣一事蠱家乞食，咒食，見一雙蜈蚣從盤中跳走，其飽食而歸（別人至其家食，多吐血而死），故可知兩書所載是同一人。而《高僧傳》「習禪科」作「曇猷」，言其「止剡之石城山，乞食坐禪。嘗行到一行蠱家乞食，猷咒願畢，忽有蜈蚣從食中跳出，猷快食無他」，應與前兩書所載為同一人。王國良《搜神後記研究》此條注，認為是《高僧傳》「誦經科」釋法慧傳中附傳之曇遊，應非。

《高僧傳》篇目	志人志怪小說重出者
六 1 釋僧群	《異苑・釋僧群》、《冥祥記・晉安羅江縣》

《高僧傳》與《冥祥記》內容大致相同，只是《高僧傳》以傳人為主，有一定的格式，故開頭仍以人為始，如：「釋僧群，未詳何許人也」；《冥祥記》則先描寫地點及古老相傳事。另《冥祥記》以僧群自言打折鴨翅受報，點醒全文主旨；《高僧傳》則以陶夔所嘆「俗內凡夫，遂為賢聖所隔」強調凡夫與聖僧有別，《高僧傳》提高僧人地位之動機，在此表露無遺。然而雖然僧群能飲仙水，似與神仙、聖賢同類，然終逃不過因果報應，此結局也因陶夔的感慨而加強了因果之力的超乎一切之上的警惕，《冥祥記》則表現較不深刻。《異苑》內容類似，但無陶夔欲取山水不得一事。

《高僧傳》篇目	志人志怪小說重出者
六 7 釋僧瑜	《冥祥記・宋釋僧瑜》

兩書內容大致相同，《高僧傳》增引了張辯贊的全文。

《高僧傳》篇目	志人志怪小說重出者
七 2 釋法相	《冥祥記・晉沙門釋法相》、《冥祥記・晉沙門竺曇蓋》

　　《冥祥記・晉沙門釋法相》此則與《高僧傳》內容文辭幾乎相同，慧皎應有採用。《冥祥記・晉沙門竺曇蓋》一則所述曇蓋事，《高僧傳》列於附傳，只有數句，《冥祥記》則詳載其請雨的經過，可補《高僧傳》之不足。

《高僧傳》篇目	志人志怪小說重出者
七 3 竺法純	《繫觀世音應驗記・山陰縣顯義寺主竺法純》、《冥祥記・晉沙門竺法純》

　　《高僧傳》內容與《繫觀世音應驗記》大致相同，只是《繫觀世音應驗記》較為詳細，且文末言「臨川康王《宣驗記》又載竺慧慶、釋道聽、康茲、顧邁、俞久、徐廣等遭風，杲謂事不及此，故不取。」可見當時類似的傳聞很多。《冥祥記》內容有一不同，即法純是與一婦女共乘船，其他兩書皆未如此說。另結局三書亦有小異：《高僧傳》是換乘大船，上岸後大船消失了，未交代原本小船的下落；《繫觀世音應驗記》則是分乘兩船至岸；《冥祥記》則是換乘大船，小船沉沒了。蓋輾轉相傳，訛誤難免，然《高僧傳》隸屬史書，是否該更謹慎述之，值得斟酌。

《高僧傳》篇目	志人志怪小說重出者
七 6 釋道冏	《繫觀世音應驗記・釋道冏道人》、《繫觀世音應驗記・釋道冏道人已有渡河事在前》、《冥祥記・宋沙門釋道冏》、《冥祥記・秦沙門釋道冏》

　　《高僧傳》內容是集《繫觀世音應驗記》與《冥祥記》之大成，但是敘述都不及後二書詳盡。如：《冥祥記》對路途所經、道冏面臨危難時的慟哭呼求與其立誓得救必報答的敘述逼真生動，可以看出道冏的真情流露；《繫觀世音應驗記》也是明白標出發生的時間、誓言內容、地點等，不像《高僧傳》只是概述而已。

《高僧傳》篇目	志人志怪小說重出者
七 7 釋慧慶	《冥祥記・宋沙門竺慧慶》

　　《冥祥記》此事明白標出時間、所誦經典與過程，比《高僧傳》明白詳盡。

《高僧傳》篇目	志人志怪小說重出者
七 13 釋慧進	《冥祥記・前齊永明中》、《祥異記・前齊永明中》

《高僧傳》內容與《冥祥記》大致相同，但文辭稍異；而《祥異記》在文辭與內容方面，則幾乎與《冥祥記》全同。

《高僧傳》篇目	志人志怪小說重出者
八 1 竺慧達	《冥祥記・晉沙門慧達》、《旌異記・西晉愍帝建興元年》

兩書雖記載同一件事，但重點全然不同。《冥祥記》以罕見的長篇大肆鋪張慧達下地獄事，詳其因殺生所遭受的鑊湯之報，且敘及菩薩勸說，如何免惡報之法，全文的時空幾乎都在地獄。主旨在因果報應，信佛得減輕罪罰。而《高僧傳》則用較長的篇幅以慧達爲線，暢敷其往長干寺、丹陽、吳郡禮拜阿育王所建塔像之過程，似乎在宣揚中國早有佛塔傳入之事。對慧達殺業甚少著墨，連遊地獄事亦無多大興趣，僅以兩行帶過。時空點一書在冥界、一書在人間，形成有趣的對比。蓋《冥祥記》以傳教爲主，地獄的逼真能輕易喚起人們的敬畏心，使人們虔誠向佛；《高僧傳》以僧德的宣揚爲要，雖信地獄之有，卻對僧德無多大助益，故多略而述之。

《旌異記》書在《高僧傳》後，所引故事爲《高僧傳》內容的一部份，另《旌異記》又外加了另一有關佛像的異事及釋法開對供養佛像可除罪的說明。

《高僧傳》篇目	志人志怪小說重出者
八 7 釋僧洪	《繫觀世音應驗記・道人釋僧洪者》、《冥祥記・晉世沙門僧洪》

三書內容大致相似，但《高僧傳》與《繫觀世音應驗記》幾乎雷同，惟《繫觀世音應驗記》文辭較清楚明白，《高僧傳》應有稍加整飭。《冥祥記》文辭則不類，且多了僧洪發心鑄像時的誓言及「像即破模自現」的神異，皆其他二書所無。

《高僧傳》篇目	志人志怪小說重出者
八 9 釋法意	《異苑・靈味寺在建康鍾山蔣林里》

《異苑》敘述法意造靈味寺的經過，與《高僧傳》所言法意造寺的經過互有異同，同者爲皆有清流湛然而出；異者爲《異苑》言夜中忽聞怪石崩落聲，明旦則見清流，《高僧傳》則云法意三日懇求，忽聞空中有聲，掘地二尺得清泉湧出，表彰心誠則靈之德。又《高僧傳》未明言所造寺名，或許是傳聞失眞所致。

《高僧傳》篇目	志人志怪小說重出者
九 1 帛法橋	《光世音應驗記・沙門帛法橋》

《光世音應驗記》多了法橋立誓絕食求聲語、絕食七日中諸弟子的勸諫及法橋

身體因絕食日見羸弱的經過。生動的表現出法橋堅毅的精神，《高僧傳》則只是略述事件，難以感人。

　　從上述之比較可知，《高僧傳》實際引用了志人志怪小說，或全引、或採納部分故事，有精簡、有擴張，足見六朝時僧傳受志人志怪書籍的影響。然而因兩者動機不同，思想亦異，故在內容、寫作方法、僧人形象與佛教義理方面頗有出入。首先，內容方面，志人志怪小說主角並不限於僧人，還包括士人、統治者及一般的平民百姓。主要以敘事為主，有時對日常生動有趣的言談舉止，記載較詳，故常能補充《高僧傳》之所無；但甚少深入主人翁的心情或性情與思想的描寫，故較缺乏整體感。而對於冥界與前世事則極力鋪張，時間、地點、身分多詳細記載，似乎真有其事，此與其以神異事件為描寫重點有關。另因其多為輾轉傳聞而來，未經考證，有時只將多種版本並存，或組合為一新的故事繼續流傳。而《高僧傳》當然是以僧人為主角，主要記載其一生重大的事件與貢獻，因囿於篇幅，故難兼顧日常細碎的言談舉止，但對於主角的心情或思想介紹比志人志怪要深入。對於冥界與前世事則多草草帶過，無多大興趣，蓋只是為了詳今世事所作的附帶說明罷了。其對於內容有作簡單的考證，態度較為嚴謹慎重。

　　再者，寫作的方法，志人志怪小說以事為主，以人明事。而《高僧傳》則以人為主，以事明人，如：《冥祥記‧晉周閔汝南人也》直述經典神異，僧人寫經似乎只是畫蛇添足；《高僧傳‧三8安慧則》則以僧人生平為主線，以其所寫經典神異來襯托僧人之高德。又志人志怪小說因是率爾而作、逐條筆記、篇幅短小，故結構鬆散、隨意條列，一般只是摘錄故事重點而已。其用字淺俗、敘事簡略、風格明快，對話明白自然。而《高僧傳》為史傳類，須縱貫僧人一生，從其出身、出家、貢獻、交遊至老死，多有順序，剪裁亦有一定的標準，故結構較嚴謹、且用詞較文雅含蓄、對話正經整飭，風格沉穩。

　　關於形象方面，《高僧傳》是以塑造僧人典範為依歸，故傳中僧人多清心寡慾、不為世俗名利所惑，心心念念在宏揚佛法，神情正經有威儀，對於有損形象的言行多所迴避。而僧人所交往的對象則多半是統治者或士人，《高僧傳》對其人之描寫亦有一定的格調，不若志人志怪小說中的荒淫、昏昧。《高僧傳》並藉其人之口來讚揚僧人，塑造出高僧受到知識份子歡迎推崇的景象。而志人志怪小說是以記載神異，或宣揚因果為主，並不以形象營造為要務，故從其記載中，可看到僧人迥然不同於《高僧傳》所載之樣貌。如：高僧亦有報仇的行為，甚至為了生計而編造佛法，也有為了爭名、逞口舌之快而相互批評。而瘋癲的僧人、荒淫的統治者、苦難的大眾

都在在呈現出不同於《高僧傳》的另一層面。

最後在佛教義理方面，志人志怪小說重在神靈感應、因果不虛，有時爲了表異，甚至呈現出誇張、以訛傳訛的現象；而《高僧傳》則以經典的傳授、傳經法者的辛勞與高僧的精誠爲要，神奇感應只是襯托僧人虔誠的效果而已。如：比較《冥祥記》與《高僧傳》重出者可知（見下表），《高僧傳》比《冥祥記》記載詳細者，除了神異兩則、興福一則外，其餘九則爲義解、三則爲譯經，此二類僧人皆長於佛經義理與學術研究，足見慧皎用心之處。而《高僧傳》誦經一科，正傳只有二十一人，而與《冥祥記》重複者共六則，其中內容大致相同就有四則，另兩則《冥祥記》比較詳細，慧皎較少著墨，忽視的程度可想而知。而《冥祥記》因爲傳教之書，故偏重在因果感應之議題上，即使是屬於《高僧傳》義解科之僧人，仍以其靈驗故事爲主，較少涉及學術研究的記載。今以王國良《冥祥記研究》爲版本，並據其編號，列表比較如下：

說明：
　〇—兩書內容大致相同者。
　☆—故事大致相同，但《冥祥記》較詳細者。
　★—故事大致相同，但《高僧傳》較詳細者。
　△—《冥祥記》只是《高僧傳》一部份情節者。

王本	《高僧傳》重出處	比較	說　　明
1	一 1 攝摩騰		《冥祥記》只出現名字，無其故事
4	二 1 朱士行	〇	
7	六 1 釋僧群	〇	
8	三 4 耆域	〇	
9	三 3 佛調	〇	《高僧傳》多了一段考證
10	三 5 犍陀勒	〇	《高僧傳》較精簡，不若《冥祥記》白話
11	二 9 于法蘭		《冥祥記》只出現僧名，未有其事
12	二 5 康法朗	★	《高僧傳》多了附傳
14	二 30 慧遠	△	
15	二 9 于法蘭	△	《高僧傳》較強調誦研經典
	一 8 竺法護	△	《高僧傳》較強調求經、譯經的過程
21	三 8 釋慧則		《冥祥記》以《大品》神異爲主題，並列兩傳說，最後才提慧則寫經一事；《高僧傳》則以慧則爲主，再提及傳說之一的《大品》神異事件

34	二 13 竺法義	△	
39	二 8 支遁	△	
40	二 58 釋曇諦		《冥祥記》引曇諦〈廬山賦〉兩句，並無其傳記 《高僧傳》無引〈廬山賦〉
41	二 17 釋僧朗	★	《高僧傳》特詳政治領袖對僧朗的崇敬
42	七 2 釋法相	○	
46	八 1 慧達	△	《冥祥記》重點在地獄遊歷 《高僧傳》重點在禮拜阿育王等所造塔像之過程
47	七 3 竺法純	○	《冥祥記》與婦人同行一事，為《高僧傳》所無
56	二 34 釋法安	○	
57	七 2 竺曇蓋	☆	《高僧傳》只列附傳
59	八 7 僧洪	○	
61	三 2 單道開	★	《高僧傳》引了許多傳讚與偈
64	二 47 慧義	△	
65	一 29 求那跋摩	△	《冥祥記》詳其臨終前後的靈異場景 《高僧傳》引了許多對話與偈
73	一 24 曇無竭	△	
75	二 32 僧融		《高僧傳》列為附傳，並無《冥祥記》所載之故事
82 83	二 56 僧含		《冥祥記》故事為《高僧傳》所無
89	七 7 竺慧慶	○	
92	六 7 釋僧瑜	○	
77 99	七 6 釋道冏	☆	
100	一 33 畺良耶舍		《冥祥記》故事為《高僧傳》所無
103	三 13 釋曇始	△	《冥祥記》對王胡遊地獄事，極力鋪張； 《高僧傳》只是略提而已
108	三 18 慧遠	☆	《高僧傳》只列附傳
109 110	二 65 釋道溫	△	
123	二 45 釋慧嚴	△	《冥祥記》不贊成刊削佛經；《高僧傳》贊成
128	七 13 釋慧進	○	

	譯　經	義　解	神　異	亡　身	誦　經	興　福	總　數
○		2	3	2	4	1	12
☆			1		2		3
★		2	1				3
△	3	7	1			1	12

又志人志怪小說描寫因果報應，直接了當，只要誠心即能有感應，迅速有效，是「放下屠刀，立地成佛」的勸導方式；《高僧傳》則以了解佛教義理爲上策，不到至誠、至德，不足以感動天。再者，志人志怪小說中經典的神聖是不容更改的；但《高僧傳》卻認爲可以適當的整理，以利流通，這些都表現出僧人與一般通俗信仰的思想差距。

三、志人志怪小說所載現世僧人的比較

現世僧人因天賦、環境及努力的不同，其表現應是良莠不齊的，有踏實修行、成就斐然者，當然也有虛度光陰、徒具形式者，更有心術不正、染習過深之惡僧。然《高僧傳》既以高僧爲撰述對象，當然難以全然描繪僧團總體概況。今透過對志人志怪小說的記載，或可藉由其非以僧人爲主角的撰寫態度獲得一比較公允的認識。不但讓我們對僧人的千萬姿態作深入地了解，亦可以此對比出《高僧傳》中高僧風采的殊勝與難能可貴。

以下先將志人志怪小說有出現僧人者歸納分類，列表如下：

編號	稟賦形貌	神　通	感　應	行爲（（　）：爲同則其他僧人的行爲）
1		能使人與死者相見		使同郡人與已死之婦相見
3				回答關於武帝鑿昆明池所得灰墨事
7		能役使鬼神、拔腹孔絮，則出光照室，可讀書、能引孔中五臟六腑至流水中洗滌、洗完還內		善誦神咒
8		知咒術，能咒誓，使惡鬼還驢物		乘驢做買賣客于外國

9			飯前依常咒願，蜈蚣從盤中跳走，故飽食	清苦、至民家食
10	年二十餘，白皙端正，流俗沙門（年少）		夢廟神告知，不久將死為廟神，果然	（為已死僧作唄）
11			有能見鬼者，見鬼怕沙門，紛走避	入祠中，祠中有民請巫祝祀之
12			死後現身告知有罪福事，勉其勤修道德	與北中郎論死生罪福報之事
13	流俗沙門		吃羊肉，因此得疾，痛苦而死	吃羊肉
17				殷浩向林公請教佛經，林公怕名聲不保而未赴
18				康法暢與於庾公對談機智
19				林公參予清談
20	醜			
21				批評文度
22	支道林俊逸			
23				林公與士人對談
24				林公與士人對談
26				治病人家中讀經，果病癒
28		會法術：吞刀、吐火金銀珠玉婦人、身變小入籠、將馬與人變小		以此使富人施賑窮者
30				至病家授五戒，果病癒
31				釋道安昔至西方，曾見怪大鼠

32			法獻道人見佛龕有一頭如鹿的怪物，會吐雲氣，但不知從何出
33			參加帝舉行之齋會
34	見胡奴，知其為海山使者		
35		使龍所興之雲雨除	慧遠登山燒香，會僧齊唱偈
36		慧熾死後現身，告知生前食肉今下地獄	為已死僧設七日會
37		山崩泉出而能設寺	造靈味寺
38			接受居士家飯僧
39		折翅鴨擋道而絕水卒，因年少曾折鴨翅	清貧守節、蔬食持經、立精舍、絕粒
40		死後現身鳴鼓稱冤，後殺者父子相繼死	妙善醫術，成鉅富，有名貴毯及板床
41	誦咒文驅鬼		西方一沙門寄五丸香與之
42		夢詩，提示有奇木，後果得為柱	
44	咒掌中可預見未來		
46			殺鼠不成、鼠反助其致富、買賣牛皮
47			為齋戒誦經，渡濟蛇神
48	預知未來		
51			周行救療，皆致神效、後還俗婚宦
52	預知未來、知前世事		渡濟蛇神
56	看出其孫為羅刹鬼，勸其速斂		至喪家燒香

57			因齧蝨被綁打，喚另一僧救之，卻不見繩	
58				勸民眾皈依三寶、懺悔，果病癒、精勤匪懈、誦法華經、菜食長齋、造經
61				天竺僧養牛，日得乳三升
62				爲孫皓授五戒、眾僧接受孫皓供養
63			祈求舍利得、舍利堅硬不摧	經唄禮拜、散華燒香
64				爲民眾建齋行道
66				乞食
69				眾僧被佛佛虜殺、強迫拜他背之佛像
70	精勵有志行		絕食求觀音賜聲，果得聲音如鐘	誦經
71			誦觀音，殺者不能殺之，後被赦	
72				在軍營中，教囚犯至心求觀音
73	謹篤			見證徐榮念觀音得不溺
74	山居好學		念觀音夢一道人爲其洗內臟而病癒	
75				收留罪犯投寺、獲知其念觀音得救事
77			專念觀音，禮拜諷誦，鬼不敢擾之	獨居鬼屋、夜坐、禮拜諷誦
78			念觀音四日，見其從戶外入，果病癒延壽	以財物福施
79	篤志泛愛		念觀音，鬼驚散	勸民一家念佛、轉經、毀神寺爲僧用

80				勸夫妻受戒、教囚犯念觀音、藏囚犯於寺中，後助其逃脫
81				法師聽民敘說感應事
82	精苦有宗行		念觀音而火滅	乞一車麻，欲立寺
83			念觀音而火不燒身	
84			念觀音得免溺	精進
85			念觀音船得不沉	
86	少有奇行		念觀音得免溺，且有光引至岸	
87				民眾念觀音得救，請道人齋
88			念觀音船得不沉船	起寺行牆、買柱
89			一小乘沙門不念觀音，險被惡鬼抓，後念得免	
90			念觀音山賊斫之不入而放之	
91			念觀音山賊挽弓射不出，而嚇走	
92				從師父處聽來感應的故事
93				囚犯得感應而供養眾僧
94			念觀音砍頭三次都不傷，得放	
96			念觀音經，夢所作像來安慰，果被赦	作丈六銅像被抓
99			念觀音得逃脫	
100			沙門數百疑為賊，被魏主抓，寺主念觀音得救	
101				敘說別人念觀音得救事

102			眾僧接受于竇王女供養
103			敘說別人念觀音得救事（教囚犯念觀音）
104			教囚犯念觀音，並留人像與之供養
105		念觀音經千遍而得從囚出	
106			教囚犯念觀音、囚犯出請道人齋、敘說別人念觀音得救事
107			少時出家還俗，被囚念觀音得救
108		念觀音，賊入屋自迷，各競走	山居遇賊
109		仰天念觀音，賊逃，財物不失	薄有資財
110		念觀音，以血塗身臥屍下，虜主揮刀不傷	隨師遊學
111		被羌囚，念觀音經，後得脫	掘甘草
112			敘說別人念觀音得救事
113		拒婚，念觀音，得脫出家	
114			親見別人念觀音得救事
115		念觀音，得從軍戰中逃脫，後出家	
116		念觀音，得從賊亂中安然而過	大有徒眾（敘說別人念觀音得救事）
117		念觀音，被劫之船物逆流而返，賊駭然歸還，後出家	

118			接受民眾（求子者）在眾僧前發誓
120		被囚逃走,念觀音得脫	虜主抓三千道人欲殺之
121		喚觀音,見有光而得從坎出	爲師採鍾乳
122			民眾失子,請眾僧齋（苦節、敘說別人感應事）
123			尋師遠遁
124			敘說一癩病念觀音得救事
125		僧人忽盲聾,念觀音、誦此經千遍得癒	
126		遇大雷雨,念觀音得民宿,醒時只有空林	
127		山神擾之不懼,以山相贈	
128			至鬧鬼家齋戒誦經（尼來讀經齋戒）
129		能解夢預言	
130	素有臂力		抓鬼縛鞭之,後鬼不見了
131			來華
133	氣志方遠、識宇沉正,循心直詣,榮辱不能動焉		火不燒經、死時屍形猶全,人曰:「若眞得道,應碎」,應聲則碎	西行求經（送梵本回中國）（相傳此感應事）
134			接受民眾請託,設福會
135		死入地獄,後復活	持戒菜食、晝夜精思,爲至行沙門
137	衣服弊陋	徒步渡河、伏虎、疾行、知人前世、梵咒治病、治枯死樹、分身		講佛法（只爲浮華,求供養耳）

138	業尚純樸、不表辭飾	分身、伏虎、齎乾飯數升入山一年半有餘、自知死期、死後現身，衣服鮮明，姿儀暢悅、棺不見屍		接受百姓諮詢行道
139	莫測其風操	知舊寺址、行速		入山建舊寺、寺主、赴會聽講、乞油
140				接受民眾供養、說所見奇僧事
141				西遊、瞻禮敗壞佛圖、為患痢僧煮粥掃除、為大法師，道俗宗之
142			求水得泉可立舍、乾旱轉海龍王經得雨	立精舍、求雨
143	器識沉秀、業操貞整（風神情宇，亦蘭之次）	伏虎	對竭水感嘆、結果清流又洋溢	寺於深巖、夜坐禪（刊整經文、養徒山中）（為高僧像讚）
144				赴何充辦的齋會、親眼見奇僧
145		變幻神人為沙門形，盈滿室內	華藉席，果不萎	戒行精峻、教化帝勿信清水道
146				在寺中為死者設會轉經
147				應請赴齋會
148	聰達多知		奇僧出現，又現暴風揚沙，故不入山	能解殊俗之言，京洛將亂欲入山，眾留不聽
149				寫經
150				民死七日，為轉《小品》《大品》
152				受邀設八關齋，於齋日轉讀《小品》、諷誦眾經至二十萬言、菜食持齋

153				行尊像
161	神宇雋發、爲老釋風流之宗			與師辯論食蛋問題
162				作《廬山賦》
163		預知、伏虎		戒行明嚴、華戎敬異、立塔寺造形象
164		飲毒酒不死	鳥獸馴服、山廟有一人告知財寶，忽不見，果得	常獨山居、精苦爲業、施貧民、忽遨遊放蕩、俳優滑稽、袒露、干冒朝貴
172				接受民眾供養
173		爲虎說法授戒、虎災平息		坐禪樹下通夜、畫像山壁、助遠法師鑄像
174			焚香禮拜、讀《海龍王經》、果下雨	眞確有苦行、行化四輩、常行般舟、尤善神咒、將軍設齋請僧祈雨
176				聽聞民眾暫遊地獄事
177	氣力微弱、膚色潤澤、服縷粗弊、背腿恆祖	行速		爲棲巖谷而斷穀食、善治目疾、常周行壚野、救療百姓、所得皆施散、端坐靜念、晝夜不眠
179			臨終言有嵩山神告知劉裕應受天命	受皇命往嵩山找瑞信
180			席下花鮮榮若初、死時西南有雲氣勃然、一物長一匹遶屍而去	來華、翻譯經典、律行精高、僧死爲轉經、作36偈與弟子
181				至民家受供養
182				往探大司農的病，並爲說法
184			投胎爲王珉子	梵僧敬悅王珉風采，想爲其子

185			教導求子之民眾禮誦觀音經，果得
186		誦觀音經、稱觀音名、野獸不侵	誦觀音經、淨修苦行、西遊
188	學業純粹、弱齡有聲		一貴人夜請其至、後送回、房門閉如故	為人作普賢齋
189				僧赴喪家轉《首楞嚴經》、與鬼對談
190				勸勉將死之民、至臨終家轉經
191	年貌姝少		破經為兒衣、後發病卒	師死罷道出嫁
192	容止華雅、音制詮正			立精舍、夜齊誦經、接受供養
194			誦觀音經得免溺	經行修明
195				讀《大品》、日誦兩卷、建經堂、禮拜無量壽佛
196	號為神理		房中生雙桐	精修苦業、屬操貞潔、立精舍、燒身
199				禪師教禪
201				為臨川康王作十日觀音齋、禮拜、坐禪
202				來華、潛迎一女至寺欲出家、沙門向此女問難，評定是否可出家
203			歸佛、得病癒出家	
204	（性頗粗暴，竟得三道果）	（穿牆入戶探師病）	死時塚邊有白光	開訓教授、門徒五百、信道不篤、外學未絕、有福業、設福會
205	足白			戒行精高、為虜主師、敘說此怪異事

207		見紅白光、果有沙門於光處得彌勒金像、又見紫光、後寺主在此得金坐像	行業勤修、經戒通備
208	分身、預知死期、死後現身、並告知別人死期相迎之	臨終時空中有奏樂聲、馨煙甚異	善禪法、寄百姓家、行般舟、勤苦歲餘而有感、設齋、捨身佈施
209			參加太后所設齋會
210			上奏皇太后
212		念觀音而斬首刀三舉三折、後出家	
213		想見此尼、夜三更、民見此尼但忽不見	精勤得道
214			遊乞、治寺、販貨蓄眾、米至數千斛、立講堂、探望僧疾、請僧設供
216			竊帳蓋、眉珠、自陳罪
217	行頗流俗	暫死遊冥界	善經唄、逐齋講恆事轉經，故廢誦戒、後齋戒禪誦彌堅
218	理思該暢、見器道俗	感夢有神人責之，故燒之	刊削大涅槃經、寫二三通示同好、另一僧詳聞此事
219			造像、助民葬寺邊
221	少雄勇遊俠	造百部後病癒、卒時空中有聲告之已得願	年四十出家、蔬食布衣、誓誦法華、用心勞苦、發願造百部以悔先障
222			曾見三尺之蜈蚣
223			接受別人施與通天犀導
224			寺主、改寺為廟，祭苻堅

225	左臂上一肉，廣一吋如釧，可上下		
226			與士人遊，設豆藿糜請之
227			被殺
229	博達多識		被蒙遜殺
230			接受刺使供養，以言語忤之而被殺
231			無案業之僧尼
233			至海邊迎石像、解答石像的問題
234		伏湖神	受持般若、誦金剛般若
235	立行純厚、省事少言	死時兩手各舒一指（感一童子常來供給、舌多年不壞）	常誦法華
236			建寺
237		持法華舌不壞	持法華
239		舌不壞	誦法華
240			持法華
241			得神咒能治病、撲殺老魅

世說新語編號	稟賦形貌	行　為	世說新語編號	稟賦形貌	行　為
一 30	有宿名、先達知稱	與先人（士人）交	二 39		不習漢語
二 45		支道林評佛圖澄	二 48		與士人機智問答
二 52		與士人機智問答	二 63		養數匹馬遭批評而辯解
二 76		有人送鶴，鎩翮使不飛，後見其懊惱，才使養成飛之	二 87		評山景

二 93		好整飭音辭、出口成章	二 97		小沙彌機智問答
三 18		與士族交遊對談	四 25		評南北人研究學問之差異
四 30		在寺中講《小品》、辯論、得罪深公	四 32		語及《莊子·逍遙遊》
四 35		寫論	四 36		結交士族
四 37		討論佛義	四 38		在寺中講論
四 39		拜訪士族並講論	四 40		講經論辯
四 41		與士族談論	四 42		與士族談論
四 45		講《小品》、爭名、派弟子攻難	四 47		乞食、至士族處論義理而得名
四 51		與士族辯論	四 54		解釋佛理
四 55		與士族辯論	四 61		為士族解答義理
四 64		為士族講《阿毗曇》	六 31		士族為支公送行
六 32		接受士族贈米	八 48	卓朗、精神淵著	
八 83		與士族對談	八 88	器朗神俊	
八 92		與士族辯論	八 98	尋微之功，不減輔嗣	
八 110		為士族論講	八 114		接受士族供養後才得名
八 119		與士族遊	八 123		評論人物
八 136		評論人物	九 54		與士族評論人物

九 60		與士族評論人物	十 24		雖老講論不輟、執經登坐、諷誦朗暢、教導弟子
十四 29		評論人物	十四 31	異人	
十四 37	雙眼黯黯明黑、稜稜露其爽		十七 11		喪法友而傷心
十八 11		立精舍、閒居研講、交往士人	十九 30		評論人物
二十 10		醫治士人	二十四 7		結交士人，交接態度因人而異
二十五 21		與士人機智對談	二十五 28		想買山
二十五 43		對別人討論其容貌不悅	二十五 52		與士人講論
二十六 3		對士人評論	二十六 21		與士人互相批評
二十六 30		對士人評論	二十七 11		爲謀衣食，講心無義積年（勸其該收手了）、渡江來

1. 稟賦形貌

　　在稟賦形貌的描寫方面，志人志怪小說遠遠比不上《高僧傳》。一者，《高僧傳》全書共二百五十七篇，而有敘及僧人稟賦形貌者有一百七十二篇，佔了百分之六十六點九，約爲七成（見表4-3）；志人志怪小說記載現世僧人事者共兩百四十二則，而敘及僧人稟賦形貌者僅有三十七則，只佔百分之十五點二，可見其忽略之甚。二者，就所敘的內容觀之，《高僧傳》在神異科、譯經科、義解科著墨最多，皆爲篇數的八成以上，因此頗能突顯出此三科僧人的特殊風采，其他各科則未呈現出獨特的特色；而志人志怪小說的描述，多是一兩句帶過，或言其「流俗沙門」，或言其「謹篤」、「篤志泛愛」等，皆不若《高僧傳》記述詳細深入，故在形象的塑造方面貢獻不多。

2. 神　通

關於現世僧人施展神通方面，《高僧傳》十科所載分類如下：

神通種類	出現之篇章（十科代碼：編號、（　）：附傳）	總　數
知過往、未來	一：2、3、9、16、21、22、(34) 二：17、56、58 三：1、(1)、3、4、5、7、(7)、9、10、12、13、15、18、(18)、19、20 四：8、11、17 六：3 十：9	31
行速、徒步渡河、任意至某處	一：20、21、29 三：(1)、2、4、5、9、10、12、14、16、18、19 四：8	15
不畏寒暑、肢解肉體、刀不傷、不食無恙、不老、變化身體、毒不死	一：21 三：1、2、(7)、10、12、(12)、13、18、20 七：2	11
運用神力得雨、水、失物、花、香、火	一：22、(34) 二：27、83 三：1、6、9、16 四：(8)、9	10
死後現身、棺中無屍	三：1、3、9、12、15、19 四：8 六：11 八：2	9
分身	三：3、4、12、15、17、18、(18)、20	8
醫疾、咒治病	二：27 三：1、2、4、6、12 七：8 十：6	8
伏虎、降蟲	三：3、4、13、29 四：3	5
通靈、驅鬼、降鬼物	一：22 二：(32)	2

而志人志怪小說所載現世僧人所展現的神通分類如下：

神通種類	出現之編號	總　數
知過往、未來	34、44、48、52、56、129、137、138、139、163、208	11
不畏寒暑、肢解肉體、刀不傷、不食無恙、不老、變化身體、毒不死	7、28、138、145、164	5
行速、徒步渡河、任意至某處	137、139、177、204	4
伏虎、降蟲	137、138、163、173	4
通靈、驅鬼、降鬼物	1、7、8、41	4
分身	137、138、208	3
死後現身、棺中無屍	138、208	2
醫疾、咒治病	137	1

就兩者比較可知，大部分的神通種類多相同，其中人類對於「知過往、未來」的渴望仍是最強烈的，故此項皆占兩者之首位，且人數明顯較多。蓋知過往可解釋今生遭遇的來由，而預見未來則能使人有安定感，甚至可趨吉避凶、行善改運。另「通靈、驅鬼、降鬼物」在《高僧傳》現世僧人神通中敬陪末座，而在志怪小說中卻位居第三，雖然則數不多，卻反映出志怪小說對鬼物的好奇。魏晉南北朝是鬼神異物充斥的時代，鬼物與人類生活被想像成是息息相關的事，如何與鬼物相通成了重要的課題，僧人當然也被要求具有通靈的能力。在《高僧傳》中通靈、驅鬼等只是一種能力的證明，但到了志怪小說則成為敘述的主角，使得僧人增添了一些巫師的氣質，而這在《高僧傳》中並不明顯。

3. 感　應

關於感應的對象，兩者亦是同中有異，先列表如下：

感應對象	志怪小說則數	占感應則數百分比（共 75 則）	《高僧傳》篇數	占感應篇數百分比（共 99 篇）
觀音	34	45.3	9	9
大自然	14	18.7	44	44.4
自己	12	16	17	17.1

神	8	10.7	25	25.3
龍鬼妖精	5	6.7	14	14.1
舍利、金像、經典	3	4	8	8.1
音樂、語言提示	3	4	5	5.1
奇人、奇僧、奇尼	2	2.6	13	13.1
香、燈、天蓋、磬	0	0	11	11.1

說明：

「觀音」指信仰觀音者，在危難時因念觀音或誦《觀音經》而得脫險。

「大自然」指因人類本身的言行，使得大自然的山、泉、風、雨、光、煙、花木、鳥蟲、
　　野獸、氣候有所改變。

「自己」指因自己本身的言行，使得自己的肉體得病、病癒、屍體不腐等。

「神」指因人類本身的言行，使得廟神、山神、湖神、諸天童子、天人、天女等有所回應。

「龍鬼妖精」指因人類本身的言行，使得龍、鬼、妖、精有所回應。

「舍利、金像、經典」指因人類本身的言行，而求得舍利、金像，或經典不燃等。

「音樂、語言提示」指因人類本身的言行，而有非人演奏音樂，或以言語提示、讚嘆等。

「奇人、奇僧、奇尼」指因人類本身的言行，而使奇人、奇僧、奇尼現身回應。

「香、燈、天蓋、磬」指因人類本身的言行，而有香味傳出、燈火自行、天蓋出現、磬聲
　　自鳴等。

　　從比較表中可知，志怪小說反映出僧人間觀音信仰的普遍性，共出現三十四則，佔總感應則數的百分之四十五以上。許多僧人從事念觀音與誦《觀音經》的修行法門，甚至連一般士人也寫專書宣揚，這是《高僧傳》未顯現出的現象。《高僧傳》傳文中只出現九則，比例只有百分之九，差距懸殊。當然志怪小說並未全然保存下來，但則數想必是有增無減的。

　　從志怪小說記載因誦觀音而得解決的困難中，可以想見僧人在當時所面臨的社會問題。首先是政治問題，有九人因誦觀音，得從囚殺中，或免刑被赦，或平安逃脫；另有兩人則是從戰亂中歷劫歸來。此項共十一人，為誦觀音得救最多的一類。由此可知，當時僧人面對中國政治動盪不安、獄政黑暗，動輒得咎、性命難保的悲慘下場，在這無人能救的窘境下，唯有靠觀音的感應才能拔苦，然而，未得感應而受害者又有多少呢？再來是政治不穩引發的民生不安，即山賊作亂。僧人因誦觀音而能從賊亂中逃生，或被劫之財物安然歸來者有六人。僧人或出外採食、或遊學、或宣化，在政綱混亂的局勢中，山賊的搶掠成了潛藏的危機。另大自然的威脅亦時時困擾著交通不便的古代僧人，有五人因誦觀音而免於沉船溺水的危險、有兩人從

野火中逃生、一人從坎洞中順利爬出、另一人免於大雷雨的襲擊、一人免於野獸的侵擾。而大自然強大力量的摧殘，造成僧人們遊方各地的傷害，因此喪命者恐怕難以計算。最後，醫藥不發達的年代，重病絕望時亦只有仰賴觀音的醫治，因此而癒者有三人。另對鬼的誇大想像，亦使其成為一種困擾，因此藉觀音之力而驅鬼者有兩人。這些僧人落難的形象，的確有些狼狽，但也更真實的反映底層僧人的普遍狀況。《高僧傳》觀音感應的內容大同小異，有免溺、野獸不侵、病癒、賊不擾、從暗穴出等，但各項多只有一、兩則，並未反映出此項信仰的普遍性。其中有一則比較特別，即譯經科求那跋陀羅為了講《華嚴》等經，卻又不善宋言，故祈請觀世音，後夢及有人幫他換頭，且起即善宋言，道義皆備，於是能講。此則說明在傳講佛經的過程中所遭遇的困難，是志怪小說中少見的例子。

除了觀音信仰外，大自然的冥應亦是感應類的大宗，《高僧傳》更高達四十四篇（其中有二十二篇是獅、虎、鶴、馬、猿、鹿、蛇等野獸），占感應篇數的百分之四十四之多。志怪小說則是位居第二，僅次於觀音的感應，占百分之十八點七。這展現出天人合一的氣勢，只要僧人修行好，就能使野獸馴服如家禽、花木鮮潔、枯泉再現、陰雨轉晴、光輝照耀、久旱甘霖降等，任何本非人力可控制的自然現象都因僧人的高德而變得和悅順心，使人類生活更順暢，這不是一般老百姓尋求信仰的基本要求嗎！而大自然除了這些肉眼看得見的生物與現象外，在古人的想像中還包括神、鬼、龍、妖等生命，雖然很難見得，卻無時無刻不在影響著人類的心情與生活，故在感應類中比例亦不低。他們或者因為僧人的高德而虔誠護衛、或者因為人們無心冒犯而作亂，賴僧人化解，而一切的恩怨都能在皈依佛教、潛心修行中消弭於無形，在佛教的框架中，和樂的相處，或幫助人類、或不再作怪，僧人成為宇宙與人類間溝通的橋樑，此亦是僧人正面形象的加分。

志怪小說中奇人、奇僧、奇尼因感應而出現占了百分之二點六，只有兩則，與《高僧傳》的百分之十三相差甚遠，此蓋與《高僧傳》重視宣揚僧人之德有關。《高僧傳》既以高僧為主角，除了現世高僧的言行值得崇敬外，有些突然出現、其貌不揚的不知名僧人，亦不可忽視，因為他們有可能是某佛菩薩因應感應而來，這樣的訴求，不但可營造僧人崇高的地位，還可使平民不要因為某一位僧人的言行難以理解而輕忽懈怠，這或許是慧皎有意無意間所表達出希望人們敬仰僧人的心理。而志怪小說並不以宣揚僧德為主，因此比較能表現出一般僧人的樣貌，有真的修行高深、感動天地的大德，亦有表現平平、修行無得的僧人，甚至惡行不斷、欺世盜名的惡僧亦所在多有。

4. 行　為

下表先列出志人志怪小說僧人所出現的行為，與《高僧傳》相同者比較：

	《高僧傳》總數	《高僧傳》排名	志人志怪小說總數
教導	225	1	20+1
佛理	222	2	6+11
戒律	100	3	8
誦經	96	4	19
外學	92	5	11+3
遊方	83	6	6
著作	82	7	2+1
禪學	74	8	8
建寺造像	71	9	17+1
苦行	69	10	8
素食	67	11	7
譯經造經	64	12	4
做齋禮懺	29	13	20
佈施	20	14	4
轉讀梵唄	19	15	4
持咒	18	16	3
唱導	16	17	0
乞食	15	18	5 +1
犧牲	14	19	2
製新聲	6	20	0

　　首先，此表中後加的數字是《世說新語》所出現僧人此項行為的總數，因《世說新語》所出現的僧人，多是記載其機智對談或清談的言語、動作，故佛理的探討較多，遠遠超過其他志人志怪小說的總合。若去除《世說新語》的部分，會發現筆記小說關於佛理探討的記載很少，加上「著作」一項更被忽略到只有三條，而「作齋禮懺」、「誦經」、「建寺造像」等與民眾發生較密切關係的項目記載反比「戒律」、「禪學」、「苦行」、「素食」等關係到個人修持的項目多，與《高僧傳》恰巧相反。若再觀察《高僧傳》所無，而志人志怪小說所載之行為，如：做買賣、參加民眾喪禮、收留罪犯、行尊像、寄居百姓家、接受民眾發誓、接受民眾飯僧等，會發現志人志怪小說中所顯現出的僧人形象比較接近大眾的生活，不再是高高在上的大德，而是能與民眾一起生活、同享甘苦的普遍眾僧。

　　再者，我們觀察小說中「教導」一項所載的內容，不外乎：到病家授五戒、勸民眾皈依三寶、教囚犯念觀音、勸夫妻受戒、接受百姓諮詢、教導求子之民眾念觀音、幫助民眾安葬等，較少提及講論佛經或與上層社會的交流，此與《高僧傳》充滿與皇族、士人的來往所營造的氣氛迥然不同，從此可約略看出僧人在百姓傳教的概況與內容。另外，「誦經」一項，《高僧傳》主要記載僧人自己不斷誦念經典，精誠而得到感應，而志人志怪小說所載除此之外，則有到病人家中讀經、至鬧鬼家誦經、至喪家誦經、受邀設八關齋，於齋會中誦經、至臨終家誦經等，其中尤以民眾為積功德或報答菩薩的救渡而設齋請僧的記載最多，這些或許都因是僧人日常發生的小事而被《高僧傳》所輕忽，或省略、或簡化，然經由志人志怪小說的記載，才補足了僧人原本與民眾交流頻繁的事實，而佛教的傳播也是透過這些方式深入於民間的。

　　最後，《高僧傳》充分表現出佛學講論的概況，然而在平民百姓中卻不能用此方式，百姓們無法理解高深的佛理，對於哲學的探討亦無興趣，他們要的是如何解決現實生活的困境與覓得心靈安定的方法。志人志怪小說中大量記載僧人見證、聽聞、轉述因信佛而得之感應事件，這些平民百姓因念觀音、向佛、受五戒等而得免溺、從囚牢脫逃、找回失物、尋得歸途等，經由僧人向基層民眾的大量宣傳，滿足了他們的需求，展現了僧人淑世的另一方式，也是佛教深入大眾民心的一個最有效的方法。

　　除了以上修行與引領民眾向佛的行為外，尚有一些惡行的記載，兩類亦有不同。《高僧傳》偏於修行行為與佛教義理的過失，如：偽稱得果位、著論乖於佛理、退道等，另有一則提及衣服華美、一則關於權力鬥爭（詳見第三章）。志怪小說則有：

惡　　行	下　　場	編　　號
1. 飲酒	死後居弊宇三年	211
2. 殺生、食肉	被綑綁、生惡狗地獄、病卒	57、36、13、46
3. 販貨蓄眾	死後受譴兩年	214
4. 竊寺中財物像珠	遍體傷痍，哀嚎而死	216
5. 刊削、毀壞佛經	夢見異人警告、病卒	218、191
6. 行為流俗，廢誦戒	病亡入地獄受刑（後復活）	217
7. 屢游白衣家	被枉錄暴死（後復活）	181
8. 不精進	入地獄差點受罰（後復活）	135、204
9. 無行眾僧，破齋犯戒	下地獄受苦呼喊	220
10. 但為浮華，只求供養		137

　　其惡行主要集中於日常言行，如：販禍營利、貪求供養、飲酒吃肉、行為流俗、不精進等，少涉及政治與佛學義理。刊削佛經一則，亦重在佛經神聖，不可任意改動，並不涉義理之辯。同類者如編號 191 則釋智通尼，因師死罷道，後搗經為兒衣，尼竟通體剝爛、生蟲而死。損壞佛經之罪，真是重矣！另竊取寺廟財物，下場亦極淒慘，由此可見，當時寺廟頗為富有，已成宵小覬覦之對象。這些記載展現了一般芸芸眾生（僧人）貪利享樂的嘴臉，出家似乎只是換一個家而已，並非真心從事修行，也映襯出高僧苦行、佈施、犧牲肉體的偉大與慈悲。

　　志人志怪小說現世僧人，無論善舉惡行，所展現之形象，皆與一般民眾生活較為接近，與《高僧傳》描繪上層社會（皇親、士族）相較，來得親切真實，更能顯露人性普遍平凡的一面，的確提供了僧人形象的另一面，亦可補史傳民風記載之不足。

四、志人志怪小說所載奇異怪僧的比較

　　所謂的「奇異怪僧」是指來無影、去無蹤，不知其出身來歷者。他們多神通廣大、行為詭譎，以僧者的面貌出現，或在現世中教導民眾，或於夢中、冥界中指引困惑迷茫者。真實的情況究竟如何，無法確定，但卻透過這種表現方式，帶給佛教信仰者無限想像的空間與慰藉。首先先將兩類所載奇異怪僧的稟賦形貌、出現情形、出現目的列表如下以利比較：

志人志怪小說：

編號	稟賦形貌	現世出現情形	非現世出現情形 （夢：夢中；冥：冥界中）	目　的
5	才行不恆	支解身首、破腹出臟、出浴後身形如常		勸告桓溫勿篡位
6		變化容貌		提醒士人反省小時毒死三鳥事並悔過，其三子才能言
16			夢：一道人求釧	要回釧
26			夢：數沙門來探其父病	探病，後果痊癒
30			夢：現世沙門向一人求情，勿責此病家	使病癒
37				高逸沙門巖棲谷隱，常在鍾山之阿
43			冥：有道人舍，可誦經唄偈	在此修行、自然飲食，快樂無比
49			夢：道人給丸藥，服之病癒	使病痊癒
50			冥：眾多沙門立侍佛旁	立侍佛旁
			冥：法祖為閻羅王講楞嚴經、不原諒王浮	為閻羅王講經
67			夢：一沙門告知於六齋日放生念善、持齋奉戒可延壽	使延壽
68			禪：一道人奉明珠，而病癒	使病癒
74			夢：一道人為洗內臟而病癒	使病癒（此人念觀音）
76		兩道人入奏事，出則囚犯被赦，道人不見		救囚犯（此人念觀音）

80			夢：沙門立其頸間，以足蹴之，令逃脫	救囚犯(此人念觀音)
81	甚小、形明秀、長近八尺	仰見一道人，當空立、後囚犯得救		救囚犯(此人念觀音)
95		道人在路上指引路途	夢：一道人要他快逃	救囚犯(此人念觀音)
97			夢：一道人與光明安樂行品經及諸菩薩名，讀之	救囚犯（此人持齋、念觀音經）
98	好形、長八尺許		恍惚中：見一道人當空立	救囚犯(此人念觀音)
119		夜見一道人指示出路得歸		救叛逃者(此人叛虜被迫念觀音)
122		見一道人帶其回家，到家後道人忽不見		尋回其子(此父念觀音經)
132	長鼻深目	乞飲，使婦人與子會讀寫胡書		帶來亡失的佛經
135			冥：講堂中沙門甚眾，聞經唄之聲	冥界沙門誦經
140	姿形頑陋、衣服塵敝	要世常洗足不肯，則現神足，變身八尺，顏容瑰偉，飛行而去		試探其信佛之心
141		病痢嚴重，數日後竟容色光悅,屋中穢物皆是華馨，為得道僧人		試探道心
144	容服粗垢、神情低陋	升高座、擲缽空中，凌虛而去		試探道心
147		缽飯足供一眾食、擲缽空中，翻然上升、後民刻其像，家有事，像即倒		給信眾勉勵
148	衣服塵垢、面目黃腫	忽不見		提醒他勿入山，為信眾留

150			冥：迎死者上第七梵天	迎死者上第七梵天
154		一沙門拜訪，要其不要仕宦，守貧修道、沙門滿一床、變爲大鳥、第二天忽不見		提醒其要避宦修道才好
157			冥：其前七生之師助其離開冥界、僧達要其三皈依精進	助離開冥界並戒其精進向佛
160		至富家告知其所將殺之豬爲其亡兒、忽不見、騰空西去、香氣充布		提醒他亡兒已出生爲豬
161		師亡現身、告知雞卵有生命、忽不見		告知雞卵有生命
162		沙門凌虛直上、踞峰良久、與雲氣俱滅		
166	威容偉異、神儀秀出	五沙門在佛座前、忽竦身飛空而去		感應神僧出現
167			冥：一比丘告知勿綁他、並提醒他如何避禍、給一小銅鈴可棄門外	助離開冥界並戒其精進向佛
168			冥：兩沙門爲其前世師帶領他、兩沙門並觀音行、沙門眾多觀看並審死者	助離開冥界並戒其精進向佛
181			冥：見一精舍有沙門在、屋宇宏整、資待自然、爲福地	冥界福地有沙門
188	容服如凡	出門數十步，忽直上衝天		感應神僧出現
195		金色黑衣沙門，足不履地		感應神僧出現
197			冥：一僧煮烹他，警其向佛	戒其精進向佛、勿殺生

198		有沙門告知宜避禍		告知宜避禍
200		一沙門告知應飯僧才能免禍，後忽不見、有沙門告知何不精進	夢：二十餘僧繞塔作禮、夢醒病癒	告知宜避禍、精進向佛
201		無數沙門從壁中半身出		感應神僧出現
205		在嵩山亦見此二少僧、後不知所之	冥：二少僧設雜果檳榔招待	
206			冥：二道人為其五戒師，並救之還陽，要其出家	助離開冥界並戒其精進向佛
209	風貌秀舉	忽不見		出現在太后所設齋會
211			冥：遇難公因生前飲酒而被責居弊宇三年才可升天	因犯戒被責居弊宇
214		已死沙門罵其徒弟、求辦袈裟、來聽經		完成生前未完成的事
215			夢：一沙門告知像光材何處可得	告知像光材何處可得
216		死後來言痛苦不堪，賴眾僧救護才痛苦稍歇，並有腐臭味		感謝眾僧的救護，使其痛苦稍歇
220			冥：一沙門踞胡床坐，懲罰誤錄人、無行眾僧破齋犯戒下地獄受苦	執行冥界事務、無行眾僧下地獄受苦
227			夢：見此僧來喊冤，告之為何枉殺，已白於天帝，殺僧者後自縊死	報仇
229		白日見被己殺之摩讖以劍擊之而死		報仇
230			夢：被己殺之僧越要來報復	報仇
236		比丘從孔飛入至五六十人，參加講會		參加講會
238			夢：一僧教誦觀世音救生經	教誦觀音經

《高僧傳》：

編　號	稟賦形貌	現世出現情形	非現世出現情形	目　　　的
一 9			冥：爲閻羅王講《首楞嚴經》	爲閻羅王講經
一 15		五六沙門來入其室，時見沙門飛來樹端		因修行有得而感應得道者來遊
一 23	年可九十、容服粗素、神氣俊遠、韻高	是迦葉大弟子		因修行有得而感應得道者來見
一 29			夢：王母夢一道人飛舶入國	感應高僧將來
一 29			夢：家人夢太守爲眾僧講經	高僧在其死前說法安慰的成果
二 5		一人誦經、一人患痢，尿屎縱橫、舉房臭穢，法朗照顧七日後，香華滿房		試驗道心，並指導修學方向
二 8		師亡後現身，投卵於地，殼破雛行，忽俱滅		指引他卵有生命
二 15	頭白眉毛長		夢：胡道人告之，其所注經皆合道	解決其擔心注經不合道之疑慮
二 15	形甚庸陋	寄寺中，維那夜見其從窗隙出入；安問來處，其以手撥天，雲開見兜率妙勝		教其浴僧，必能得願
二 58			夢：晝寢夢一僧乎其爲母並寄物	告之將投胎爲其子並寄物
二 65	風容都雅、容止端嚴、氣貌秀發	忽有一僧晚來就座，與齋主共語百餘許言，忽不復見		來參予盛會（普賢像成有感）
二 87			夢：梵僧數人，皆距砌坐，云從大乘國來，奉迎基和上	迎亡者（高僧）

三 11		齎一杖一箱,向海鹽令戒一小兒,飄然至山上,見另三道人,並寄書予史宗		與得道者遊
三 12		漂流至一洲,僧人送青竹杖,置水中,開船靜坐便達中國,並託寄物與杯度		與得道者遊
三 12		上有一僧喚之		與得道者遊
三 14		法朗與神僧遊,但別人只聞聲,不見形		與得道者遊
三 14		遠僧變爲執縻者,向其拿袈裟		法朗與得道者遊
四 17		在日光中,見聖僧在空中說法		普恆小時所見聖僧
五 11	形甚姝大	誦經時輒見一沙門在前		修行有得而感奇僧出現
七 6		作普賢齋,見梵僧入坐,倏忽不見		修行有得而感奇僧出現
七 21		夜見兩梵道人拔出其頭而痊癒		治病
七 21		設聖僧齋,見帛上有人跡皆長三尺餘		修行有得而感
八 1			冥:一道人云爲其前世師,說法訓誨,令出家並覓阿育王塔像	指引修行路
八 13		見一僧提醒其所夢事,忽不見	夢:三道人來告,要建安殿下造石像,即能病癒	促成造石像事
八 14		遙見二僧,跪開像髻,逼就觀之,倏忽不見		造金像而得感應

1. 現世出現情形

首先，就其外貌觀之，既然其神通廣大，應是得道高僧，那「形明秀」（81）、「威容偉異、神儀秀出」（166）、「神氣俊遠……韻高」（一 23）、「風容都雅……容止端嚴、氣貌秀發」（二 65）似乎是理所當然的。然而更多的異僧外貌卻為：

> 「有一比丘，姿形頑陋，衣服塵敝，跋涉塗潦」（140）

> 「一人（僧）患痢，穢汙盈房」（141）

> 「坐次一僧，容服麤垢，神情低陋」（144）

> 「忽有一僧，來處上座，衣服塵垢，面目黃腫」（148）

> 「有二沙門，容服如凡」（188）

> 「形甚庸陋」（二 15）

其外表看起來不是與一般人無異，就是遠遜常人。不但穿著穢垢，連神情都萎靡不振，難怪見者多面露不悅、有眼不識泰山。總待其變身、凌空而去，才悔恨莫及。這些故事徹底否定了魏晉以來士人重視外在風貌的思想，說明勿以外貌衡量僧人，才不會錯失親近聖賢之良機。況且為傳法而艱辛遠來之西僧，風塵僕僕，要華舉秀偉，的確不易；即使華僧，也不應太過重視光鮮亮麗之外貌，畢竟內在的修為更甚外觀的華麗，而兩類中又以志怪小說表現較為強烈。《高僧傳》對僧人的形象描寫，除了神異科僧人形象邊遇外，仍保持有一定的水準要求，且全書重在現世高僧，故奇異怪僧的形貌多所省略，即使負面的描寫，亦只說其「庸陋」而已。而志怪小說就少了此層顧忌，以此來告誡一般人勿以「風貌秀偉」來評定僧人，應打破肉體、物質的迷思，亦是對貪求利養者的當頭棒喝。

再者，就其出現的狀況，雖不知從何而來，然多有見證者（或親身遭遇者），《高僧傳》多是高僧，少數是平民與官吏，如：一小兒（三 11）、吳郡民朱靈期（三 12）、始豐令陸咸（八 13）等。而志怪小說則有時是僧人，如：于法蘭（140）、康法朗（141）、釋道岡（188）、慧木尼（195）等，有時是權貴，如：何充（144）、晉明帝（145）、桓溫（156）等，有時是一般平民，如：丁承（132）、採藥伐樹工人（162）、王胡（205）等。總之，雖來去無蹤，卻因這些人親賭，而證明其真實的出現過，以加強故事之說服力。

異僧出現的目的，觀察兩類似有所偏：

出現之目的	志人志怪小說編號	則　　數
1. 指引修道	154、200	2
2. 試驗道心	140、141、144	3

3. 解救囚犯	76、81、95、119	4
4. 警告災禍、明示因果	6、160、198、200	4
5. 因世人誠信招感	147、148、166、188、195、201、209、236	8
6. 其他	5、122、132、161、214、216、229	7

出現之目的	《高僧傳》編號	則　數
1. 試驗道心	二 5	1
2. 指引修道	二 5、四 17、二 15	3
3. 因修行有得而招感	一 15、一 23、二 65、三 11、三 12、三 14、五 11、七 6、七 21、八 14	10
4. 其他	二 8、七 21、八 13、	3

　　《高僧傳》異僧出現的主要原因是高僧修行有得而感應，或能與異僧遊、或得見異僧，仍是以異僧的出現來襯托高僧的修行為主。故第一、第二項目及「其他」，包括：治病（七 21）、提醒造石像事（八 13）、告之卵有生命（二 8）等，都份量不多。而志人志怪小說雖以「因世人誠信招感」為最多，但其他項，如：解救囚犯、警告災禍、明示因果等仍不少，而「其他」一項包括：勸勿篡位（5）、尋回民眾失子（122）、帶來亡失之佛經（132）、完成生前未完成的事（214）、報仇（229）等，顯然比《高僧傳》多采多姿。

　　異僧的出現，其作用顯然有別於現世僧人。現世僧人因處於歷史時空中確實存在的侷限，故所從之事多以世人實際生活所需為主，而不知來歷之異僧則可以神靈感應為出現的理由。這類僧人出現的場所遍及樹端、井邊、民家、經堂、齋會，甚至往天竺的路上、山裡、逃亡迷途中。只要能點醒民眾、指引向法，都可能有異僧的身影。僧祐《弘明集·後序》中提及世人對佛教有六疑，才信心不足，其中之一為：「三疑莫見真佛，無益國治」。如今佛雖難見，但與佛形似之異僧出現，亦可能替代佛陀，指引民眾、撫慰人心，並對抗反佛者的懷疑。牟子《理惑論》（見《弘明集》卷一）言及佛之神通：

　　　　佛者，號諡也……恍惚變化，分身散體，或存或亡，能小能大，能圓
　　　　能方，能老能少，能隱能彰。蹈火不燒，履刃不傷。在污不辱，在禍無殃。
　　　欲行則飛，坐則揚光

而此神通變化，在異僧身上多少可以看見，如：「忽然不見」（132）、「變身八尺，顏容瑰偉，飛行而去」（140）、「擲缽空中，翻然上升」（147）、「見尼裸身揮刀，

破腹出臟……及至尼出浴室，身形如常」（156）、「從窗隙出入」（二 15）、「在空中說法」（四 17）等。其消失之法往往是擲缽空中、飛行而去，且有香氣、光明漫布人間，見者固然驚駭，聞者同樣矍然！此震懾人心之景象頗富張力。而佛經中提及阿羅漢六神通〔註1〕，此類僧人所表現的神通則以神足為最多，因其不用言語，或飛行、或騰空、或足不履地，皆可使人有立即強烈的震撼，感動力較大。其他如：天眼、天耳、他心、宿命各通，多表現在預言凶兆、勸人免禍，須等事後驗證才顯其言不虛。至於漏盡通，則甚少言及，蓋與勸化民眾較無直接關係之故。此種突破肉體限制，展現出自由自在之神通，是人類夢寐以求的，故而極具吸引力，這也是促使中國人追求成仙的一般心態，如今，異僧同樣能滿足這種需求而與道教成仙分庭抗禮。

　　再者，僧人可能不僅僅只是僧人，有時是佛、得道菩薩等的種種形之一，回應人們的呼喚而來的。如《法華經·觀世音菩薩普門品》言：

　　　　「應以比丘、比丘尼、優婆塞、優婆夷身得度者，即現比丘、比丘尼、
　　優婆塞、優婆夷身而為說法」
　　「以種種形、遊諸國土，度脫眾生」

觀音能以種種形，救度眾生，志人志怪小說記載念觀音而得救者甚多，救護者往往是以道人之面貌出現，故所述之異僧，或許是佛菩薩的變身，亦未可知！

2. 夢中、冥界中

　　此類僧人包括兩種，一為夢中出現者，一為幽冥中所見者。兩者都出現在所見者意識昏迷或夢寐中，是真是假，較難判定，故說服力亦較薄弱。但也因此較能展現佛教廣大的時空觀念（三世因果、六道輪迴）。夢中出現的僧人，《高僧傳》只有四則，分別是：解決心中關於注經是否正確的疑慮（二 15）、告知將投胎為其子（二 58）、告知來迎亡者（二 87）、要其造石像（八 13），仍是以彰顯高僧修行有成為主。而志人志怪小說則多是直接救助夢者，以治病延壽（26、30、49、67、68、74、200）、解救囚犯（80、95、97、98）為最多。其他尚有：要回失物（16）、告知何處可得像光材（215）、教誦觀音經（238）及報仇（227、230）。由此大略可分為兩類，一為得道聖僧來幫忙解決人間的危難，另一則是死後僧人的追討前債。兩者的形象都比《高僧傳》來得接近人間民眾。

〔註 1〕「1. 神足通：能自由自在地隨意欲的處所而顯現的能力。2. 天眼通：能透見自他未來的事故的能力。3. 天耳通：能聽聞人所不能聞的音聲的能力。4. 他心通：能透視他人的心意思想的能力。5. 宿命通：能知自他的過去世的情況的能力。6. 漏盡通：能斷除煩惱的能力。」見吳汝鈞《佛教思想大辭典》，頁 71。

　　而於冥界出現之僧，《高僧傳》只有兩處；筆記小說中的內容則較精采，由此可看出一般大眾對僧人的崇敬與依賴。其出現的目的如下：

出現之目的	《高僧傳》與志人志怪小說之編號	則　數
1. 迎接、指引、救離亡者	150、157、167、168、206、八 1	6
2. 居冥界精舍	43、135、181、205	4
3. 隨侍說法的世尊、觀音	50、168	2
4. 主持、執行獄事	197、220	2
5. 犯戒在地獄受苦	211、220	2
6. 爲閻羅王講經	一 9、50	2
7. 列席聽獄	168	1

　　沙門於冥界中仍處於崇高的地位，從隨侍、說法，至聽獄、主持執行獄事皆有，而以「迎接、指引、救離亡者」最多。其不受限制、自由來去，能隨時指引、解救亡者，雖無異僧之展現廣大的神通，但德重一方，是可以肯定的。其中仍有兩則惡僧在地獄受苦的描述，雖未極力渲染，但也隱約透露了惡僧的存在。在陽間難以露臉的世尊、觀音終於出現於此，但主要是說法，真正爲亡者奔走，助其出離回陽者，仍非僧人莫屬了。故僧者不但是在世者的歸依師，亦成爲亡後的依靠。而能蒙恩救的最有力條件爲前世或此世是沙門者與曾皈依三寶爲佛弟子者；即使此世爲外道、犯殺戒，仍可因其前世爲佛弟子而蒙赦回陽，甚至臨審前一心稱佛或悔不精進，即可減輕罪業或免刑責。由此觀之，信教皈依爲民眾帶來了未來世界安穩的保障。

　　另外，有關年壽未盡卻抓錯人的亦有多則（134、167、181、206、220 等），「殺鬼取人，亦多枉濫」（181）可見濫錄程度之嚴重，此間接反映了人間司法的黑暗與不公。而冥界雖有此差錯，但仍略勝凡間一籌，因錄者雖無眼橫行，卻有地位崇高之沙門可據理解救，而有司亦能嚴懲錄者，終能有驚無險的落幕；而在人間，恐怕很難等到青天解救，只有期待菩薩顯靈才能從黑獄中逃脫了。

第二節　　與其他史傳之比較

　　本節將以梁僧祐《祐錄》僧傳部分與晉葛洪《神仙傳》，與慧皎《高僧傳》作一比較。慧皎大量採納《祐錄》僧傳部分，加以刪修，兩者文字有同有異，故能對比出慧皎文字運用的精練處與對內容材料的編排取捨，兩相比較下，更能深刻的認識

《高僧傳》所要塑造的僧人形象。而道教——中國本土的宗教，融合了中國的原始宗教、方術、神話等，在魏晉南北朝時期以急起直追的方式，與外來佛教相抗衡，彼此的相互觀摩、學習在所難免，畢竟它們都是爲了滿足當時民眾「離苦得樂」的企求而存在。然而佛道兩教對生命看法的基準不同，故而它們所塑造的形象有著極大的差異。將《高僧傳》與《神仙傳》作一比較，更能彰顯慧皎所載高僧的特色與偏向，並能了解中國文化對佛教的影響與改變。

一、與《出三藏記集》的比較

《祐錄》列傳編在此書之最後第十三、十四、十五卷中，今將其編排次序與《高僧傳》採用狀況，簡列如下：

《祐錄》列傳 （卷別／篇次、附：附傳）	《高僧傳》 （科別、編號、附：附傳）	備　　　　註
安世高 13／1	安清一 3	
支讖 13／2	支樓迦讖一 4	
竺朔佛 13／2 附 1	竺佛朔一 4 附 1	
支曜 13／2 附 2	支曜一 4 附 4	
安玄 13／3	安玄一 4 附 2	《高僧傳》改爲附傳
嚴佛調 13／3 附 1	嚴佛調一 4 附 3	
康孟詳 13／3 附 2	康孟詳一 4 附 6	
維祇難 13／3 附 3	維祇難一 7	《高僧傳》改爲正傳
竺將炎 13／3 附 4	竺律炎一 7 中	
白延 13／3 附 5	帛延一 5 附 3	
康僧會 13／4	康僧會一 6	
朱士行 13／5	朱士行二 1	《高僧傳》列爲義解篇
支謙 13／6	支謙一 6 附	《高僧傳》改爲附傳
竺法護 13／7	竺曇摩羅刹一 8	
聶承遠 13／7 附 1	聶承遠一 8 附 1	
法炬 13／7 附 2	法巨一 7 附 2	
法立 13／7 附 3	法立一 7 附 1	
竺叔蘭 13／8	竺叔蘭二 1 附	《高僧傳》改爲附傳、列爲義解篇

尸梨密 13／9	帛尸梨密一 10	
僧伽跋澄 13／10	僧伽跋澄一 11	
佛圖羅剎 13／10 附	佛圖羅剎一 11 附	
曇摩難提 13／11	曇摩難提一 12	
竺佛念 13／11 附	竺佛念一 14	《高僧傳》改爲正傳、《祐錄》15／5 又列爲正傳
僧伽提婆 13／12	僧伽提婆一 13	
鳩摩羅什 14／1	鳩摩羅什一 16	
佛陀耶舍 14／2	佛陀耶舍一 20	
曇無讖 14／3	曇無讖一 22	
佛馱跋陀 14／4	佛馱跋陀羅一 21	
求那跋摩 14／5	求那跋摩一 29	
僧伽跋摩 14／6	僧伽跋摩一 30	
曇摩蜜多 14／7	曇摩蜜多一 31	
求那跋陀羅 14／8	求那跋陀羅一 34	
沮渠安陽侯 14／9	安陽侯一 22 附 b	《高僧傳》改爲附傳
功德直 14／9 附	功德直二 83 中	《高僧傳》在義解篇中提及
求那毗地 14／10	求那毗地一 35	
法祖法師 15／1	帛遠一 9	
法祚 15／1 附 1	帛法祚一 9 附 1	
衛士度 15／1 附 2	衛士度一 9 附 2	
道安法師 15／2	釋道安二 15	《高僧傳》列爲義解篇
法和 15／2 附	釋法和二 16	《高僧傳》改爲正傳、列爲義解篇
慧遠法師 15／3	釋慧遠二 30	《高僧傳》列爲義解篇
道生法師 15／4	竺道生二 43	《高僧傳》列爲義解篇
佛念法師 15／5	竺佛念一 14	《祐錄》與 13／11 附傳重複
法顯法師 15／6	釋法顯一 23	
智嚴法師 15／7	釋智嚴一 27	
寶雲法師 15／8	釋寶雲一 28	
智猛法師 15／9	釋智猛一 32	
法勇法師 15／10	釋曇無竭一 24	

首先，《祐錄》列傳編排的方式為：

1. 先以國籍分，將中國人與西域、天竺諸國分列不同卷；十三、十四卷主要以非本國人為主，而十五卷則全是國人〔註2〕。

2. 國人與非國人再大略以時間先後排列。

3. 附傳多以時代相近而依附，當然若是助譯者（聶承遠 13／7 附 1）、共譯者（嚴佛調 13／3 附 1）、親人（法祚 15／1 附 1）、朋友（法和 15／2 附），更是附傳首要人選。

4. 不分科。

　　雖然原則大略如上，但《祐錄》列傳的編排並不嚴謹，如：十三、十四卷共二十二位傳主中，二十一位皆非國人，卻雜有一位穎川人（朱士行 13／5）；而竺佛念則分別出現在十三卷附傳與十五卷正傳中，一簡一略，重複列傳。再者，《祐錄》並未如《高僧傳》分為十科，主要與《祐錄》撰寫之目的有關。《祐錄・序》云：「國音各殊，故文有同異；前後重來，故題有新舊。而後之學者，鮮克研覈，遂乃書寫繼踵，而不知經出之歲；誦說比肩，而莫測傳法之人……況千載交譯，寧可昧其人世哉！」可見其撰此書是為了「沿波討源」以求佛經譯本之由來。又《祐錄》一書分四大部分：「一撰緣記、二銓名錄、三總經序、四述列傳」（《祐錄・序》），列傳置於最後，應是為輔助該書經錄而設。其「列傳述則伊人之風可見」（《祐錄・序》），可想其「伊人之風」應是指與譯經有關之僧人，當然也就無分科的必要，此與慧皎專以僧人傳記為刪聚對象，目的迥然不同。《祐錄》列傳既為輔助該書經錄而設，其排列就不若《高僧傳》重歷史的發展性（《高僧傳》各科純以時代來編排，不分國籍，若生卒年不詳，則以在中國活動的主要時間為據，詳見第三章第三節），而轉較重個人的背景，分之以國籍了。

　　《高僧傳》將《祐錄》正傳改列附傳有四人：安玄、支謙、竺叔蘭、安陽侯。安玄因功「號曰騎都尉」，支謙「孫權……拜為博士」，竺叔蘭為旅居河南之居士，安陽侯亦「以居士身畢世」，四人皆通梵漢，亦皆從事譯經工作，貢獻良多，故《祐錄》列為正傳，以傳其德業。然因其身分非僧人，故不能成為以高僧為撰述對象之《高僧傳》中的主角，而屈居附傳了。

　　《高僧傳》將《祐錄》附傳改列正傳有二人：維祇難、釋法和。維祇難一篇的寫作，似乎是以《法句經》的傳譯為重點。除了首段寫其出家前之事蹟外，就直述其攜《法句經》來中土，後轉以《法句經》的傳譯為主，連主角是否「不知所終」

〔註2〕「僧祐以為『經出西域，運流東方』《祐錄・序》所以僧祐將外國譯人放在前卷，將中國譯人傳放置於後，以明其本源」應是。見黃志洲《出三藏記集研究》。

都無交代，是《高僧傳》少有的體製（詳見第三章 第三節）。故可推知，本篇應爲《法句經》來中國而設。另釋法和一來身爲道安的法友，二來《高僧傳》增寫其因石氏之亂至蜀，又入關，後於金輿谷與安公共登山，因感悲而有一段對話，對話中強調萌發慧心（安公所言）的重要，應爲設本篇之主旨。再者，《高僧傳》受寶唱《名僧傳》影響頗大（詳見第三章 第一節），《名僧傳》中有釋法和之專傳，是否爲慧皎所襲，因書已不全，難以證實。

　　《高僧傳》將《祐錄》列傳僧人改爲義解篇者有七人：朱士行、竺叔蘭、功德直、釋道安、釋法和、釋慧遠、竺道生。分析《高僧傳》譯經科正傳三十五篇，其立傳的共同條件爲：不拘國籍、亦不論是否精通漢語，只要曾在中土譯經者，或誦出梵本、或持經來華譯寫皆可。以此看來，朱士行至于闐後，並未回國，故從未在中土從事譯經工作。列在義解科，實因其西行求經的動機，來自於對《道行經》所譯義理之不滿。竺叔蘭本身爲居士，不可能列入正傳，而《高僧傳》對附傳的編排較不嚴謹，只要是與正傳僧人有相關者，如：同寺、同區域、師長、繼承學說者、弟子、同學等皆可，故出現與正傳不同科之人物亦有。竺叔蘭爲朱士行之附傳，實因其嘗譯出朱士行派弟子送回之《放光經》，並非意味其即義解科人物。功德直，《高僧傳》並未列傳，只於釋玄暢傳中提及其譯《念佛三昧經》，玄暢刊定文字而已，故非認爲其屬義解科。另道安、法和、慧遠、道生四人，雖於譯經工作多有助益，或廣徠胡僧、或參正文義，然終非主譯者，況且道安、慧遠與道生在思想的建樹上遠遠超過譯經工作之成就，故《高僧傳》轉列義解科，乃名實相符。

　　《高僧傳》譯經科與少數義解科雖襲取《祐錄》列傳，然慧皎並非全數襲用，其參考他書而加以刪增改正者仍爲數不少。經過刪增改正後，僧人的形象更加明確清晰，以下從文辭與內容兩大項分別論述之。

（一）文辭方面

　　從下列各表中對照可知，慧皎的刪改並非隨意爲之，而的確下過一番斟酌之功夫，使得文辭更加精練，所要表達的僧人形象更加清晰。例如：《高僧傳》刪除了《祐錄》列傳中一些抽象冗贅的形容詞，以免文氣沉悶；且將文句的長度刪修使更加齊一精練，形成一端整的文風，使得所表現的僧人形象也呈現出穩重自持之趨向；再者，慧皎利用一些小例子及對話來使形象生動活潑，並增添對高僧周邊人物的描寫，以襯托出高僧本身的稟賦超絕；另也注意到情節的前後呼應，使僧人形象統一，的確是經過一番苦心之經營〔註3〕。以下將列項說明之：

1. 文辭較簡潔幹練

《祐錄》篇名	《祐錄》(兩書阿拉伯數字相同者,表兩句在同一地位,可互相比較,下列各表皆同)	《高僧傳》	說　明
安世高	1「幼懷淳孝,敬養竭誠,惻隱之仁,爰及蠢類,其動言立行,若踐規矩焉」 2「客咸共驚愕」 3「乃是大蟒蛇」 4「神復出蟒身」 5「頭尾相去數里,今尋陽郡蛇村是其處也」	1「幼以孝行見稱」 2「客咸驚愕」 3「乃是大蟒」 4「蟒復出身」 5「頭尾數里,今尋陽郡蛇村是也」	1 刪掉一些形容詞。 2「咸」、「共」同義,故刪一。 3「蛇」可刪,意思仍同。 4、5 簡化句子。
竺朔佛	「沙門竺朔佛者,天竺人也」	「時有天竺沙門竺佛朔」	簡化句子。
安玄	「爲優婆塞,秉持法戒,毫氂弗虧」		《高僧傳》刪掉此較冗贅的介紹
嚴佛調	「信慧自然,遂出家修道,通譯經典,見重於時」		《高傳》刪掉此較冗贅的介紹
康僧會	1「於枕上叩頭」 2「所痛即間」 3「婇女先有奉法者,聞皓病,因問訊云」 4「以開諷其心焉」	1「叩頭於枕」 2「痛間」 3「婇女先有奉法者,因問訊云」 4「以開其心」	簡化句子。
朱士行	1「果寫得正品梵書,胡本九十章,六十萬餘言」 2 前兩行形容其志業	1「果得梵書正本,凡九十章」	1 簡化句子。 2 將前兩行簡略,去掉一些形容
竺法護	1「涉獵百家之言」 2「未嘗介於視聽也」 3「山間有清澗」	1「遊心七籍」 2「未嘗介抱」 3「山有清澗」	簡化句子。

　　改後,事件經過的細節似乎與《祐錄》有些許不同,而且爲了形象統一,捨棄某些事件的描寫,究竟孰是孰非,已難考證,不免在傳記的歷史眞確性方面暴露出不足之處!

佛陀耶舍	1「悉皆不受」 2「王薨，太子即位，王孫爲太子」	1「悉不受」 2「王薨，太子即位」	1「悉」、「皆」同義，故刪一。 2「王孫爲太子」與後文無關，故刪。
曇無讖	「舉不能勝，乃數過舉之，遂不能動」	「數過提舉，竟不能動」	簡化句子。
道安法師	1「恨不使足下見之，其亦每言思得一見足下」 2「遂爲後式焉」 3「道安毀形，寧可參廁乘輿」 4「朕將舉天下而不易，雖輿輦之榮，乃是爲其臭腐耳」	1「恨足下不同日而見，其亦每言思得一敘」 2「遂爲永式」 3「道安毀形，寧可參廁」 4「朕以天下不易，雖輿輦之榮，未稱其德」	1「足下」重複，故改之。 2、3、4簡化句子。
慧遠法師	1「乃刪煩剪亂，令質文有體」	1「乃抄其要文」	1簡化句子。 2另刪形容慧遠精通佛學的鋪陳句。
道生法師	1「大涅槃經未至此土」	1「大本未傳」	1簡化句子。 2另刪首段對其聰穎、德業、性情的鋪陳與形容，以免沉悶。
法顯法師	1「其父懼禍及之」 2「貧道預爲君憂，故相語耳」 3「值大暴風，舶壞入水」 4「中夜忽遇大風」	1「父恐禍及顯」 2「貧道預爲君憂耳」 3「值暴風水入」 4「夜忽大風」	簡化句子。
智嚴法師	「欲葬凡僧之墓，抗舉嚴喪，永不肯起，又益人眾，不動如初。眾咸驚怪，試改向得道墓所，於是四人輿之，行駛如風，遂得窆葬」	「始移屍向凡僧墓地，而屍重不起，改向聖墓，則飄然自輕」	簡化句子。
寶雲法師	「晚出諸經，多雲所譯。常手執胡本，口宣晉語，華戎兼通」	「晚出諸經，多雲所治定。華戎兼通」	簡化句子。
法勇法師	1「棧路險惡，驢駝不通，層冰峨峨，絕無草木，山多瘴氣」 2「彼方眾僧云其已得道果」	1「瘴氣千重，層冰萬里」 2「彼土咸云已證果」	簡化句子。

2. 文辭較精確傳神

《祐錄》篇名	《祐錄》	《高僧傳》	說　明
安世高	1「墮此神中」 2「淚落如雨」 3「乃隨世高東行」	1「墮此神報」 2「悲淚如雨」 3「隨高東遊」	《高僧傳》改用「報」、「悲」、「遊」，使要表達的意思更加豐富清楚。
康僧會	1「孫權……而」 2 群臣諫後，「皓悟，遣張昱詣寺詰會」 3「辭甚精辯」	1「孫權……而佛教未行」 2「皓遣張昱詣寺詰會」 3「辭甚精要」	1 孫權時應是「佛教未行」，而非「未有佛教」。 2 從上下文看來，當時皓並未覺悟，《祐錄》寫其此時悟，實在無法與下一段穢佛行動相接續。 3 皓此時大病初癒，急於了解佛法，故以「精要」為先。
朱士行	「士行憤慨」	「士行深懷痛心」	「痛心」二字較能顯現其弘法之情。
僧伽提婆	「敷演之明」	「敷析之明」	「敷演」二字義相近，不若「敷析」涵義較豐。
鳩摩羅什	1「逼炎為妻」 2「師授其義，即自通解」 3「外道輕其幼稚」	1「乃逼以妻焉」 2「師授其義，即日通達」 3「外道輕其年幼」	1 炎為什父，「逼以妻焉」比較精確。 2 既有「師授」，怎又云「自通解」，以《高僧傳》「即日通達」較妥。 3「幼稚」有心智發展不成熟之義，外道應是輕其外表「年幼」才是。
曇無讖	「讖臨機釋滯，未嘗留礙」	「讖臨機釋滯，清辯若流」	《高僧傳》用詞較具動感。
道安法師	「堅懍然作色曰」	「堅勃然作色曰」	「勃然」較合乎苻堅的個性。
道生法師	「拂衣而逝」	「拂衣而遊」	「逝」只是消失，「遊」則表示雖生氣卻仍繼續至各地研習佛法。

法顯法師	「既至山前，有一大石横塞室口」	「更追至山所，有横石塞於室口」	較動態，用「追」字更顯其急迫性。
智嚴法師	「報此消息訖」	「報此瑞徵」	「瑞徵」比「消息」來得清楚。
智猛法師	「渡河順谷 36 渡」	「渡河跨谷 36 所」	「跨」比「順」有力。
法勇法師	1「曠絕之處，常齎石蜜爲糧」 2「無竭所齎觀世音經，常專心繫念」	1「路既空曠，唯齎石蜜爲糧」 2「而繫念所齎觀世音經，未嘗暫廢」	「唯」比「常」、「未嘗暫廢」比「常專心繫念」有力。

3. 理路較清晰有序

《祐錄》篇名	《祐錄》（——表敘事的順序，下列各表同）	《高僧傳》	說　明
安世高	「神從床後出頭，乃是大蟒蛇，至世高膝邊，淚落如雨，不知尾之長短」	「神從床後出頭，乃是大蟒，不知尾之長短，至高膝邊……悲淚如雨」	《僧傳》先描寫蛇神形貌，再談其情緒反應，次序較爲分明。
康僧會	直接敘述有司上奏，孫權召見	詳細交代康僧會何以至吳，及吳人何以覺其怪，而導致有司上奏，孫權召見	在事情發生的原因及經過上，《高僧傳》交代較清楚。
曇摩難提	趙政慕法，仍與安公共請出經——慕容沖叛——趙政集義學僧寫出梵本、翻譯二阿含——苻堅禮接——在秦積年，不知所終	苻堅禮接——趙政欲請出經——慕容沖叛——趙政慕法，仍請安公集義學僧，請難提譯中、增一阿含——姚萇入侵，難提還西域	苻堅禮接究竟在翻經前，抑或後，兩書明顯不同。
僧伽提婆	安公出婆須蜜，提婆、跋澄共執梵文——後令曇摩難提出二阿含——實有慕容之難，倉促未練——安公先所出阿毗曇、廣說、三法度等，共百餘萬言，譯人造次，往往有誤——安公棄世，不及改正	先總述跋澄出婆須蜜、曇摩難提出二阿含、阿毗曇、廣說、三法度等，共百餘萬言——因慕容之難、譯人造次，故未善——安公棄世，不及改正	《高僧傳》先總述所出經典，再論及翻譯不精之因，條理清晰，不若《祐錄》兩相雜沓，顯得紛亂。

鳩摩羅什	「逼炎爲妻，遂生什。什之在胎……（通天竺語）……既而生什，岐嶷若神。什生之後，還忘前言」	「乃逼以妻焉，既而懷什。什在胎時……（通天竺語）……及什生之後，還忘前言」	《高僧傳》依時間順序，較有條理，並刪除《祐錄》急於描寫什神悟的形容，以求文章簡練。
佛馱跋陀	追敘慧遠致書跋陀——再敘聞其被斥，致書姚興及眾僧除擯事——跋陀至廬山相見歡，譯出禪數諸經	慧遠聞至欣喜——敘慧遠對擯之看法，致書姚興及眾僧除擯事——請出眾經	慧遠知曉跋陀被擯一事之時間，兩書明顯有異。

4. 形象較統一生動

《祐錄》篇名	《高僧傳》 （→表示《高僧傳》的修改）	說　　　明
安世高	舉一實際例子以明其知鳥獸之音	舉出實例來印證。
康僧會	1 將「能說經者令來見」直接改爲「請會說法」 2 《高僧傳》較《祐錄》鋪張孫皓欲壞佛寺的過程，並將群臣規諫改爲對話形式	1 《高僧傳》節奏較快，也彰顯康僧會的地位。 2 《高僧傳》較爲生動活潑。
尸梨蜜	《高僧傳》將《祐錄》平整的敘述，改爲對話，且明白點出原因	《高僧傳》較爲活潑、生動。
鳩摩羅什	1 擴寫什母懷胎時，前往大寺聽經——增加了爲何前往之因、所作之事（設供、請齋、聽法）、忽通天竺語後的辯才無礙 2 增加什母絕食，力爭出家的過程 3 鋪敘槃頭達多的才識，加強其優異之程度，然後什即崇以師禮 4 增寫 12 歲時，諸國重爵聘之，什不顧 5 擴寫其學大乘，往復研覈之過程 6 增寫什母臨往天竺時告知，方等傳東土唯靠什，但於什不利。什表達願爲法忘軀 7 增寫度師前及當時的激烈辯論 8 加寫堅對將西伐之呂光所說的話：	1 《高僧傳》加強了什母因懷什而顯現之神異，以證什之天賦異秉。 2 《高僧傳》飽滿了什母堅毅求法的形象。 3 《高僧傳》鋪敘槃頭達多的才識，如此才能配得上什；《祐錄》只是數語帶過，氣勢較弱。 4 《高僧傳》加強其不爲世俗所惑的性情。 5 《高僧傳》內容爲《祐錄》無，使後文嘆曰：「吾昔學小乘，如人不識金，以鍮石爲妙」之言更有力量。 6 《高僧傳》此處爲後來至東土傳法作引子，前後呼應，並表現出什菩薩的悲心。

	《祐錄》「聞彼有鳩摩羅什,深解法相,善閑陰陽,爲後學之宗,朕甚思之。若剋龜茲,即馳驛送什」→《高僧傳》「夫帝王應天而治,以子愛蒼生爲本,豈貪其他而伐之乎,正以懷道之人故也。朕聞西國有鳩摩羅什,深解法相,善閑陰陽,爲後學之宗,朕甚思之。賢哲者,國之大寶,若剋龜茲,即馳驛送什」	7 《祐錄》只說師感悟心服而已。《高僧傳》故事進展比《祐錄》流暢,且情節較具高潮。 8 《高僧傳》足以反映慧皎之思想,也塑造不同的符堅形象。 9 《高僧傳》強化興虔誠向法之形象。 10 《高僧傳》使語氣更堅定、自信。 11、12《高僧傳》較能塑造清晰之形象,不會全只是求法之高僧。
	9 增寫興向什晤研佛法及有關佛法之著作	
	10 增寫臨終語總結一生翻經之成績,並盼能流通後世,接著發誓	
	11 《祐錄》「龍光道生,慧解洞微,亦入關諮稟」→《高僧傳》「龍光釋道生,慧解入微,玄搆文外,每恐言舛,入關請決」	
	12 《祐錄》「廬山慧遠,道業沖粹,乃遣使修問」→《高僧傳》「廬山釋慧遠,學貫群經,棟梁遺化,而時去聖久遠,疑義莫決,乃封以諮什」	
曇無讖	1 《祐錄》「乃讀咒三日,謂遜曰:『鬼北去矣。』既而北境之外疫死萬數,遜益敬待」→《高僧傳》「乃讀咒三日,謂遜曰:『鬼已去矣。』時境首有見鬼者云:『見數百疫鬼奔驟而逝。』境內獲安,讖之力也,遜益加敬事」	1 《高僧傳》強調了讖爲民除害的貢獻,並有見鬼者作證。 2 《祐錄》此事似乎有違僧德,《高僧傳》爲求形象統一,故刪之。 3 《高僧傳》使沮渠蒙遜奉佛事僧的形象較統一。
	2 《祐錄》記載曇無讖想咒令天下大旱,以使王來求他,再得恩寵→《高僧傳》刪之,代以「讖以久處致厭,乃辭往罽賓」	
	3 《祐錄》明白點出沮渠蒙遜是怕讖爲魏謀己,故殺之→《高僧傳》只是含糊地說「事讖日久,未忍聽去」	
佛馱跋陀	1 《高僧傳》詳細敘述智嚴尋訪高僧,眾推佛馱跋陀,嚴苦邀其來中國傳法的辛苦過程,爲《祐錄》無 2 擴寫姚興想追回跋陀對道恆說的話,及跋陀辭謝語	1 《高僧傳》不但藉他人口推崇了跋陀的德業,也展現了智嚴的苦心。 2 加深興之悵恨。

慧遠法師	1《高僧傳》增寫陶侃於欲移佛像不成，而後慧遠寺成，移之卻無礙 2《高僧傳》增寫其臨終仍守戒，不飲蜜漿事 3《高僧傳》敘述死後道俗奔赴之狀	《高僧傳》對比出慧遠德崇感天與守戒嚴謹，並表現其受尊崇的程度。
道生法師	《高僧傳》增寫太祖設宴時，似過日中，解圍食之	《高僧傳》以實例證明其機悟權變。
智嚴法師	《高僧傳》引能見鬼者見鬼相語：「嚴公至當避」	《高僧傳》利用小例子使嚴公的德威展現淋漓。

5. 文意較明白可見

《祐錄》篇名	《高僧傳》	說　明
安世高	《祐錄》敘述世高對蟒蛇胡語，旁人莫解→《高僧傳》則明白寫出出世高是對蟒蛇梵語、讚唄	《高僧傳》以此彰顯佛教神力。
朱士行	《祐錄》則前用「道行經」、後用「小品」，並未交代《道行經》即《小品》，《高僧傳》則有介紹《道行經》即《小品》之舊本	《祐錄》不若《高僧傳》清楚。
竺法護	《高僧傳》增加了「人之無德，遂使清泉輟流」及支遁像贊	《高僧傳》加強德能感天之主旨。
佛陀耶舍	1《祐錄》：王歸，具說羅什為光所執，「乃嘆曰」→《高僧傳》「舍乃嘆曰」 2《祐錄》「使還，興嘆其機愼」→《高僧傳》「使還，具說之，興嘆其機愼」 3《祐錄》「後至沙勒國，時太子……（賞識他）」→《高僧傳》「後至沙勒國，國王不悆，請三千僧會，耶舍預其一焉。時太子……（賞識他）」	1《高僧傳》主詞明顯。 2《高僧傳》說明興是聽了使者的報告才嘆，意思較流暢。 3《高僧傳》較清楚流暢。
慧遠法師	《祐錄》未言曇翼何以資助慧遠，而《高僧傳》則說明是因其貧窮。	《高僧傳》一方面說明曇翼的識人之明，一方面也表現慧遠的力求上進。

（二）內容方面

　　《高僧傳》對於政治歷史、高僧生卒年、心情、遊歷及佛典流傳等，皆有較詳細的介紹。且對於寺宇地點、命名與事件發生的時間做了較多的考證。此外，廣採時人語、靈異故事與士人的序、論、贊等，以增加傳文的厚實度，而在思想表達方面則比僧祐更強烈表現自己的看法。以下將列項說明之：

1. 歷史概況較詳盡

《祐錄》篇名	《祐錄》	《高僧傳》
康僧會	1 無 2 無	1 說明康僧會卒時，吳國滅亡之歷史 2 補充說明何充重建康僧會所建塔
鳩摩羅什	1「呂光卒，子纂襲偽位」 2「後纂從弟超，小名胡奴，果殺纂斬首」 3 隆安二年，呂隆使聽什東（未述原因）——未至，薨死，子興立，遣使迎什——弘始三年，有祥瑞（未解釋）——12月至長安 4 卒年《祐錄》只有義熙中	1「呂又卒，子紹襲位。數日，光庶子纂殺紹自立」 2「光弟保，有子名超，超小名胡奴，果殺纂斬首，立其兄隆為主」 3 呂怕什為姚謀，不許東入——薨死，子興立，又再敦請——弘始三年 3月，有祥瑞（有解釋）——5月伐呂隆——9月呂降才使入——12月至長安 4 有詳細的偽秦與晉之年月日
曇無讖	1「河西王沮渠蒙遜，聞讖名」 2 無 3 無	1「河西王沮渠蒙遜，僭據梁土，自稱為王，聞讖名」 2 詳其蒐集《涅槃經》的過程、譯經時間、本經原本之份量、所譯多少，及其傳至建業的時間 3 將道普生平列于慧觀求法後介紹，並提及其遊記，另附記法盛也有遊外國傳，竺法維、釋僧表亦曾往佛國
求那跋摩	無	慧果尼等請跋摩施戒，但未及實施跋摩即卒
曇摩蜜多	無	增加詳細的時間：回定林下寺、建上寺
道安法師	1 無 2 無	1 說明苻堅國土東西南北至何處 2 立檀溪寺、造塔、承露盤、佛像等事

慧遠法師	1「值王路屯阻，有志不果，乃於關左遇見安公」	1「值石虎已死，中原寇亂，南路阻塞，志不獲從，時沙門釋道安立寺於太行恆山，弘贊像法，聲甚著聞，遠遂往歸之」《高僧傳》明白清楚，也較能表達慧遠尋求名師之心。
	2「常以支竺舊義，未窮妙實，乃著法性論，理奧文詣」《祐錄》較籠統、不清晰	2「先是中土未有泥洹常住之說，但言壽命長遠而已。遠嘆曰……因著法性論曰……」
	3 無	3 依附遠者，增雷次宗、張萊民、張季碩等三人
	4 無	4 增寫慧議、殷仲堪、盧循、宋武與其交往過程
	5 無	5 請僧伽提婆重譯《阿毗曇心》及《三法度論》
	6 無	6 奏不應敬禮者，《高僧傳》多了褚昱、諸葛恢兩人
	7 無	7 確切卒日
	8 無	8 慧永請桓伊爲遠造寺事
	9 無	9 解釋佛影的原因、地點

2. 考證功夫較周全

《祐錄》篇名	《高僧傳》（以下皆爲《祐錄》所無）
安世高	多出一段考證，援引眾典，以明世高時代
康僧會	多出一段考證，認爲打試舍利是在孫權時
尸梨蜜	說明高座寺之由來
鳩摩羅什	多一段對鳩摩羅什卒年的考證
僧伽跋摩	說明跋摩所加塔即今之奉誠
求那跋陀羅	說明其在鳳凰樓所起寺，即「今陶後渚白塔寺，即其處也」
道安法師	引別記考證其非兩人，實爲同一人
道生法師	解釋青園寺名之緣由，及其改名龍光寺之因，並引時人嘆曰
佛念法師	批評佛念續出諸經，意多未盡卻卒
智嚴法師	文末加上自己的推測及疑問：「以此推嚴，信是得道人也，但未知果向中間深淺耳」
智猛法師	多了一段考證：發現往天竺的路非只一途，連佛跡都不同處

3. 文獻徵引較豐富

《祐錄》篇名	《高僧傳》（以下皆為《祐錄》所無）
維祇難	多了一段出家前奉火，後遇沙門施咒術而出家的靈異故事
康僧會	1 引《論語·子罕》：「宣尼有言曰：『文王既沒，文不在茲乎』」 2 多了一段趙誘信佛過程的靈異故事 3 引孫綽贊。
朱士行	增加了其弟子親傳此事，及孫綽〈正像論〉
尸梨蜜	增引王珉的序
曇無讖	1 增引李順與沮渠蒙遜讞於新樂門上的長篇對話 2 引別記云，疑讖非凡也
求那跋摩	將其遺文全文錄出
道安法師	1 在澄座下與同道辯論及時人語。 2 引習鑿齒給道安的信 3 引晉孝武皇帝給其之詔書一小段 4 京兆流行之語 5 安恐注經不合理，夢賓頭盧告知一切合道理及死前異僧來訪，要其準備浴僧，後數十小兒果來浴之靈異故事 6 制定的僧尼法則 7 引孫綽贊
慧遠法師	1 引慧遠的〈佛影銘〉 2 引遠與什書信往返內容 3 玄汰沙門，引遠與玄書 4 引遠與桓玄雙方對沙門應否致敬王者的信，及玄後下詔不用敬禮 5 引〈沙門不敬王者論〉的大意 6 引晉安帝遣使勞問，遠修書曰……及詔曰
道生法師	引王微以生比郭林宗，為立傳事。

4. 思想表達較強烈

《祐錄》篇名	《高僧傳》	說　明
康僧會	1 康僧會求舍利無感時對法屬所說，《高僧傳》加了一句《論語・子罕》：「宣尼有言曰：『文王既沒，文不在茲乎？』」此為《祐錄》所無 2 多了一段康僧會對上天的祈求，盼舍利不碎，以顯神靈	1 顯現出慧皎繼承宏揚佛教之心情。 2 強調了唯有精神虔誠，才能得到感應。
竺法護	增加了「人之無德，遂使清泉輟流」及支遁像贊	以加強德能感天之主旨。
鳩摩羅什	刪除《祐錄》「從沙勒還龜茲，疑非凡夫，莫趨居上，不預燒香之次」。《高僧傳》改為沙勒沙門喜見，要王請什說法，認為一來可使國內沙門知己不逮，二來可與龜茲交好，果然	闡明禮敬僧人，一來可使國際和諧，二來請其說法可開啟迷障。
曇無讖	1 增寫一段遜因戰敗，認為奉佛無效，故要遣斥沙門，結果為母造之石像流淚，讖並數諫乃止 2 《祐錄》至「眾咸慟惜焉」，此故事就告結束。《高僧傳》則加上「遜後常白日見鬼神，以劍擊遜，不久亡」	1 慧皎似乎較有危機意識。 2 明白揭示殺僧之悲慘下場。
佛馱跋陀	1 增寫一小段什與跋陀論法空的對話 2 增寫 a 跋陀一弟子妄稱得阿那含果事、b 文中並為跋陀辯解、c 道恆擯除跋陀的對話	1 顯現其學術思想。 2 似將整件事歸咎於澆薄之徒。
求那跋摩	與文帝論道言。	可反映慧皎的看法。
曇摩蜜多	將《祐錄》形容所構禪房刪除，改為描寫士庶奉獻、房殿鬱爾	較能展現道俗同心建寺的活絡景象。
法和	增寫其因石氏之亂至蜀，又入關，後於金輿谷與安公共登山，感悲之對話	從安公口中強調明慧心的重要。
智嚴法師	從佛馱先受禪法，並受稱讚，且佛馱先「始不輕秦類」	提高中國僧人的地位。

二、與《神仙傳》的比較

　　《神仙傳》一書，編撰者爲東晉葛洪，其爲證明神仙之眞實存在，故廣蒐資料以成此書〔註4〕。而從此書可以大略了解道教信仰者對人生終極的追求與希冀爲何，也因其爲土生土長之宗教的反映，故更能透顯出當時中國人心目中的極樂生活概況。以下將就《神仙傳》所描述神仙的樣貌（本文以《文淵閣本四庫全書》爲主）與《高僧傳》作一比較，以了解兩者的差異與相似處，藉以深入探討高僧獨特的風貌。

1. 生活苦樂：《神仙傳》對成仙後的享樂生活較多著墨；《高僧傳》則多修行刻苦的描寫

　　在《神仙傳》的傳文中，甚少對欲成仙者的修行生活作困苦艱辛的描寫，頂多只是指導者的試驗道心罷了，倒是對成仙後的排場與歡樂的生活有淋漓盡致的鋪敘，此爲《高僧傳》少見之現象。如：

> 「與數人於石上嬉戲，度世既到，見父上有紫雲，覆陰鬱鬱，白玉爲床，有數仙童執幢節立具後。」（13 衛叔卿）

> 「著遠遊冠、朱服、虎頭、鞶裳、五色綬、帶劍、少鬚、黃色、長短中形人也。乘羽車，駕五龍，龍各異色，麾節幡旗，前後導從，威儀奕奕，如大將軍也。有十二玉壺，皆以臘蜜封其口，鼓吹皆乘麟從天上下懸……召進行廚，皆金玉盃盤，無限也。餚膳多是諸花果，而香氣達於內外，擘脯而行之如松柏炙，云是麟脯也。」（19 王遠）

> 「青縑帳幄下敷數重白毡，容數千人……但見金盤玉盃，自到人前，奇餚異果，不可名字，美酒珍饌，賓客皆不能識也。妓樂絲竹，聲動天地，隨時隨益，人人醉飽。」（38 茅君）

這些勝於帝王的排場與享受，似乎就是成仙者的美好生活，眞可說是滿足了困苦年代中一般老百姓的奢求。而《高僧傳》中則多是乞食、素食、捨身、持戒，即使有神通，亦多是爲教導眾生而施，少爲肉體享樂而設，慧皎著重高僧清苦的形象，的確與神仙的快樂享受大不相同，當然這與佛道兩教對人生的看法迥異頗有關係。佛教認爲人生無常、肉身不可恃、三界爲火宅，盡情的享樂只會帶來執著的痛苦，唯有透過戒定慧的修持，放下塵世，才能走向涅槃無生的境界，也才能達到常樂我淨的終極目標，故其不以人間享樂爲追求，有時甚至背道而馳，以苦行來鍛鍊精神。而道教則認爲精神與肉體皆可透過某種修練方式，如：服食丹藥、養精練氣，來達

〔註 4〕關於《神仙傳》的考證，非本文所及，可參見蒲慕州〈神仙與高僧——魏晉南北朝宗教心態試探〉。

到長生不老；不但能長生不老，還能擁有各種神通來解決生活、肉體的困境，以達享受歡樂的生活。從此亦可看出中國人看重現實生活的一個側面，與印度的重玄想不同。

2. 指導者：《神仙傳》多直接以成仙者的姿態指引後學；《高僧傳》中指引者甚少暴露身分

《神仙傳》中記載成仙的重要條件即是有仙人的指導，故幾乎每位傳主皆是前人教導才能成就。而這位指導者或者是傳中已成就的仙人，如：太陽子（30）授太陰女（32）蒸丹之方；馬鳴生（36）教陰長生（37）煮黃土爲金，並授與《太清神丹經》；東陵聖母（47）師劉綱（45）；李少君（42）指導東郭延（53）等。或者是早已成道的遠祖、天仙，如：老君遣清和玉女教張道陵吐納之法（39）、宮嵩事仙人干吉（59）、王仲都遇太白眞人授以虹丹（63）、尹軌有遠祖授道（75）等。餘則多直接稱呼「仙人」（9、12、15、41、56、58、66、74）、「神人」（21、36）、「仙女」（76、82）、「大神」（73）等。神仙的直接降臨人間教授有仙骨者，受教者往往照做即能成就，使得成仙之途平坦而快速，人間與仙界的聯繫也直接而緊密。

《高僧傳》中眞正爲師者多是未成佛的僧人，己身既未得度，自亦無法明確指示明燈與學生。而另一批指導者——似乎已成就之奇異怪僧們，又與人間保持相當的距離，其或出現在夢中、定中，或出現在冥界。即使出現在人間，也是以僧者的僞裝身分出現，且往往是來無影去無蹤，難以捉摸，也無從知其背景。其出現的原因並非全然爲了指導僧人成佛，有時是感應僧人有德而來、有時是參予佛教盛會而至，即使指導也非照作就能當世成就，往往只是一個階段的提昇罷了。故《高僧傳》中成佛世界的神秘性遠遠超過《神仙傳》的仙界，也造成神仙易就而成佛艱難的印象，難怪高僧的形象多標榜清苦了。

3. 交遊者：《神仙傳》中人物多排斥當權者；《高僧傳》中僧人多與權貴者交

《神仙傳》中提及傳主與當權者的交往不多，多是不肯仕宦，或本仕宦後棄世學道者，如：沈建（10）、魏伯陽（14）、陰長生（37）、黃敬（81）等。即使有提及當權者的賞識，也多半被傳主拒之千里之外，有時傳主不得已而做官，亦是常藉機逃避，如：彭祖（4），殷王拜爲大夫，常稱疾閒居不與政事；王遠（19）被帝強徵出，以不語來抗議；玉子（25）則是王徵不出；葛玄（66）更因吳大帝逼留而不樂，後以卒脫身。從此可看出，《神仙傳》對政治採取消極抵制的態度，或與當時政局動盪有關；然而另一方面卻又透漏出無法擺脫政治倫理的思考模式，如：白石生（5）不願升天，只求不死，因爲「天上多有至尊相奉事，更苦人間耳」，連成仙之後都有階級之分，這種人間心態的反映，不禁令人莞爾！

　　反觀《高僧傳》中僧人，不是與當權者交遊，即是與世家大族唱和，即使不屑當時的政治人物，亦會與知識份子有所交往，甚至連一代宗師釋道安都說：「今遭凶年，不依國主，則法事難立。又教化之體，宜令廣布。」此感嘆展現出唯有得到當權者的支持，才能使佛教延續發展，這與《神仙傳》中傳主只要機緣一到、遭逢仙人即可修練成仙，將政治羈絆拋之腦後的輕鬆瀟灑迥然不同，恐與慧皎強烈的淑世性格有關。

4. 稟賦：《神仙傳》傾向內斂的個性；《高僧傳》則較重視秉性聰穎

　　《神仙傳》對其中人物稟賦的描寫，多直接寫其好長生或好神仙之道，如：9、10、12、13、14、40、41、42、53、64等。其餘則集中在三方面：一為天性良謹，如：小心良謹（8、53）；慈仁、不踐生蟲、避鳥獸、不殺（16）；禮節恭修、言辭閒雅、性無恚怒（52）；行不踐邪、飢不苟食、寒不苟衣（51）等。二為聰慧通達，如：聰明（21）；為人聰達、知慧過人（32）；生而秀穎、性識英明（66）等。三為好恬靜、不樂世務，如：好恬靜、不恤世務、不營名譽、不飾車服（4）；好清靜、常閒居（65）、不好榮位（37）等。由以上的敘述可看出《神仙傳》中傳主傾向內斂的個性，較無活躍、善談的外向性格。《高僧傳》對稟賦的描寫比《神仙傳》多，一般集中在五方面：聰慧的才識、純厚的秉性、堅定的志業、高潔的風範、秀逸的風神（詳見第四章），可說是當時知識份子的最高典範。這無形中似乎成了對高僧的要求，與《神仙傳》相較，多了一些知識氣，少了純樸的平民味道，此點似乎反映了慧皎本身的學術修養。

5. 外學：《神仙傳》少數人精通傳統經書或天文五行，較少具藝術氣息；《高僧傳》則依科別不同而有所偏重

　　《神仙傳》中記載外學的種類大致有以下數種：博學五經（19、39、49、73、75、76、81）；明天文五行圖讖、或指出好讀《易》與《道德經》者（19、25、30、31、52、65、72、75、81）；有文才或能屬文（23、59、76）。其餘多是泛稱，如：外治經典，內修道術（21）；高才博物，學無不覽（22）；少學眾經（25）；經傳子史無不該覽（66）；博究百家之言（76）；少讀誦經書（81）等，皆是述其博學多聞。然而全書提及外學處不滿二十篇，可說是四分之一不到，且其外學似乎與成仙機率、救渡世人無多大關係，故常遭省略。《高僧傳》關於外學的描寫集中在譯經、義解、經師與唱導四科，且依各科不同而有所偏重，如：譯經科僧人偏重天文數術與外文；義解科僧人專精中國典籍，尤其是《老》《莊》《易》；經師與唱導科則外學廣泛，包括音樂、尺牘雜技、老莊玄儒、書法歷史、算數占卜等。這些偏重多與其渡世方法有關，如：譯經科僧人須翻山越嶺來至中土，再翻譯經典、教導不懂佛教的中國人，

故一般人難以理解的天文數術與外文，成了傳教重要的工具；義解科則以辯論佛理及中國哲理與當時知識份子交接，故專精中國典籍非常重要；經師與唱導科需接觸廣大的眾生，深厚的音樂基礎是其接世的重要工具，且世俗的學問則需廣泛涉獵才能吸引眾人的目光。由此可知，慧皎的寫作無時無刻不以教導眾生為依歸。

6. 形貌：《神仙傳》重視得道後的形貌不衰；《高僧傳》則多為僧時的描述

佛教既認為人生無常，自然不會看重肉體的不衰老，《高僧傳》中無肉體長生之人，但有因修行有成而死後肉體香潔或舌不腐的感應現象，但畢竟此時高僧已不再使用此肉體行事；而其生前的形貌則多著重其威儀端正，可為世人的榜樣（神異科除外）。《神仙傳》則不同，強調成就後的容貌轉少（6、9、11、12、13、17、19、24、27、33、38、39、41、48、49、54、68、70、75、76、81、82）或數百歲卻不衰老（1、4、5、7、9、12、18、20、29、36、37、52、53、61、62、65、77、78、），可說是修行的主要目的之一。其所形容得道後之容貌包括：髮鬢轉黑或不白（19、33、42、55、58、70）、牙齒更生或不落（42、55、58、70）、肌膚光澤豐盛（30、31、42、43、58、70）、面目悅美或色如桃花（17、20、31、42、58、82）、色如童子（4、8、13、22、26、30、32、42、58、59、70）、不畏寒暑（33、52、63、73、79）、頭上有光或紫氣籠罩（70、71）、身強有力或無病（58、71）等。或泛稱如三十許人（13、42、55、77、84）、如五六十人（18、21、70、80）等。總而言之，成道後，身體可說恢復到最佳狀態，不再受衰老病死所苦，可擁有強健美好的體魄，享受沒有約束的人間生活。不論其是否為真實，但顯然比高僧的刻苦一世，卻仍老去，甚至被殺害，來得令一般老百姓嚮往。《神仙傳》道出一般百姓的單純需求，不需太高深的邏輯理論，的確比《高僧傳》直接簡單，人物形象也快樂輕盈許多。

7. 修行場所：《神仙傳》主要在山中；《高僧傳》則依科別不同而有所偏重

《神仙傳》中修行的場所多在山中，主要是因山中遠離塵世，能靜心修練，且有其服藥成仙的材料，如：皇初平（8）道士見其良謹，帶至金華山石室中四十多年；呂恭（9）少好服食，於太行山中採藥；魏伯陽（14）性好道術，閒居養性，入山作神丹；伯山甫（20）在山中精思；李少君（42）入泰山採藥，修絕穀遁世全身之術等。而山中也較有機會得到仙人留下的秘笈或得遇仙人，如：張道陵（39）在鵠鳴山修練，後於石室中得隱書密文及制命山嶽眾神之術；王烈（49）在太行山得山髓，於抱犢山石室得素書；宮嵩（59）入紵嶼山侍仙人干吉，後遇大仙；葛玄（66）遁跡名山，參訪異人；介象（79）入山尋仙等。當然，最後成仙之處亦是在山中，如：樂子長（12）入海登山仙去；班孟（24）入大冶山仙去；玉子（25）入崆峒山合丹升天；左慈（67）入霍山合丹成仙；劉根（73）入雞頭山仙去等。由此可知，山中

成了成仙的重要場所。

《高僧傳》修行的場所則因各科不同而有所不同，主要仍以其教導眾生的模式而定，如：義解科僧人多在名山或在寺廟中，其無法離群索居，主要是一方面需從師父處習得義理，另方面需與人論辯義理所致；禪定科僧人則多隱居山中或獨居禪房，因禪定的修習需要安靜的場所；經師、唱導二科則無人獨居山中，因需交接廣大民眾，故多在寺中；譯經、神異二科則無固定場所，周遊城邦。一般說來，真正離群索居者甚少，當然，當世並非無此類僧人，只是較受漠視罷了，因為慧皎認為教導眾生是高僧的標準之一。如此看來，高僧的深入塵世、辛勤教導，與《神仙傳》中成仙者的擺落塵俗，只挑有仙骨者教授，顯然擔子沉重許多。僧人的「苦」與神仙的「樂」，又再一次形成極大的對比。

8. 修行法：《神仙傳》以服藥為主；《高僧傳》則集中在戒定慧三學

綜觀《神仙傳》中成仙之法以服藥為大宗，藥材多是山中的礦植物，如：雲母、松脂、黃精、水銀、胡麻、天門冬等。其中合丹之法則賴仙人所教或所遺留之丹經，而仙人或丹經並非努力學習可得，有時是自己有仙骨，得仙人青睞；有時則是誠心或品德感天，上天親降來教。若觀察成仙者的身分背景，似乎與成仙與否並無多大關係，如：為官者眾多（4、10、19、21、36、40、43、45、55、65、81、73、），而下階層、遭遇悲慘者亦所在多有——牧豬羊（5、8）、賣酒（32）、農夫（68）、傭人（16）、凡民（80）、在山中作炭（56）、流離失所的遺腹子（4）、喪夫（33）、失怙恃（66）等。無論博學多聞或一般民眾，其成仙的過程都不必深入經藏，只要丹藥一成，便是成仙之時，此與《高僧傳》中高僧的修行有著迥然的不同。高僧們一般除了要精通佛經（當然能精通三藏者為優，若不能，起碼要專精某一門，但地位顯然較精通三藏者低，蓋三學的修行雖有先後，但成就時卻需三者兼通）外，還需旁通外學，才能指引眾生，而成菩薩道。就兩書看來，顯然，高僧對知識、德性的要求比神仙來得重。

9. 神通：《神仙傳》以神通為成仙的基本能力，故多所鋪述；《高僧傳》則以感應為修行有成的主要象徵

《高僧傳》提及神通的篇數只有四十五篇，佔全書的十七點五，而感應的篇數則有一百零二篇，佔全書的三十九點七。由此可見，慧皎並未特意宣揚高僧的神通，倒是常以感應來作為修行有成的結果。高僧尚未成佛，仍在修行的路上，故或能力不及神仙。然而，慧皎不願強力描寫神通，亦有其一貫的理由：「若其夸衒方技，左道亂時。因神藥而高飛，藉芳芝而壽考。與夫雞鳴雲中，狗吠天上，蛇鵠不死，龜靈千年，曾是為異乎？」神通是為了使殘強者服，以救度世人為務，若只是長生不

老、逍遙塵外、享樂終極，那是無多大意義的。

　　《神仙傳》中傳主幾乎人人有神通，各各隨心所欲展現神跡，其神通的種類繁多，大略可分爲以下數種：一爲自己形體方面，不老死是最基本的要求，除此之外，尚有不食、行速、竦身入雲、飛行、水火不侵、入壺中、入壁中、變換形體爲鳥獸魚羊等、變老變少、吞刀劍、力舉千斤、隱形、分身、坐在立亡、行於日中無影等。二爲變化萬物方面，能將羊變爲白石、使人化爲叢林、使卒者生、變出山水、使人變老變少、化草石爲畜龍、變出魚金銀縑等、使萬物燃燒、使屋倒又起、吹氣爲風、吐酒救火、米灑地爲珍珠、大旱致雨等。三爲降服獸魔神妖，能駕龍乘鹿、伏魔、役使鬼神、收邪魅、使鳥獸虎狼不得動、使牲畜不食、收攝虎豹等。四爲知往預來，能知未來吉凶，亦能知人過往。這林林總總的神通可說是五花八門，只要人類心中所求、都能因成仙之神通力而滿足，今不論事實如何，神仙的世界與風采的確比高僧更具吸引力。

10. 渡世法：《神仙傳》偏重在世俗生活難題的解決；《高僧傳》則以佛教義理為宗

　　《神仙傳》中渡世方法以賣藥、治病、起死回生佔最大宗，如：10、15、20、25、35、42、44、66、68、73、74、75、77、83、84 等，此蓋與神仙重視形體保養與長生不老所致。再者神仙教授成仙之道或丹方則是解脫世俗痛苦最直接的方式，如：教授此道（1、4、3、16、17、50、53、55、72、74）、以神方授後人或後世子孫（8、9、13、15）等。第三爲救濟百姓、施貧恤賤，如：4、15、18、37、74、75、77、79 等。其餘多半與實際生活難題有關，如：除疫消災（15、73）、占卜（18）、使人升官、六畜興旺（19）、使人不受兵劫（75）、爲人祭天益命（55）等。而這些多是小老百姓最大的痛苦，冀求解脫之處。道教的重視現世生活，希望修道有助於現實生活改善的動機顯然易見。

　　《高僧傳》則因慧皎重視佛學義理的研究，故教導的內容多與知識的研讀有關，如：佛經翻譯、義理論辯、注疏論著、佛理唱導等。其餘如傳授戒律、教授禪定等，亦是與智慧的提昇相輔相成。而治病、施貧、消災、使人升官等，雖有零星的記載，卻非修行佛學的大宗，亦非教導民眾之主事。甚至有些病，高僧亦不能救；有些劫難，連高僧都難躲，此與呼風喚雨的神仙眞是天壤之別，此或是佛教「三世因果」之根本理論不容更動所致。

第六章 結 論

第一節 歷史樣貌的呈現

　　每一種著作都難逃時間的篩選，在歷史發展的洪流中，因各代人類思想著眼的差異，而對過往的著作均有新的批判和評價。有些作品因而被淘汰而隱沒不見了，然少數的經典名作，則因內容的精粹而歷久彌新。即使如此，後繼之讀者仍能以累積的歷史智慧揀擇出書中的優缺點，以利當時或未來世界運用與學習，《高僧傳》即是如此。

　　就大時代背景看來，慧皎雖生於動盪頻仍的南北朝，但主要的生存時空則是在相對富足安定的梁武帝時期。此時佛教的發展空前興盛，加上武帝的獻身佛教（不論其是否出於政治的考量），上行下效，一股振興教團的積極氣氛感染了全國僧界：佛典僧傳的大量編輯、寺宇的興建風潮、出家人數的激增與講經法會的雲集等，都給僧眾無限的希望。但繁榮下腐敗的隱憂：僧人的奢華、犯戒、甚至造反，也時時浮現。兩股力量的激盪，迫使飽讀經典而有志之僧人紛紛透過各種方式來加強正面力量，盼能消弭亂象，同登太平。慧皎亦不例外，《高僧傳》即在此情況下應運而生。而在當時儒家箝制力衰退、個人才情高漲、道家道教受到矚目、中外交通頻繁與清談盛行等歷史因素下，使得《高僧傳》的內容受到影響。其中志怪小說內容滲入傳中，以致飽受到注重科學精神的後人無情的批評；又為維護僧人高逸的神采與絕妙之言行，因而掩蓋了部分史實，而遭到歷史研究者的糾正。然而這些時代背景的局限，實屬無可奈何！若以同理心看待，或許對人類心靈的真實能有新的體悟，而《高僧傳》的價值也將展現另一契機。

　　就慧皎個人生平看來，他非生於豪門士族，交遊亦少貴族名流，一生默默地從

事研究佛學與修行的工作。然深習律學、對改革僧團滿腹熱情，透過「春夏弘法，秋冬著述」(《續高僧傳》) 辛勤的講述與寫作以達成其理想。如此的經歷造成其重戒律、輕視女眾、厭惡名德不符、傾向學術研究與推崇高僧貢獻的性格，而這些都直接間接影響到《高僧傳》的取材與筆調：僧傳中女眾記載偏少、重視戒定慧三學、大量記載翻經與義理研究的學術活動、不厭其煩地敘說高僧教導之功、迴避惡僧的活動記載，甚至連惡僧的型態都偏於佛教義理之失。也因其長於南方，並未以遊方為務，故對相對偏遠的北方僧人無法詳為述說。凡此種種均未能反映當時的僧團實況，但對於宣揚高僧之德，的確功不可沒。另方面也勾勒出其心目中對佛教的寄望與對理想僧團的看法。

　　《高僧傳》中慧皎將僧人分為十科，除個別受時代潮流所圍外，亦加入了自己的創意與主觀看法。如：因時人對異物、神通的好奇使他強調神異救世的功能，而將神異科列為第三科；也因梁時佛教受到上層的重視而使其不若道宣的將護法列為專科；而其學術研究的傾向，使得譯經、義解科名列第一、第二；再者，慧皎強烈的淑世精神亦使十科高僧的描寫都著重在各施長才以教誨眾生等。分科突顯了各類僧人的特點，使人一目瞭然，但也抹煞了部分僧人多方成就與貢獻，並且忽略了普遍性存在的事項，使整部書呈現僧團精質化的假象。我們只能說它反映了部分歷史的真實與慧皎心中的期盼，卻不能將之等同於當時僧人的真實生平。此是史料之圍，亦是文字之圍。然而理想亦在其中，這或許就是人類追求進步的表現之一，依舊值得讚許。

　　十科僧人的存在當然隱含著時代的需求與脈動：譯經科僧人的活躍，表現了當時佛經翻譯的熱絡；義解科僧人的才辯，說明了當時清談的盛行與探索佛學義理的高昂興致；神異科的列傳，點出民情的懵懂與苦難；習禪科的重視禪坐，也反映了當時老莊忘我、養生勢力的不容忽視；明律科僧人的憂心教團，亦間接投射出當時僧人的腐敗情況。其他如：亡身、誦經、興福、經師、唱導等，都在歷史環境的需求下，或如曇花一現，盛極而衰，或為後起之秀，綿延數百年。這些類型的僧人，許多在今天已屬少見，但在他們曾暢演過的舞台留下了無限的熱力，藉由《高僧傳》感染了後人，使我們在多采多姿的僧眾風采中見識到佛教的生氣，而這種生氣亦將成為今人與後人發揚佛教的動力來源，也是慧皎理想與希冀的延續。

第二節　文學成就的呈現

　　「傳記一般乃指傳記作者對傳主生平與生活的描述或紀錄。」〔註 1〕就此定義

〔註 1〕見馬耀民〈傳記在西方文化中的發展與紀錄〉《文訊》。

中,「傳記作者的描述或紀錄」是傳主形象顯現的重要關鍵。以現今文學眼光來看傳記,傳記的真實性頗受質疑,它不但含有許多來自作者自覺與不自覺的虛構,且必然地運用想像、推論來彌補史料不足的空隙,而此時作者的情性、理念與理想,便不知不覺滲入傳主生平中。這無法避免的揀擇,雖然減損了傳主真實一生的呈現,但卻也反映出傳記作者本身的心靈真實,而這是傳記研究者不可忽視的一環。今就慧皎《高僧傳》一書看來,有為敘述流暢而省改歷史發展順序之處,亦有因史料不足而添加的個人想像、誇飾與推論,當然因個人情志而強調或迴避的歷史情節也屢見不鮮。慧皎個人理想、才情因此書而展露無遺,而繼承前人優缺點處亦所在多有。

首先,就全書編排而言,《高僧傳》有許多傳承前賢之處,如:採集傳的方式匯編各類型僧人於一書、依僧人成就高低排科、利用互見法以節省篇幅、傳文項目的安排仿同傳統史傳的嚴謹有序等等。亦有慧皎發揮創意之處,如:分僧人為十科、改革先前史傳評論混雜而統一於科後設論贊、附傳容量擴增至道士、女尼與居士等等。從此當可看出此書在中國傳記文學發展史中的定位。

再者,就內容取材方面,大量引述前人著作,鎔鑄一爐。其中有受限於史料或傳說處,如:採用志怪小說的內容而使部分傳文呈現神異與怪特、受清談盛行影響而採納時人品評的對話、因時代之風影響而刻意營造僧人高逸之風采等。且因時代見解的局限而漠視傳主心理的變化與環境影響的描述,無法深入性格之刻劃,而使許多僧人呈現樣版化的現象。當然《高僧傳》亦展現了個人文學之才華,如:習俗名稱的引用使修行與生活融合為一、諺語詩歌的採納減輕修行描述的沉悶、各地傳說的靈活運用與當代佛教發展概況的介紹呈現出信仰生活的多采多姿等,使得傳文能盡量活潑生動、引人入勝。而與《祐錄》做比較更可見出其突出之處,如:歷史概況較詳盡、考證功夫較周全、文獻徵引較豐富、思想表達較強烈等。

當然因為慧皎個人的主觀取捨,也使僧傳內容有所偏重。如:因其注重佛教義理之研究而大量編撰義解與譯經科僧人的傳記,反倒忽略了與下層人民接觸頻繁的經師與唱導科僧人,使全書內容呈現頭重腳輕的情況。又因其不以宣揚神異輪迴為主,故對於冥界或另一世界的興趣不若志怪小說高,而少見精采逼真的描述。且不論哪一科,因慧皎的重視,使得教化之功與戒律的遵守,成為貫串全書的主題。另也因是短篇傳記,所以只能記載一生中重大的事件,對有些能維妙維肖展現人物性格的日常言行則只能忍痛割捨,的確是內容上的一大損失。

就藝術形象方面,利用對某些行為的加強描寫與稟賦形貌的形容來呈現出十種僧人不同的樣貌:譯經科僧人,風塵僕僕遊化各地,三學功力深厚以訓誘眾人;義解科僧人,精通玄學佛理,才辯縱橫,風采高逸可接引士族;神異科僧人,形象邋

邅，出入無所，卻神通駭人，降服俗世；習禪科僧人，禪坐誦經，堅毅十足；明律科僧人，憂心教團，汲汲訓眾；亡身科僧人，忘身為道，矢志不移；誦經科僧人，諷誦經典，心無旁騖；興福科僧人，刻苦營福，起寺造像；經師、唱導科僧人則妙善音聲，感俗化眾。對於有損高僧形象的爭議性行為，則多所迴護。當然若以《神仙傳》中神仙形象來作比較，《高僧傳》中僧人果然展現出一些獨特的品質：較刻苦修行、多與權貴交往、成佛過程較艱難、較聰穎秀逸、較精通外學、較重學術研究、神通變化較少、形貌較威儀端正、較不注重肉體與現世等。

除了這形象鮮明的十科僧人外，慧皎對不知來歷之奇異怪僧的形象塑造，也表現當時人心中對僧人的需求。或在現世中解救眾生，或在夢中、幽冥中指引迷津，或因感高僧之德而出現，或應法會之盛而蒞至。不論目的為何，其來無影去無蹤的現身方式，多少慰藉了信仰者看不見佛菩薩的痛苦，故在僧傳中，他們可說是高僧形象的延續，所占篇幅雖不多，但至為重要。其他旁及君王或居士的形象，為與高僧相匹配，整體說來，都較志怪小說來得嚴謹肅穆，即使昏庸，也維持某一程度的格調。有時會加強描寫高僧周圍的親友，如：母親、師長的形象，以襯托高僧之特出。餘如一般平民的粗鄙與平庸，則較少涉及。

最後就文字技巧方面，慧皎雖採自眾典，但的確下了一番整合錘鍊的功夫，才使傳文呈現出統一的風格。若與《祐錄》作比較，明顯可看出：文辭較簡潔幹練、文風較精確傳神、理路較清晰有序、文意較明白可見等。其省卻了一些繁冗的形容詞，簡要事件敘述的過程，去除模稜兩可含糊不清的用語，注重文氣的流暢。駢散相間，既不過度造作，也不流於膚淺，難怪道宣《續高僧傳》稱讚為「文義明約、即世崇重」。此書能廣受讀者青睞，流芳後世，的確是實至名歸。

參考文獻

一、古籍（依經、史、子、集類排列）

經

1. 《左傳會箋》左丘明著，杜預集解 竹添光鴻會箋，台北：天工書局（1988 年）。

史

1. 《國語》左丘明著，台北：宏業書局（1980 年）。
2. 《史記會注考證》司馬遷著 瀧川資言考證，台北：洪氏出版社（1986 年）。
3. 《漢書補注》班固著，王先謙補注，台北：新文豐出版公司（1975 年）。
4. 《後漢書》范曄著，台北：鼎文書局（1996 年）。
5. 《後漢記校注》袁宏著 周天游校注，天津：天津古籍出版社（1987 年）。
6. 《三國志》陳壽著，台北：鼎文書局（1995 年）。
7. 《晉書》房玄齡等著，台北：鼎文書局（1995 年）。
8. 《宋書》沈約著，台北：鼎文書局（1993 年）。
9. 《南齊書》蕭子顯著，台北：鼎文書局（1996 年）。
10. 《梁書》姚思廉著，台北：鼎文書局（1975 年）。
11. 《魏書》魏收著，台北：鼎文書局（1996 年）。
12. 《南史》李延壽著，台北：鼎文書局（1985 年）。
13. 《北史》李延壽著，台北：鼎文書局（1994 年）。
14. 《隋書》魏徵等著，台北：鼎文書局（1996 年）。
15. 《舊唐書》劉昫著，台北：鼎文書局（1994 年）。
16. 《新唐書》歐陽修、宋祁著，台北：鼎文書局（1994 年）。
17. 《二十二史箚記》趙翼著，台北：世界書局（1986 年）。
18. 《三十國春秋輯本》湯球著，台北：藝文印書館（1964 年）。

19. 《二十五史補編・隋書經籍志考證》章宗源著，上海：開明書店
20. 《二十五史補編・隋書經籍志考證》姚振宗著，上海：開明書店
21. 〈高僧法顯傳〉法顯著，《大正新修大藏經》第 51 冊
22. 《名僧傳抄》釋寶唱著，《大日本續藏經》第一輯第二編
23. 《比丘尼傳》釋寶唱著，高雄：佛光書局（1998 年）。
24. 〈北魏僧惠生使西域記〉，《大正新修大藏經》第 51 冊
25. 《續高僧傳》釋道宣著，《大正新修大藏經》第 50 冊
26. 《列女傳》劉向著 黃清泉注譯，台北：三民書局（1996 年）。
27. 《高士傳》皇甫謐著，台北：中華書局
28. 《洛陽伽藍記》楊衒之著，台北：三民書局（1998 年）。
29. 《吳地記》陸廣微著，南京：江蘇古籍出版社（1999 年）。

子
 1. 《列仙傳》劉向著 張金嶺注譯，台北：三民書局（1997 年）。
 2. 《搜神記》干寶著，台北：里仁書局
 3. 《神仙傳》葛洪著，《文淵閣四庫全書》第 1059 冊
 4. 《王子年拾遺記》王嘉著，《文淵閣四庫全書》第 1042 冊
 5. 《異苑》劉敬叔著，《文淵閣四庫全書》第 1042 冊
 6. 《世說新語箋疏》劉義慶著 余嘉錫箋疏，台北：華正書局（1989 年）。
 7. 《述異記》任昉著，《文淵閣四庫全書》第 1047 冊
 8. 《光世音應驗記》傅亮著，北京：中華書局（1994 年）。
 9. 《續光世音應驗記》張演著，北京：中華書局（1994 年）。
10. 《繫光世音應驗記》陸杲著，北京：中華書局（1994 年）。
11. 《顏氏家訓集解》顏之推著 王利器集解，北京：中華書局（1996 年）。
12. 《太平廣記》李昉等編，《文淵閣四庫全書》第 1043-1046 冊

集
 1. 《文選》蕭統著 李善注，台北：東華出版社（1972 年）。
 2. 《全上古三代秦漢三國六朝文》嚴可均編，台北：商務印書館（1966 年）。

二、佛教典籍

 1. 《佛說大安般守意經》，《大正新修大藏經》第 15 冊。
 2. 《維摩經》，《大正新修大藏經》第 14 冊。
 3. 《梵網經》，《大正新修大藏經》第 24 冊。
 4. 《涅槃經》，《大正新修大藏經》第 12 冊。

5. 《法華經》,《大正新修大藏經》第 9 冊。

6. 《出三藏記集》釋僧祐著,北京:中華書局（1995 年）

7. 《歷代三寶紀》費長房著,《大正新修大藏經》第 49 冊。

8. 《弘明集》釋僧祐著,《大正新修大藏經》第 52 冊。

9. 《廣弘明集》釋道宣編著,《大正新修大藏經》第 52 冊。

10. 《破邪論》釋法琳著,《大正新修大藏經》第 52 冊。

11. 《集神州三寶感通錄》釋道宣著,《大正新修大藏經》第 52 冊。

三、專著（依作者姓名筆劃排列）

1. 毛漢光,《兩晉南北朝士族政治之研究》,台北:商務印書館（1966 年）。

2. 王文顏,《佛典漢譯之研究》,台北:天華出版社（1984 年）。

3. 王國良,《魏晉南北朝志怪小說研究》,台北:文史哲出版社（1984 年）。

4. 王國良,《冥祥記研究》,台北:文史哲出版社（1999 年）。

5. 王國良,《續齊諧記研究》,台北:文史哲出版社（1987 年）。

6. 王國良,《搜神後記研究》,台北:文史哲出版社（1978 年）。

7. 王國良,《顏之推冤魂志研究》,台北:文史哲出版社（1995 年）。

8. 王瑤,《中古文學史論》,台北:長安出版社（1975 年）。

9. 方立天,《魏晉南北朝佛教論叢》,北京:中華書局（1995 年）。

10. 呂澂,《印度佛學思想概論》,台北:天華出版公司（1987 年）。

11. 李玉珍,《唐代的比丘尼》,台北:台灣學生書局（1989 年）。

12. 李祥年,《漢魏六朝傳記文學史稿》,上海:復旦大學出版社（1995 年）。

13. 李澤厚,《美的歷程》,台北:三民書局（1996 年）。

14. 杜維運、黃進興（編）,《中國史學史論文選集》（一）,台北:華世出版社（1976 年）。

15. 杜維運,《聽濤集》,台北:弘文館出版社（1985 年）。

16. 吳汝鈞（編著）,《佛教思想大辭典》,台北:台灣商務印書館（1994 年）。

17. 林傳芳,《中國佛教史籍要說》,京都市:永田文昌堂（昭和 54 年）。

18. 金敏黻,《中國史學史》,台北:國立編譯館（1960 年）。

19. 牧田諦亮,《梁高僧傳索引》,台北:宗青圖書出版公司（1986 年）。

20. 彼得・柏格,《社會學導引》,台北:巨流圖書（1982 年）。

21. 果燈法師,《唐道宣續高僧傳批判思想初探》,台北:東初出版社（1992 年）。

22. 郁沅、張明高（編選）,《魏晉南北朝文論選》,北京:人民文學出版社（1999 年）。

23. 胡適,《胡適傳記作品全編》第四卷,上海:東方出版中心（1999 年）。

24. 倪豪士，《傳記與小說》，台北：南天書局（1995 年）。

25. 孫昌武，《佛教與中國文學》，台北：東華書局（1989 年）。

26. 孫毓棠，《傳記與文學》，台北：正中書局（1943 年）。

27. 張弓，《漢唐佛寺文化史》，北京：中國社會科學出版社（1997 年）。

28. 張曼濤（編），《佛教人物史話》，台北：大乘出版社（1978 年）。

29. 陳寅恪，《魏晉南北朝史講演錄》，台北：昭明出版社（1999 年）。

30. 陳士強，《佛典精解》，台北：建宏出版社（1995 年）。

31. 陳垣，《中國佛教史籍概論》，台北：文史哲出版社（1981 年）。

32. 曹仕邦，《中國沙門外學的研究——漢末至五代》，台北：東初出版社（1995 年）。

33. 曹仕邦，《中國佛教史學史》，台北：法鼓文化（1999 年）。

34. 曹道衡，《中古文學史論文集》，北京：中華書局（1986 年）。

35. 曹道衡，《中古文學史論文集續編》，台北：文津出版社（1994 年）。

36. 莫洛亞，《傳記面面觀》，台北：台灣商務印書館（1986 年）。

37. 湯一介，《魏晉南北朝時期的道教》，台北：東大圖書（1988 年）。

38. 湯用彤，《漢魏兩晉南北朝佛教史》，台北：台灣商務印書館（1998 年）。

39. 聖嚴法師，《戒律學綱要》，台北：法鼓文化（2000 年）。

40. 葉慶炳，《中國文學史》，台北：學生書局（1987 年）。

41. 逯耀東，《魏晉史學的思想與社會基礎》，台北：東大圖書（2000 年）。

42. 楊家駱，《二十五史述要》，台北：世界書局（1988 年）。

43. 慈怡法師（主編），《佛教史年表》，高雄：佛光出版社（1995 年）。

44. 楊碧川、石文傑（合編），《活用歷史手冊》，台北：遠流出版公司（1993 年）。

45. 蔣勳，《中國美術史》，台北：東華書局（1991 年）。

46. 魯迅，《魯迅輯錄古籍叢編》第一卷，北京：人民文學出版社（1999 年）。

47. 鄭郁卿，《高僧傳研究》，台北：文津出版社（1990 年）。

48. 錢穆，《中國學術思想史論叢》三，台北：東大圖書（1977 年）。

49. 糜文開，《印度文化十八篇》，台北：東大圖書（1984 年）。

50. 薛惠琪，《六朝佛教志怪小說研究》，台北：文津出版社（1995 年）。

51. 戴君仁，《詩選》，台北：中國文化大學出版部（1986 年）。

52. 顏尚文，《梁武帝》，台北：東大圖書（1999 年）。

53. 譚其驤，《簡明中國歷史地圖集》，北京：中國地圖出版社（1996 年）。

四、論文（依作者姓名筆劃排列）

1. 丁鋼，〈魏晉南北朝佛教社會教育活動的特點及其作用〉，《東北師大學報》哲學社會科學版 1989 年第六期。

2. 王公偉，〈從彌勒信仰到彌陀信仰──道安和慧遠不同淨土信仰原因初探〉，《世界宗教研究》1999 年第四期。

3. 王翠貞，《佛教的女性觀》，（文化大學印度文化研究所碩士論文，1987 年）。

4. 王曉毅，〈支道林生平事蹟考〉，《中華佛學學報》第八期，1995 年 7 月。

5. 巴宙，〈喬達摩佛陀之凡聖問題〉，《佛光學報》第二卷，1977 年 7 月。

6. 方廣錩，〈道安避難行狀考〉，《中華佛學學報》第十二期，1999 年。

7. 冉雲華，〈中國早期禪法的流傳與特點──慧皎、道宣所著習禪篇之研究〉，《華岡佛學學報》第七卷，1984 年 9 月。

8. 冉雲華，〈冉雲華教授近作三篇〉，《佛光學報》第三期。

9. 朱大渭，〈魏晉南北朝文化的基本特徵〉，《文史哲》1993 年第三期。

10. 朱東潤，〈論傳記文學〉，《復旦學報》1980 年 3 月。

11. 向達，〈唐代俗講考〉，《現代佛學大系》第四十七冊藍吉富主編，1984 年。

12. 朴宰雨，《史記漢書傳記文比較研究》，（台灣大學中國文學研究所博士論文，1990 年）。

13. 牟潤孫，〈論儒釋兩家之講經與義疏〉，《新亞學報》第四卷第二期。

14. 李少庸，〈略論六朝正史的文學特色〉，《文學遺產》1998 年第三期。

15. 李宜芬，《中國中古道教傳記之研究──以神仙思想爲中心》，（台灣大學歷史研究所碩士論文，1998 年）。

16. 李豐楙，〈高僧傳神異性格的分析〉，《慧炬》第一百六十七期，1978 年 5 月。

17. 李豐楙，〈六朝鏡劍傳說與道教法術思想〉，《中國古典小說研究專集 2》。

18. 李豐楙，〈六朝精怪傳說與道教法術思想〉，《中國古典小說研究專集 2》。

19. 汪義麗，〈竺道生成佛理論的檢討〉，《慧炬》第兩百三十二期，1983 年 10 月。

20. 吳維中，〈試論志怪演化的宗教背景〉，《蘭州大學學報》社會科學版，1989 年第十七卷第四期。

21. 佐久間光昭，〈梁高僧伝の蔬食・苦行僧〉，《印度學佛教學研究》第三十卷第一號，1981 年 12 月。

22. 岡本天晴，〈六朝における捨身の一側面〉，《印度學佛教學研究》第二十二卷第二號，1974 年 3 月。

23. 林麗眞，《魏晉清談主題之研究》，（台灣大學中國文學研究所博士論文，1978 年）。

24. 林傳芳，〈梁高僧傳の依拠について〉，《印度學佛教學研究》第二十四卷第二號，1976 年 3 月。

25. 馬耀民，〈傳記在西方文化中的發展與流變〉，《文訊》1993 年 12 月。

26. 孫昌武，〈關於王琰冥祥記的補充意見〉，《文學遺產》1992 年第五期。

27. 孫遜，〈釋道轉世謫世觀念與中國古代小說結構〉，《文學遺產》1997 年第四期。

28. 張蓓蓓,《漢晉人物品鑒研究》,(台灣大學中國文學研究所博士論文,1983 年)。

29. 張濤,〈劉向列女傳的史學價值〉,《文史哲》1991 年第五期。

30. 陳士強,〈名僧傳抄與高僧傳比觀〉,《香港佛教》第三百三十九期,1988 年 8 月。

31. 陳洪,〈文心雕龍對高僧傳之影響臆探〉,《南開學報》1996 年第一期。

32. 陳洪,〈解體還形小說與佛經故事〉,《徐州師範學院學報》1990 年第三期。

33. 梅迺文,〈竺法護的翻譯初探〉,《中華佛學學報》第九期,1996 年。

34. 曹仕邦,〈中國佛教史傳與目錄源出律學沙門之探討‧上〉,《新亞學報》第六卷第一期。

35. 曹仕邦,〈僧祇律在華的譯出、弘揚與潛在影響〉,《華岡佛學學報》第七期,1984 年 9 月。

36. 曹仕邦,〈于法開救治難產孕婦所牽涉的佛家戒律問題〉,《新亞學報》第十九卷。

37. 曹仕邦,〈僧史所載中國沙門堅守戒規或天竺傳統的各類實例〉,《中華佛學學報》第二期,1988 年 10 月。

38. 曹仕邦,〈古代佛教對小沙彌所施行的儒學教育〉,《大陸雜誌》第六十九卷第六期。

39. 曹仕邦,〈中國僧史上的沙門社會活動資料〉,《大陸雜誌》第六十七卷第二期。

40. 曹仕邦,〈中國古代佛教寺院的順俗政策〉,《中華佛學學報》第一期,1987 年 3 月。

41. 曹仕邦,〈竺法護引導佛法廣流中華的民族背景〉,《大陸雜誌》第七十二卷第一期。

42. 康韻梅,《六朝小說變形觀之探究》,(台灣大學中國文學研究所碩士論文,1987 年)。

43. 逯耀東,〈魏晉志異小說與史學的關係〉,《食貨月刊》第十二卷第四期。

44. 黃志洲,《出三藏記集研究》,(高雄師範大學中國文學研究所碩士論文,1990 年)。

45. 黃夏年,〈四朝高僧傳與法門寺〉,《世界宗教研究》1993 年第一卷。

46. 賈應逸,〈鳩摩羅什譯經和北涼時期的高昌佛教〉,《敦煌研究》1999 年第一期。

47. 蒲慕州,〈神仙與高僧——魏晉南北朝宗教心態試探〉,《漢學研究》第八卷第二期,1990 年 12 月。

48. 廖玉蕙,〈虛構與真實-談散文創作與閱讀的弔詭〉,《世新大學人文社會學報》第二期。

49. 劉苑如,〈雜傳體文類生成初探〉,《鵝湖雜誌》第二十一卷第一期。

50. 鄭欣,〈魏晉南北朝時期的宣佛小說〉,《文史哲》1992 年第二期。

51. 蔡惠明,〈四朝高僧傳〉,《內明》第一百九十二期,1988 年 3 月。

52. 蔣述卓，〈中古志怪小說與佛教故事〉，《文學遺產》1989 年第一期。

53. 錢志熙，〈論中古文學生命主題的盛衰之變及其社會意識背景〉，《文學遺產》1997 年第四期。

54. 藍吉富，〈我國傳統史籍中佛教專篇史料之檢討〉，《中國佛教史學史論集》張曼濤主編。

55. 羅媛邦，《佛教文學對中國小說的影響》，（文化大學印度文化研究所碩士論文，1987 年）。

56. 蘇晉仁，〈名僧傳及名僧傳抄〉，《中國佛教史學史論集》張曼濤主編。

57. 釋大睿，〈中國佛教早期懺罪思想之形成〉，《中國佛學研究》第二期，1997 年。

58. 釋道昱，〈經導對中國佛教禮懺的影響──以梁高僧傳爲中心的探討〉，《圓光佛學學報》第三期。

附錄一：志人志怪小說編號表

1. 本書所參考的志人志怪小說，全數編號列表如下。若內容相似，無再參考價值則編號依舊，但列表省略。
2. 「書名／作者」同者，以〃代替。
3. 「作者」未經考證修改，只是作為標記該書之用。

編號	書名／作者	首　　　句	編號	書名／作者	首　　　句
1	列異傳／曹丕	北海營陵有道人	2	搜神記／干寶	漢北海營陵有道人
3	搜神記／干寶	漢武帝鑿昆明池	4	志怪／曹毗	武帝鑿昆明池
5	搜神後記／陶潛	晉大司馬桓溫	7	搜神後記／陶潛	天竺人佛圖澄
8	〃	石虎鄴中有一胡道人	9	〃	曇遊道人
10	〃	晉太康中謝家沙門竺曇遂	11	〃	晉淮南胡茂回能見鬼
12	〃	沙門竺法師	13	〃	顧需者
14	〃	榮陽高荀	15	〃	宋有惡人朱恭
16	甄異傳／戴祚	司馬譙王為像	17	語林／裴啓	殷浩於佛經有所不了
18	語林／裴啓	康法暢造庾公	19	〃	王□為諸人談
20	〃	諸人嘗要阮光祿共詣林公	21	〃	林公云
22	〃	謝安目支道林	23	〃	王長史語林道人曰
24	郭子／郭澄之	許玄度在西州講	25	靈鬼志／荀氏	晉周子長僑居武昌
26	靈鬼志／荀氏	晉南郡議曹掾姓歐	27	〃	石虎時

28	〃	太元十二年	29	〃	有沙門曇遊
30	〃	歷陽縣張應	31	異苑／劉敬叔	西域有鼠王國
32	異苑／劉敬叔	晉太元中東陽西寺	33	〃	晉孝武太元末
34	〃	侃家童千餘人	35	〃	沙門釋慧遠
36	〃	沙門竺慧熾	37	〃	靈味寺
38	〃	汲郡衛士度	39	〃	釋僧群
40	〃	沙門有支法存	41	〃	安定梁清
42	〃	晉武太元二年沙門竺慧猷	43	幽明錄／劉義慶	巴丘縣有巫師舒禮
44	幽明錄／劉義慶	石勒問佛圖澄	45	〃	桓溫內懷無君之心
46	〃	吳北寺終祚道人臥齋中	47	〃	南康宮亭廟
48	〃	姚泓叔父	49	〃	元嘉九年征北參軍
50	〃	趙泰	51	〃	宋時餘杭縣
52	〃	安侯世高者	53	〃	漢武鑿昆明極深
54	〃	蒲城李通	55	〃	康阿得死三日
56	宣驗記／劉義慶	渤海張融	57	宣驗記／劉義慶	晉義熙中京師長年寺
58	〃	安旬本姓路	59	〃	滎陽高苟
60	〃	沛國周氏有三子	61	〃	天竺有僧
62	〃	吳主孫皓	63	〃	孫皓時
64	〃	孫祚	65	〃	益州刺史郭詮
66	〃	程道慧	67	〃	鄭鮮
68	〃	劉遺民	69	〃	佛佛虜破濟州
70	光世音應驗記／傅亮	沙門帛法橋	71	光世音應驗記／傅亮	石虎死後
72	〃	竇傳者	73	〃	徐榮者
74	〃	沙門竺法義者	75	續光世音應驗記／張演	苻堅既遭壽春之敗
76	續光世音應驗記／張演	張展者	77	〃	荊州聽事
78	〃	道泰道人	79	〃	道人釋僧融

80	〃	僧融	81	〃	義熙中
82	繫觀世音應驗記／陸杲	釋法力道人	83	繫觀世音應驗記／陸杲	釋法智道人者
84	〃	海鹽有一人	85	〃	費淹作廣州
86	〃	釋道冏道人	87	〃	伏萬壽
88	〃	山陰縣顯義寺主竺法純	89	〃	外國有百餘人
90	〃	北有一道人	91	〃	關中道人法禆等五人
92	〃	晉泰元中北彭城有一人	93	〃	高荀
94	〃	都下眾造寺	95	〃	晉義熙中司馬休之
96	〃	道人釋僧洪者	97	〃	王球
98	〃	太原郭宣	99	〃	超達道人
100	〃	魏虜主嘗疑沙門作賊	101	〃	王葵
102	〃	于寶王女	103	〃	僧苞道人說
104	〃	朱齡石	105	〃	張達者
106	〃	唐永祖	107	〃	彭子喬者
108	〃	益州有一道人	109	〃	河北有老尼
110	〃	釋慧標	111	〃	道人釋開達
112	〃	裴安起	113	〃	毛女
114	〃	張崇	115	〃	釋法智道人
116	〃	釋道汪法師	117	〃	釋道明道人
118	〃	有一人姓台	119	〃	畢覽
120	〃	釋僧朗道人	121	〃	釋道冏道人
122	〃	韓睦之	123	〃	彭城嫗者
124	〃	道豫道人說	125	〃	宋元嘉 26 年
126	〃	法領道人	127	述異記／祖沖之	章安縣西有赤城
128	述異記／祖沖之	宋時豫章胡庇之	129	〃	巴西張尋
130	〃	廣州顯明寺	131	冥祥記／王琰	漢明帝夢見神人
132	冥祥記／王琰	漢濟陰丁承	133	〃	晉沙門仕行者

134	〃	晉趙泰	135	〃	晉沙門支法衡
136	〃	晉安羅江縣	137	〃	晉沙門耆域者
138	〃	晉沙門佛調	139	〃	晉犍陀勒
140	〃	晉抵世常	141	〃	晉沙門康法朗
142	〃	晉潯陽廬山	143	〃	晉沙門于法蘭
144	〃	晉司空廬江何充	145	〃	晉尼竺道容
146	〃	晉闕公則	147	〃	晉南陽滕並
148	〃	沙門竺法進者	149	〃	晉周閔
150	〃	晉史世光者	151	〃	晉張應者
152	〃	晉周璫者	153	〃	晉孫稚
154	〃	晉李恆	155	〃	晉竇傳者
156	〃	晉大司馬桓溫	157	〃	晉李清者
158	〃	晉徐榮者	159	〃	晉沙門竺法義
160	〃	晉杜願	161	〃	晉沙門支遁
162	〃	晉廬山七嶺	163	〃	晉沙門釋僧朗者
164	〃	晉沙門釋法相	165	〃	晉張崇
166	〃	晉王懿	167	〃	晉程道惠
168	〃	晉沙門慧達	169	〃	晉沙門竺法純
170	〃	晉沙門釋開達	171	〃	晉沙門釋法智
172	〃	晉劉度	173	〃	晉沙門釋法安
174	〃	晉沙門竺曇蓋	175	〃	晉世沙門僧洪
176	〃	趙石長和者	177	〃	趙沙門單
178	〃	秦畢覽	179	〃	宋沙門法稱
180	〃	宋仇那跋摩者	181	〃	宋沙門僧規者
182	〃	何澹之	184	〃	晉王練
185	〃	宋孫道德	186	〃	宋永初中
187	〃	宋張興者	188	〃	宋沙門釋道冏
189	〃	宋司馬文宣	190	〃	宋何曇遠
191	〃	宋尼釋智通	192	〃	宋侖氏二女

193	〃	宋王球	194	〃	宋沙門竺惠慶
195	〃	宋尼慧木者	196	〃	宋釋僧瑜
197	〃	宋阮稚宗	198	〃	宋邢懷明
199	〃	宋程德度	200	〃	宋劉琛之
201	〃	秦沙門釋道冏	202	〃	宋尼釋曇輝
203	〃	宋淮南趙習	204	〃	宋沙門釋慧全
205	〃	宋王胡者	206	〃	宋沙門釋曇典
207	〃	宋尼釋慧玉	208	〃	宋慧遠沙門者
209	〃	宋路昭太后	210	〃	宋大明年中
211	〃	宋蔣小德	212	〃	宋慧和沙門
213	〃	宋費崇先者	214	〃	釋僧妙
215	〃	東海何敬叔	216	〃	宋沙門道志者
217	〃	宋沙門智達者	218	〃	宋釋慧嚴
219	〃	齊董青建者	220	〃	齊王氏
221	〃	前齊永明中	222	〃	沙門安法開者
223	續齊諧記／吳均	東海蔣潛	224	述異記／任昉	苻堅既為姚萇所殺
225	俗說／沈約	釋道立	226	俗說／沈約	王東亭嘗之吳郡
227	冤魂志／顏之推	宋高祖平桓玄後	228	冤魂志／顏之推	支法存者
229	〃	宋沮渠蒙遜時	230		梁東徐州刺史張皋
231	〃	梁人郭祖深	232	旌異記／侯白	吳時
233	旌異記／侯白	西晉愍帝建興元年	234	〃	晉揚州江畔有亭湖神
235	〃	魏泰嶽人頭山銜草寺僧釋志湛	236	〃	高齊初
237	〃	齊武成世	238	〃	元魏天平中
239	〃	范陽五侯寺僧	240	〃	元魏北代乘禪師者
241	雜鬼神志怪	沙門竺僧瑤	242	祥異記	宋元稚宗者
243	祥異記	前齊永明中			

附錄二：《高僧傳》僧人編號表

一、譯　經

編號	地　　點	僧　名	附　　　　傳
1	雒陽白馬寺	攝摩騰	
2	雒陽白馬寺	竺法蘭	
3	雒陽	安清	
4	雒陽	支樓迦讖	竺佛朔、安玄、嚴佛調、支曜、康巨、康孟詳
5	雒陽	曇柯迦羅	康僧鎧、曇帝、帛延
6	吳、建業建初寺	康僧會	支謙
7	吳、武昌	維祇難	法立、法巨
8	長安	竺法護	聶承遠、聶道真
9	長安	帛遠	帛法祚、衛士度
10	建康建初寺	帛尸梨蜜	
11	長安	僧伽跋澄	佛圖羅刹
12	長安	曇摩難提	趙正
13	廬山	僧伽提婆	僧伽羅叉
14	長安	竺佛念	
15	江陵辛寺	曇摩耶舍	竺法度
16	長安	鳩摩羅什	
17	長安	弗若多羅	
18	長安	曇摩流支	
19	壽春石磵寺	卑摩羅叉	

20	長安	佛陀耶舍	
21	京師道場寺	佛馱跋陀羅	
22	河西	曇無讖	道進、安陽侯、道普、法盛、法維、僧表
23	江陵辛寺	釋法顯	
24	黃龍	釋曇無竭	
25	建康龍光寺	佛馱什	
26	河西	浮陀跋摩	
27	京師枳園寺	釋智嚴	
28	六合山	釋寶雲	
29	京師祇洹寺	求那跋摩	
30	京師奉誠寺	僧伽跋摩	
31	上定林寺	曇摩蜜多	
32	京兆	釋智猛	
33	京師道林寺	畺良耶舍	僧伽達多、僧伽羅多哆
34	京師中興寺	求那跋陀羅	阿那摩低
35	建康正觀寺	求那毗地	僧伽婆羅

二、義 解

編號	地 點	僧 名	附 傳
1	洛陽	朱士行	竺叔蘭、無羅叉
2	淮陽	支孝龍	
3	豫章山	康僧淵	康法暢、支敏度
4	高邑	竺法雅	毘浮、曇相、曇習
5	中山	康法朗	令韶
6	敦煌	竺法乘	竺法行、竺法存
7	剡東仰山	竺法潛	竺法友、竺法蘊、康法識、竺法濟
8	剡沃洲山	支遁	支法度、竺法仰
9	剡山	于法蘭	竺法興、支法淵、于法道
10	剡白山	于法開	于法威
11	敦煌	于道邃	
12	剡葛峴山	竺法崇	道寶

13	始寧山	竺法義	
14	東莞	竺僧度	竺慧超
15	長安五級寺	釋道安	王嘉
16	蒲坂	釋法和	
17	泰山崑崙巖	竺僧朗	支僧敦
18	京師瓦官寺	竺法汰	曇壹、曇貳
19	飛龍山	釋僧先	道護
20	荊州上明	竺僧輔	
21	京師瓦官寺	竺僧敷	
22	荊州長沙寺	釋曇翼	僧衛
23	荊州長沙寺	釋法遇	
24	荊州上明	釋曇徽	
25	長安覆舟山	釋道立	
26	長沙寺	釋曇戒	
27	於潛青山	竺法曠	
28	吳虎丘東山寺	竺道壹	帛道猷、道寶
29	山陰嘉祥寺	釋慧虔	淨嚴
30	廬山	釋慧遠	
31	蜀龍淵寺	釋慧持	慧巖、僧恭、道泓、曇蘭
32	廬山	釋慧永	僧融
33	廬山	釋僧濟	
34	新陽	釋法安	
35	廬山	釋曇邕	
36	吳臺寺	釋道祖	慧要、曇順、曇詵、法幽、道恆、道授
37	長安大寺	釋僧䂮	弘覺
38	彭城郡	釋道融	
39	長安	釋曇影	
40	長安	釋僧叡	僧楷
41	長安	釋道恆	道標
42	長安	釋僧肇	

43	京師龍光寺	竺道生	寶林、法寶、慧生
44	京師烏衣寺	釋慧叡	
45	京師東安寺	釋慧嚴	法智
46	京師道場寺	釋慧觀	僧馥、法業
47	京師祇洹寺	釋慧義	僧睿
48	京師彭城寺	釋道淵	慧琳
49	京師彭城寺	釋僧弼	
50	東阿	釋慧靜	
51	京師祇洹寺	釋僧苞	法和
52	餘杭方顯寺	釋僧詮	
53	江陵辛寺	釋曇鑒	道海、慧龕、慧恭、曇泓、道廣、道光
54	廬山凌雲寺	釋慧安	
55	淮南中寺	釋曇無成	曇冏
56	京師靈味寺	釋僧含	道含
57	江陵琵琶寺	釋僧徹	僧莊
58	吳虎丘山	釋曇諦	
59	壽春石㵎寺	釋僧導	僧因、僧音、僧威
60	蜀武擔寺	釋道汪	普明、道闓
61	山陰天柱山	釋慧靜	
62	長沙麓山	釋法愍	僧宗
63	京師北多寶寺	釋道亮	靜林、慧隆
64	丹陽	釋梵敏	僧籥
65	京師中興寺	釋道溫	僧慶、慧定、僧嵩
66	京師莊嚴寺	釋曇斌	曇濟、曇宗
67	京師何園寺	釋慧亮	
68	下定林寺	釋僧鏡	曇隆
69	京師靈根寺	釋僧瑾	曇度、玄運
70	京師興皇寺	釋道猛	道堅、慧鸞、慧敷、僧訓、道明
71	山陰靈嘉寺	釋超進	曇機、道憑
72	吳興小山	釋法瑤	曇瑤

73	京師新安寺	釋道猷	道慈、慧整、覺世
74	京師冶城寺	釋慧通	
75	偽魏濟州	釋僧淵	慧記、道登
76	偽魏	釋曇度	
77	京師莊嚴寺	釋道慧	玄趣、僧達
78	京師中興寺	釋僧鍾	曇讖、曇遷、僧表、僧最、敏達、僧寶
79	京師天保寺	釋道盛	
80	京師湘宮寺	釋弘充	法鮮
81	高昌郡	釋智林	
82	京師靈根寺	釋法瑗	法愛、法常、智興
83	蜀齊后山	釋玄暢	
84	上定林寺	釋僧遠	道憑、法令、慧泰
85	荊州竹林寺	釋僧慧	曇順、慧敏、僧岫
86	上定林寺	釋僧柔	弘稱、僧拔、慧熙
87	山陰法華山	釋慧基	僧行、慧旭、道恢、慧永、慧深、法洪
88	京師謝寺	釋慧次	僧寶、僧智、法珍、僧響、僧猛、法寶、慧淵
89	京師何園寺	釋慧隆	智誕、僧辯、僧賢、道慧、法度
90	京師太昌寺	釋僧宗	曇准、法身、法眞、慧令、法仙、法最、僧敬、道文、僧賢
91	京師中寺	釋法安	慧光、敬遺、光贊、慧韜、道宗
92	京師中興寺	釋僧印	慧龍
93	琅琊𪊨山	釋法度	法紹、僧朗、惠開、法開、僧紹
94	京師冶城寺	釋智秀	僧若、僧璩、道乘
95	荊州	釋慧球	
96	京師靈曜寺	釋僧盛	法欣、智敞、法冏、僧護、僧韶
97	山陰雲門寺	釋智順	
98	京師靈味寺	釋寶亮	道明、僧成、僧寶
99	上定林寺	釋法通	智進
100	京師招提寺	釋慧集	
101	剡法華臺	釋曇斐	法藏、明慶

三、神 異

編號	地 點	僧 名	附 傳
1	鄴中竺	佛圖澄	道進
2	羅浮山	單道開	
3	常山	竺佛調	
4	洛陽	耆域	
5	洛陽磐鵄山	犍陀勒	
6	洛陽婁至山	訶羅竭	
7	襄陽	竺法慧	范材
8	洛陽大市寺	安慧則	慧持
9	長安	涉公	
10	西平	釋曇霍	
11	上虞龍山	史宗	
12	京師	杯度	僧佉吒、張奴
13	偽魏長安	釋曇始	
14	高昌	釋法朗	智整
15	岷山通雲寺	邵碩	
16	江陵琵琶寺	釋慧安	僧覽、法衛
17	京師枳園寺	釋法匱	法楷
18	荊州	釋僧慧	慧遠
19	壽春	釋慧通	
20	京師	釋保誌	道香、僧朗

四、習 禪

編號	地 點	僧 名	附 傳
1	江左	竺僧顯	
2	剡隱岳山	帛僧光	
3	始豐赤城山	竺曇猷	慧開、慧眞
4	長安	釋慧嵬	
5	廣漢閣興寺	釋賢護	
6	始豐赤城山	支曇蘭	

7	蜀石室山	釋法緒	
8	僞魏平城	釋玄高	慧嵩、曇曜
9	長安寒山	釋僧周	僧亮
10	長安太后寺	釋慧通	
11	餘杭	釋淨度	
12	始豐瀑布山	釋僧從	
13	廣漢	釋法成	
14	京師中興寺	釋慧覽	
15	荊州長沙寺	釋法期	道果
16	成都	釋道法	
17	蜀安樂寺	釋普恆	
18	武昌樊山	釋法悟	道濟
19	京師靈鷲寺	釋僧審	僧謙、超志、法達、慧勝
20	錢塘靈隱山	釋曇超	
21	始豐赤城山	釋慧明	

五、明　律

編號	地　點	僧　名	附　　傳
1	江陵	釋慧猷	
2	吳閑居寺	釋僧業	慧光
3	京師長樂寺	釋慧詢	
4	京師莊嚴寺	釋僧璩	道表
5	彭城郡	釋道儼	慧曜
6	江陵	釋僧隱	成具
7	廣漢	釋道房	
8	京師閑心寺	釋道營	慧祐
9	鍾山靈曜寺	釋志道	超度
10	京師多寶寺	釋法穎	慧文
11	蜀靈建寺	釋法琳	
12	京師安樂寺	釋智稱	聰超
13	京師建初寺	釋僧祐	

六、亡　身

編號	地　點	僧　名	附　　傳
1	霍山	釋僧群	
2	彭城駕山	釋曇稱	
3	高昌	釋法進	僧遵
4	魏郡廷尉寺	釋僧富	
5	偽秦蒲坂	釋法羽	慧始
6	臨川招提寺	釋慧紹	僧要
7	廬山招隱寺	釋僧瑜	
8	京師竹林寺	釋慧益	
9	蜀武擔寺	釋僧慶	
10	隴西	釋法光	法存
11	交阯仙山	釋曇弘	

七、誦　經

編號	地　點	僧　名	附　　傳
1	河陰白馬寺	釋曇邃	
2	越城寺	釋法相	曇蓋、僧法
3	山陰顯義寺	竺法純	
4	蜀三賢寺	釋僧生	
5	剡法華臺	釋法宗	
6	京師南澗寺	釋道冏	
7	廬山	釋慧慶	
8	臨渭	釋普明	
9	京師道場寺	釋法莊	
10	京師瓦官寺	釋慧果	
11	京師東安寺	釋法恭	僧恭
12	京師彭城寺	釋僧覆	
13	京師高座寺	釋慧進	僧念

14	永興柏林寺	釋弘明	
15	京師靈根寺	釋慧豫	法音
16	上定林寺	釋道嵩	
17	上定林寺	超辯	法明、僧志、法定
18	山陰天柱山	釋法慧	曇遊
19	京師後岡	釋僧侯	慧溫
20	上定林寺	釋慧彌	法仙
21	富陽齊堅寺	釋道琳	

八、興　福

編號	地　　點	僧　名	附　　　傳
1	并州	竺慧達	
2	武陵平山	釋慧元	竺慧直
3	京師瓦官寺	釋慧力	
4	京師安樂寺	釋慧受	
5	京師崇明寺	釋僧慧	
6	山陰法華山	釋僧翼	道敬
7	豫州	釋僧洪	
8	京師	釋僧亮	
9	京師延賢寺	釋法意	
10	南海雲峰寺	釋慧敬	
11	南海藏微山	釋法獻	
12	上定林寺	釋法獻	玄暢
13	剡石城山	釋僧護	
14	京師正覺寺	釋法悅	

九、經　師

編號	地　點	僧　名	附　　傳
1	中山	帛法橋	僧扶
2	京師建初寺	支曇籥	
3	京師祇洹寺	釋法平	法等
4	京師白馬寺	釋僧饒	道綜、超明、明慧
5	安樂寺	釋道慧	
6	謝寺	釋智宗	慧寶、道詮
7	烏衣寺	釋曇遷	法暢、道琰
8	東安寺	釋曇智	道朗、法忍、智欣、慧光
9	安樂寺	釋僧辯	僧恭
10	白馬寺	釋曇憑	道光
11	北多寶寺	釋慧忍	法鄰、曇辯、慧念、曇幹、曇進、慧超、道首、曇調

十、唱　導

編號	地　點	僧　名	附　　傳
1	京師祇洹寺	釋道照	慧明
2	長干寺	釋曇穎	
3	瓦官寺	釋慧璩	
4	靈味寺	釋曇宗	僧意
5	靈味寺	釋曇光	
6	興福寺	釋慧芬	
7	齊福寺	釋道儒	僧喜
8	瓦官寺	釋慧重	法覺
9	正勝寺	釋法願	
10	齊隆寺	釋法鏡	道親、寶興、道登

附錄三：《神仙傳》所載之神仙編號表

本書所參考的晉葛洪《神仙傳》，為《文淵閣四庫全書》子部三六五道家類。今將其所載之神仙編號列表如下。

編號	神仙名	編號	神仙名	編號	神仙名	編號	神仙名	編號	神仙名
1	廣成子	2	若士	3	沈文泰	4	彭祖	5	白石生
6	黃山君	7	鳳綱	8	皇初平	9	呂恭	10	沈建
11	華子期	12	樂子長	13	衛叔卿	14	魏伯陽	15	沈羲
16	陳安世	17	李八伯	18	李阿	19	王遠	20	伯山甫
21	墨子	22	劉政	23	孫博	24	班孟	25	玉子
26	天門子	27	九靈子	28	北極子	29	絕洞子	30	太陽子
31	太陽女	32	太陰女	33	太玄女	34	南極子	35	黃盧子
36	馬鳴生	37	陰長生	38	茅君	39	張道陵	40	欒巴
41	淮南王	42	李少君	43	王眞	44	陳長	45	劉綱
46	樊夫人	47	東陵聖母	48	孔元	49	王烈	50	涉正
51	焦先	52	孫登	53	東郭延	54	靈壽光	55	劉京
56	嚴青	57	帛和	58	趙瞿	59	宮嵩	60	容成公
61	董仲君	62	倩平吉	63	王仲都	64	程偉妻	65	薊子訓
66	葛玄	67	左慈	68	王遙	69	陳永伯	70	太山老父
71	巫炎	72	河上公	73	劉根	74	壺公	75	尹軌
76	介象	77	董奉	78	李根	79	李意期	80	王興
81	黃敬	82	魯女生	83	甘始	84	封君達